Zarzas, Raíces y Frutos de la Memoria

Alazne Díez Muñiz

TÍTULO:
ZARZAS, RAÍCES Y FRUTOS DE LA MEMORIA

PRIMERA EDICIÓN:
2025

AUTORA:
Alazne Díez Muñiz

DISEÑO Y MAQUETACIÓN:
Txapó Creativos, S.L.

IMPRESIÓN:
Printhaus SL

LG BI 109-2025

ISBN 978-84-7752-753-4

www.bizkaia.eus/argitalpenak

A mi hermana Marieli,
siempre viva en mi corazón.

SIN ELLAS

¿Qué seríamos sin ellas,
que habríamos sido sin una abuela,
sin una madre, sin una hermana,
sin una buena amiga, sin una compañera?

Yo, no me creo aquello de que la manzana
nos la dio Eva ¡Qué va!
Fue exactamente al revés
y no contento con eso, El Hombre
mató a su hermano.

No fueron ellas, no, no fueron ellas.

¿Qué seríamos sin la sabiduría
de la abuela?
¿Acaso habríamos llegado a descubrir
la tortilla de patata?

¿Qué seríamos sin la caricia
de una madre?
¿Seguiríamos llorando hasta el amanecer?

¿Qué seríamos sin ese otro mirar
de nuestras hermanas,
sin ese otro modo más calmo y dulce
de una buena amiga?

No fueron ellas, no, no fueron ellas.

¿Qué seríamos sin una amante compañera
que nos abrazara en la noche de nuevo,
seguiríamos llorando hasta el amanecer?

No fueron ellas, no, no fueron ellas.

Carlos "Launaz"

ÍNDICE

AGRADECIMIENTOS

Es un gusto para mí poder presentaros *Zarzas, raíces y frutos de la memoria,* un ensayo novelado de divulgación antropológica, en el que se exponen vivencias de diversos protagonistas conectadas entre sí y acompañadas de biografías, historia social, tradiciones, costumbres, leyendas y datos históricos sobre lugares y hechos concretos.

Para la elaboración de este libro he recibido la colaboración de numerosas personas que, de una manera o de otra, me han prestado su apoyo para que pudiera ver la luz. Algunas me han aportado sus experiencias y, aunque no queden reflejados sus nombres reales, sé que se sentirán identificadas; de otras he recibido sus valiosas sugerencias y, no han sido pocos los fieles lectores que han mostrado interés en mi publicación. Para todos, mi profundo reconocimiento.

De forma especial, quiero manifestar mi gratitud por su ayuda incondicional a: Txomin Bereciartua (*goian bego*), José Luis Villacorta, Marisa Amigo y Javier Renobales. Así mismo, valoro muy positivamente la contribución de Miguel Ángel, mi marido, por el tiempo de ocio compartido al que, a veces, ha tenido que renunciar.

Y, cómo no, eskerrik asko a Bizkaia Foru Aldundia por encargarse de esta edición.

De antemano, gracias también a los posibles lectores que me brinden la oportunidad de participar en sus ratos de lectura. Espero y deseo ofreceros un viaje relajado y placentero a lo largo de estas páginas.

EL REVOLOTEAR DE LA MEMORIA

Matilde se encontraba reposando en su mecedora, en aquella mecedora a la que tantas confidencias había hecho a lo largo de su vida y que tan bien conocía sus bajadas al pozo, pero también sus rápidas subidas, porque la vida le había enseñado desde muy joven que, tras las adversidades, no se puede estar inmersa en un llanto eterno, dado que ni las tristezas ni las alegrías duran para siempre.

—Matilde, las arrugas que armonizan el contorno de tus ojos están formadas por lágrimas derramadas en situaciones de tristeza y también por aquellas otras vertidas por efecto de la risa —se solía decir en alta voz.

Aunque los recuerdos de aciertos y errores a veces se rebelaban, era capaz de entender, controlar y expresar sus emociones y de rememorar y analizar el pasado, pero sin que condicionara la felicidad del presente o los planes del futuro. Hacía tiempo que experimentaba como suyo el contenido de la frase de Van Gogh: "Encuentra bello todo lo que puedas" y en correspondencia con ella había descubierto e interiorizado esa otra de Borges: "Al cabo de los años he observado que la belleza, como la felicidad, es frecuente. No pasa un día en que no estemos, un instante, en el paraíso". De esta manera, procuraba tener una mirada abierta hacia afuera y hacia adentro, para que nada se le escapase y, consecuentemente, poder admirar todo el esplendor que aparecía a su alrededor; a esto unía una actitud positiva ante los acontecimientos cotidianos que le presentaba la vida e intentaba desarrollar esa capacidad de descubrir posibilidades y de mostrar creatividad y participación.

Había terminado de comer y disponía de un par de horas para descansar antes de dirigirse a la asociación a la que pertenecía y donde tan a gusto se encontraba. Era consciente de que a sus 82 años y después de quedarse viuda tenía dos opciones: una, vivir una nueva etapa reconociendo y recibiendo el día a día como algo que significaba estrenar y descubrir nuevos caminos que conducen hacia delante; otra, sobrevivir dentro de la rutina cotidiana, donde no existen riesgos ni programas desconocidos. No lo dudó ni un solo momento y se inclinó, con gran acierto, por la primera. Se trataba de una decisión que había elegido libremente y que la consideraba satisfactoria y gratificante.

Sabía que la vejez es un estado mental, porque cada uno es tan mayor como se siente y que la disposición es lo más importante; que tenía mucho que ofrecer y que recibir; que la socialización enriquece a nivel personal y aporta un desarrollo social; que la vida hay que vivirla y que no se trataba simplemente de durar. Apostaba por un envejecimiento activo y de aprendizaje, porque las manos y la mente deben seguir en funcionamiento y el abanico de actividades que se le ofrecía en aquel centro era muy amplio: talleres de escritura y de lectura; clases de informática; presentaciones de libros; conferencias; tertulias acompañadas de un cafecito; viajes; clases de baile y canto; gimnasia; manualidades... Además, era una persona valiente, optimista, discreta y su forma de encarar y relativizar los problemas, tanto los particulares como los de los demás —no en vano contaba con un amplio bagaje de experiencias propias y ajenas— la convertía en alguien querida y requerida para resolver situaciones y prestar apoyo en no pocos aspectos.

Transcurría paso a paso el mes de junio, un mes que le encantaba y que cada año lo esperaba con ilusión, con días largos y más despejados y en los que el calor del sol se convertía en una auténtica caricia, sin que nada tuviera que ver con el agobio de muchas jornadas del mes de julio y, sobre todo, de agosto. Esa tarde, como tantas otras más, repasó su vida y se detuvo en una mañana del mismo mes de hace muchos años, en la que de manera fortuita conoció a Juan y el encuentro marcó y cambió el rumbo de su existencia. Pero, aunque aquel capítulo dejó una huella perenne en ella, su realidad estaba conformada por muchas circunstancias, así que vamos a conocer su caminar paulatinamente.

Matilde, junto a sus padres, tras valorar de forma positiva el consejo de unos amigos del mismo pueblo que habían llegado con anterioridad, se desplazaron a Bizkaia desde la provincia de Burgos, buscando un trabajo que les permitiera disfrutar de una vida mejor. Como lugar de residencia eligieron Sestao, un municipio situado en la margen izquierda de la ría del Nervión. En principio, muy agradecidos por su generosidad, aceptaron el ofrecimiento de compartir con ellos la misma casa, con "derecho a cocina", como se denominaba entonces.

El cambio de panorámica, para qué negarlo, produjo su impacto. Las pronunciadas cuestas; las abundantes lluvias mostrando días que parecían no terminar de nacer; el aire cargado; aquel olor característico; las casas como pintadas de gris por efecto de la contaminación... Todo ello contrastaba, y mucho, con el paisaje y la atmósfera limpia de su pequeño pueblo. Sin embargo, la apreciación de esa primera sensación no tardó en relativizarse y rápidamente se percataron de que, aunque en ningún sitio nadie regalaba nada y las cosas había que ganárselas a base de ahínco, en aquella zona industrial sí contaban con los mimbres necesarios para poder hacer el cesto, por lo que el desplazamiento tenía buenos visos de ofrecer su recompensa. Es decir, era algo muy diferente a lo que sucedía en el mundo campestre del que ellos procedían y que lo conocían muy bien, donde la producción rural se soportaba con fuerza de trabajo que se remuneraba con bajos salarios y en el que las explotaciones pequeñas requerían abundantes horas de tarea, con lo que, a pesar de todo el esfuerzo, experimentaban importantes dificultades para mantener su supervivencia.

La percepción y conveniencia de obtener mayores beneficios en zonas fabriles eran compartidas por muchas personas, a juzgar por los movimientos migratorios que se estaban llevando a cabo dentro del Estado y que también se extendían a otros países como Francia, Alemania, Suiza u Holanda. Con su trabajo o con sus transferencias de divisas, todos aportaron un factor decisivo para alcanzar las excepcionales tasas de crecimiento económico que caracterizaron a los años sesenta. El éxodo rural, iniciado con el siglo, se aceleró a partir de 1951 y, sobre todo, durante la década de 1960. Entre las personas que llegaban a Sestao destacaban, principalmente, gallegos, andaluces, extremeños y castellanos-leoneses.

Con el éxodo de las zonas rurales, se inició una fase de urbanización brutal en un gran número de sitios. Entre los tres que mayor emigración recibió, un 65% del total, se encontraban Madrid, Barcelona y Bilbao. De ahí que fueron muchas las familias que se dirigieron del campo a la ciudad y advirtieron la escasez de casas.

Por una parte, en 1950 quedaba al descubierto que el 25% de las viviendas en el Estado español no reunía las condiciones de salubridad adecuadas y que era abundante la gente que vivía hacinada; bien porque una casa pequeña estaba habitada por muchas personas, o bien porque en una de mayor tamaño vivían varias familias. Por otra, también se daba la circunstancia de que los pisos de superior medida pertenecían a familias que no eran muy numerosas, pero sí con rentas altas. En 1958, se afirmaba que en España existía un déficit de más de un millón de viviendas. Los lugares en que más se evidenció esa particularidad fueron los que mayor desarrollo industrial habían experimentado; entre ellos, se encontraba Bilbao.

Ante el sombrío panorama con que se toparon, muchas personas se vieron obligadas a tener que construirse sus propios hogares. De esta manera nacieron las chabolas dentro y en los aledaños de las ciudades, en las que se dejaba al descubierto la cara más amarga de la miseria. A modo de ejemplo, en Madrid, llegado el año 1956 había más de 5.000 chabolas distribuidas entre la periferia y el centro.

La profunda carencia de viviendas, los altos precios que suponían los arrendamientos y el subarriendo fueron los causantes de tan lamentable situación. Esos inmigrantes hicieron sus viviendas de manera muy pobre, en terreno no urbanizable, tanto público como privado, vendido o alquilado de forma ilegal.

Por lo que respecta a Bizkaia, la gran industria que había ido creciendo a lo largo de ambos lados de la ría del Nervión ofrecía muchas posibilidades de ocupación —aunque, años más tarde, la reconversión industrial no se privó de plasmar su huella y dejó altas tasas de paro— y el padre de Matilde no tuvo ningún problema para incorporarse a trabajar en Altos Hornos de Vizcaya, una empresa que se vio beneficiada por la proximidad del mar, lo que le permitió exportar hierro y acero a toda Europa y convertirse en la mayor compañía del Estado durante una parte importante del siglo pasado y que gozó de hegemonía y esplendor durante largo tiempo. No hay que olvidar que el País Vasco eludió aplicar cualquier política de tierra quemada, evitando de esa manera empeorar la situación y entregó la industria siderometalúrgica, prácticamente intacta, a los vencedores de la guerra.

El desarrollo de la moderna siderurgia vasca aconteció al límite de la guerra carlista, a partir de 1876, en estrecha conexión con la explotación masiva de las minas de hierro, cuyo producto fue asignado en gran parte a la exportación. La aportación de la minería a la industria siderúrgica fue fundamental porque, además de suministrarle materia prima y gran parte del capital con que se financió, sirvió para solventar un tema sustancial para los establecimientos siderúrgicos en España: la carencia de buen carbón, a bajo precio.

Utilizando el viaje de regreso de los barcos que transportaban el mineral a Gran Bretaña, fue importado carbón británico de calidad superior y precio inferior al asturiano. El mineral de hierro de Somorrostro, Saltacaballo, Triano y otros yacimientos de la costa vizcaína y cántabra mostraba, junto con la ventaja de su cercanía al mar, lo que abarataba su transporte, la particularidad bastante peculiar de no contener fósforo, por lo que era idóneo para la fabricación en masa de acero, según el procedimiento patentado por Henry Bessemer.

Tampoco la madre de Matilde, que era una mujer muy luchadora, desperdició los puestos de trabajo que iba encontrando como interina por horas en la margen derecha, que al ser el lugar donde abundaban familias con mayor nivel económico, eran las que más demandaban ese tipo de servicio. Así que, cada mañana, cogía el bote que la pasaba desde La Benedicta a Lamiako y continuaba su camino andando hasta llegar a cada una de las casas donde obtenía el empleo. El afán que mostraban por trabajar y ahorrar les permitió, en pocos meses, alquilar una vivienda en la que, a partir de entonces, habitaría únicamente la familia; es decir, abandonaron el hogar que compartían con los amigos.

La diferenciación de las márgenes de la ría fue definida por las condiciones geográficas y la lógica económica existente. Las importantes industrias que se montaron en la margen izquierda estaban unidas al hierro, mientras que las playas más grandes se encontraban en la margen derecha, donde había espacios abiertos y magníficos para edificar residencias y balnearios.

—Amigas mías, cómo os voy a echar de menos cuando me marche del pueblo; además, estoy un poco nerviosa pensando en si seré bien recibida en Sestao y si sabré amoldarme a las costumbres de los niños y niñas de allí —solía decir Matilde antes de emprender el viaje con sus padres.

Sin embargo y, a pesar de su preocupación, no encontró ningún obstáculo para relacionarse y entablar amistad con la chavalería del pueblo. Aun siendo una localidad más grande que la suya de procedencia, los chiquillos y chiquillas se conocían, jugaban solos en la calle, se reían, cantaban y se divertían con las mismas o parecidas actividades que lo había hecho ella hasta entonces.

Muy pronto, tuvo la suerte de incorporarse en el Colegio Hijas de la Cruz de Sestao, un centro que funcionaba con el patrocinio de Altos Hornos y un derecho que le fue dado por formar parte su padre de la plantilla de la empresa. Esa oportunidad la aprovechaba con el máximo esmero. Se afanaba por profundizar en todas las asignaturas que se impartían y obtenía unos excelentes resultados en sus estudios.

—¡Qué bien me siento con mis compañeras y cómo me gusta todo lo que estoy aprendiendo! —solía repetir Matilde, una y otra vez, cuando regresaba de sus clases.

—Consigue todos los conocimientos que estén a tu alcance, hija mía, que no todas las personas cuentan con el privilegio de poder adquirir una cultura —solía responder su madre.

Sin embargo, eran unos años en que la formación académica estaba bastante acotada para el mundo femenino y, según una práctica bastante generalizada en las familias de niveles económicos sencillos, los 14 años marcaban el momento de abandonar los estudios y optar por ocuparse de las labores del hogar o empezar a trabajar fuera de él.

—¡Cómo desearía seguir en el colegio! —comentaba Matilde en casa.

A pesar de su interés, comenzó a desempeñar su labor como recadista en la Sociedad Española de Construcción Naval de Sestao, una empresa dedicada a la producción de grandes buques mercantes. Pero, como su ilusión por continuar aprendiendo era tan grande, se planteó otra alternativa.

Por la tarde, después de terminar con su tarea laboral, asistía a clases nocturnas para ampliar y perfeccionar su formación académica. Quería avanzar en sus conocimientos y la posibilidad que se le presentaba era digna de aprovechar. ¿Hasta qué nivel o cuál era su meta? Realmente, no lo sabía. El tiempo sería el encargado de desvelarlo, pero tenía muy claro que su gran deseo era acceder a la universidad y su máximo anhelo, llegar a ser médico, aunque, sabía que ambas cosas no serían fáciles de lograr; primero, por su condición de mujer y, segundo, por el nivel económico en que se encontraba su familia. Más factible y, también muy alentador, le parecía descender un peldaño y hacerse enfermera. La aspiración de ayudar a otras personas a curar las heridas del cuerpo y del alma tomaba protagonismo en el proyecto de vida que estaba planeando.

En su centro de trabajo, muy pronto se percataron de su buen proceder, de su más que aceptable formación y de su facilidad en el aprendizaje de nuevas tareas, así que, sin que pasara mucho tiempo, una parte de la jornada la ocupaba realizando labores administrativas. Todo pintaba bien y ningún sobresalto parecía enturbiar la estabilidad de su entorno. Trabajaban tanto sus padres como ella y llevaban un buen control de los ingresos, lo que les permitía ir ahorrando y sentir la satisfacción de contar con el respaldo que supone el disponer de algo más de dinero que el necesario en el día a día. De esa manera, pudieron lanzarse a la aventura de pedir un préstamo a la Caja de Ahorros Vizcaína y comprar un piso.

Matilde se sentía totalmente integrada en el pueblo; disfrutaba con las historias, con los dichos y con las leyendas que contaba la gente y, no pocas veces, se quedaba sorprendida, como en aquella ocasión en que oyó decir, por primera vez, que a los de Sestao les llamaban "tiñosos".

—Como presiento que, en cualquier momento, también me nombrarán a mí de esa manera, qué menos que enterarme de cuál es la razón del apelativo —mencionó con curiosidad.

Dicen que hace muchísimos años hubo una epidemia de tiña que afectó con gran intensidad a los habitantes del Concejo de Sestao. Las hierbas y pócimas de los curanderos no conseguían paliar los sufrimientos, así que una buena alternativa podía ser acordarse de los santos, a los que tantas veces se acudía en momentos de tribulación. Realmente, era entonces cuando la devoción popular y la fe del pueblo se ponían de manifiesto con mayor vehemencia, para tratar de remediar los padecimientos que habían brotado a lo largo de la historia de la humanidad y que tantas vidas humanas y tanta devastación habían causado en las poblaciones de distintas épocas.

De entre todos ellos, optaron por elegir a San Roque, que era el Patrón de las pestes y uno de los santos preferidos cuando la gente se encontraba sin recursos humanos o técnicos y las epidemias tomaban protagonismo, para suplicar su intercesión. De ahí que, en un gran número de iglesias y ermitas de muchos pueblos esté presente la imagen del santo, ante el apuro de tener que invocar a lo religioso. Pero, previamente, era cuestión de poner en conocimiento del cura párroco sus propósitos de rezarle y suplicarle por la salud de los enfermos.

Al cura le pareció una buena decisión y se afanó buscando entre los altares, en los recovecos de la iglesia y en la sacristía una imagen del santo milagrero. A pesar del esfuerzo en el intento, no obtuvo ningún resultado positivo, lo que le hizo exclamar:

—¡Estos mis feligreses solo se acuerdan de Santa Bárbara cuando truena!

En vista de la situación, alguien tomó la iniciativa y sugirió la conveniencia de comprar una figura del santo. Sin embargo, como la economía no se presentaba muy boyante y el momento no era adecuado para despilfarros, tomaron la elección unánime de pedirla prestada, por unos días, a los de Portugalete.

—¡Pues no está mal la idea! —manifestaron todos y se encaminaron hacia la Villa marinera, en la creencia de que aquello era, como dice el dicho popular, "llegar y besar el santo".

Sin embargo, nada más lejos de la realidad. Teniendo en cuenta que la distancia del recorrido era corta, pronto llegaron a la Campa de San Roque y, tras preguntar por el responsable de la ermita, le comunicaron el deseo de que les cedieran el Santo. Pero los feligreses "jarrilleros", muy amantes de su Patrón, no se limitaron a decir que no hacían concesiones porque no se fiaban de nadie, sino que les aconsejaron que se marcharan cuanto antes para que no les contagiaran.

Ante la tajante negativa sin derecho a réplica, el cortejo inició el regreso a Sestao. Durante el camino, en su intento de solventar la situación, alguna persona se acordó de que en el barrio baracaldés de El Regato se veneraba también a San Roque, así que podía resolverse el problema porque, a falta de uno, bueno era el otro.

—Creo que esta vez no fracasaremos —dijo el cura— pues tengo mucha amistad con el cura de El Regato.

—Pues vamos allá ahora mismo —apremió el maestro—. Esto hay que hacerlo cuanto antes.

—¡Bien dicho! —respondieron a coro todos los acompañantes.

Sin perder un ápice de tiempo con el fin de lograr el objetivo previsto, llegaron a Barakaldo y cruzaron la Vega de Ansio para tomar el camino que los llevaría hasta la barranca de El Regato y así, poder dialogar con el representante religioso de la ermita.

El rechoncho cura "regatero", conocedor de la epidemia que asolaba a Sestao, no dudó ni un momento en decirles:

—¡Ahí lo tenéis!, ponedlo encima de esas andas y que se produzca el milagro.

Los peticionarios se sintieron tan contentos y se dispusieron a emprender el regreso con tantas prisas, que ni siquiera se percataron de que no habían dado las gracias.

—¡Bueno, colega! —le dijo el cura de Barakaldo al de Sestao—, mal está que no me deis ni las gracias, pero por lo menos escuchad las condiciones que pongo para la devolución de San "Roketxu", que no son otras, que deberá estar aquí para el próximo domingo a la hora de la celebración de la Santa Misa.

—¡No faltaría más! ¡Eso está hecho! —parecieron decir todos a coro.

—¡Pues, ya veremos!, que no me fío mucho de vosotros.

Transcurrieron los días y llegó el domingo, pero tanto San Roque como su perro seguían ausentes, así que la celebración religiosa debió llevarse a cabo sin la figura del Santo Patrón. Los feligreses no daban crédito a lo que veían sus ojos y fue entonces cuando el sacerdote se vio obligado a comunicarles lo acontecido.

—Queridos hermanos, San Roque, nuestro Patrón, hoy nos ha fallado y, como veis, no está aquí. Hace unos días fue solicitada su presencia por los hermanos cristianos de Sestao para curar la tiña de sus enfermos y parece ser que no le ha dado tiempo para sanar a todos. Pero yo os prometo que pronto volverá y lo hará inmensamente feliz al encontrarse nuevamente entre nosotros.

Tras una larga cuarentena, los de Sestao aparentaban estar ya curados. El Santo había cumplido su bendita misión, pero, sin embargo, no volvía. Estaba bien claro. Le habían tomado tanto cariño, que los del Concejo, en agradecimiento por su labor, decidieron que se quedara en Sestao para siempre.

Obviamente, no les hizo ninguna gracia a los feligreses de la ermita barakaldesa la satisfacción mostrada por los "tiñosos" y cuentan, que los vecinos de la barranca de El Regato tuvieron que ir a Sestao provistos de estacas, para traerse al Santo, por las buenas o por las malas. Hubo sus más y sus menos, pero al final, y en andas portadas a hombros, retornaron con el Santo Patrón "milagrero", haciendo votos de que jamás volverían a dejarlo salir de su ermita.

Dicen, y esto nunca se sabrá, que cuando regresaban, a la altura de la Fuente de Amézaga, en Retuerto, el perro del Santo hizo un significativo movimiento con el rabo, como queriendo demostrar su júbilo por la vuelta. No faltó tampoco, quien aseveró que el Santo le hizo un leve guiño de ojo a su inseparable y fiel perro. Afirma la leyenda sobre San Roketxu de El Regato, que un recio aldeano del lugar, con cara de malas pulgas exclamó:

—Estos tiñosos de Sestao, por poco se quedan con nuestro Santo.

De hecho, y no es nuevo para nadie, cuando surge el dicho de "Tiñoso" el destinatario siempre es uno de Sestao. Afortunadamente, este mote no encierra maldad y todo termina con una sonrisa y su correspondiente contestación de "Sarnoso", que recíprocamente les endosan a los de Barakaldo.

—¡Qué gracia! ¡Cuánto se aprende y qué divertida es la cultura popular! —pensó Matilde.

A pesar de lo felices e integrados que se sentían en Sestao, Matilde y sus padres tenían el corazón dividido y, siempre que les era posible, volvían al pueblo natal de visita. Allí tenían sus raíces y una parte de sus vivencias, así que el cambio de residencia no debía significar desarraigo ni la distancia olvido.

Una prueba de su vinculación es que, en un momento determinado en que les comunicaron la enfermedad de un allegado, a la familia le faltó tiempo para acudir a echar una mano y colaborar con su apoyo y su ánimo. En aquella ocasión, decidieron que la chica, a sus 17 años, coincidiendo con su período vacacional y con menos obligaciones que sus progenitores, era la persona adecuada para poder prestar la ayuda requerida.

De ese modo, sintiéndose competente para la tarea asignada, se personó Matilde en la denominada tradicionalmente Estación del Norte, para realizar su desplazamiento y cumplir, al pie de la letra, con el cometido encomendado.

Ante aquella estación, que la veía enorme, se encontraba dispuesta a vivir una nueva experiencia, fundida entre la emoción que le proporcionaba el traslado, el nerviosismo que le originaba su primer viaje sola y la satisfacción de saber que sus padres habían confiado en ella para ejecutar una importante labor y a los que no podía fallar.

Ría de Bilbao a su paso por Portugalete y Getxo. Vistas del Puente de Bizkaia, conocido como Puente Colgante y de la fábrica de Altos Hornos de Vizcaya. 1961.
ARCHIVO MUNICIPAL DE BILBAO.
Fondo: Ayuntamiento de Bilbao.
Autor: Desconocido.

UN ACONTECIMIENTO INESPERADO

Matilde estaba inmersa en el mundo de los pensamientos que había elegido como compañía de espera. La tensión que producen las prisas de última hora por aquello de los imprevistos no le gustaba nada, así que contaba con el tiempo suficiente para permanecer relajada. Además, en cualquier lugar observaba el ir y venir de la gente, cada cual con sus preocupaciones y alegrías. En aquella ocasión y, aunque ella no conocía las costumbres, le llamaba poderosamente la atención lo que intuía como el deambular de varios empleados que caminaban, una y otra vez, con pasos rápidos.

—¿Tendrán algún contratiempo? No sé si será una apreciación mía, pero parece que se percibe cierta alteración en el ambiente —pensó la muchacha.

Sí, efectivamente, tenía razón. Para su sorpresa y la del resto de los viajeros, la noticia de la caída de un tendido eléctrico que obstaculizaba la salida puntual del tren los dejó un poco descolocados. La información que recibían los pasajeros sobre el retraso que se produciría para poder llevar a cabo la reparación era muy escasa y confusa, por lo que se les planteaba la duda de qué hacer.

—La verdad es que no contaba con esto; pero, de momento, prefiero no abandonar el recinto; a ver qué pasa —decidió Matilde tras pensárselo detenidamente.

Lo mismo opinó un chico, vestido de soldado, con el que compartía un banco al lado del andén y que, según le manifestó más tarde, acababa de licenciarse del Regimiento de Infantería Garellano nº 45, a los 23 años. Juan, que así se llamaba el muchacho, se dirigía a Valladolid para encaminarse posteriormente a su pueblo.

—Yo prefiero quedarme tranquilamente aquí. Ya nos irán avisando de cómo van las cosas. Quizá no sea para muy largo —afirmó el joven con una calma total.

Mientras esperaban, admiraban la espectacular vidriera policromada de la estación, uno de los símbolos notables de la ciudad que permite introducirse tanto en el alma de Bilbao como de su ciudadanía. En ella se distinguen los valores, tradiciones, industria, agricultura, deportes y lugares simbólicos como la Basílica de Begoña o el Puente de San Antón. En su parte central está ubicado un gran reloj.

La vidriera está compuesta de 301 piezas, que suman un total aproximado de 251 metros cuadrados. Un trabajo realizado en 1948, según bocetos del pintor Gaspar Montes Iturrioz, por el taller Unión de Artistas Vidrieros de Irún.

—¡Cuántas lágrimas de despedidas obligadas habrá presenciado esta vidriera! y ¡cuántas sonrisas dibujadas con el lápiz de la esperanza por gente que ha llegado de fuera, con sus maletitas de cartón, buscando una vida mejor! —dijo la muchacha.

—Sí, seguro que tienes razón. La vida muestra un abanico de experiencias muy diversas. También es una pena que estas manifestaciones de arte que ofrece el vidrio con tanta belleza y despliegue de colores estén cayendo en desuso —respondió el chico.

Había pasado una hora y la joven comenzó a sentir hambre. Supuso que a su compañero de banco le ocurriría lo mismo, así que no se lo pensó dos veces, mostró un gesto alegre, reflexionó sobre lo gratificante que era compartir y dijo:

—Mi madre me ha puesto un bocadillo para que me lo coma en el tren, pero como no sabemos lo que tardaremos en salir, ¿quieres que lo parta por la mitad y lo comamos juntos ahora?

—¡Qué idea tan estupenda! Yo iré a la cantina y compraré dos limonadas. ¿Te parece bien? —respondió el chico.

La espera al tren duró una hora más, un tiempo que dio para mucho y la conversación divertida y amena de aquel joven de risa fácil y ojos grandes y profundos, que acababa de conocer pero que se manifestaba como una persona cercana, además de amortiguar la demora de Matilde, la convirtió en corta.

—Tengo la sensación de que los dos hemos disfrutado de nuestra mutua compañía. ¿Quieres que la prolonguemos a lo largo del viaje y, de esa manera, podamos seguir charlando? Creo que el plan puede ser un acierto —dijo Matilde con total naturalidad.

—Ya lo creo que sí. Acepto encantado tu propuesta —argumentó con entusiasmo el mozo.

Juan se mostraba como un chico con ideas propias y, por qué no decir, también ambiciosas. Le habló sobre sus proyectos laborales y, concretamente, acerca de su intención de convertir su sueño en realidad y cruzar el charco para "hacer las américas"; esto es, quería ir a probar fortuna en América. No tenía muy claro a qué se dedicaría, pero confiaba en sí mismo, en su iniciativa y en su ilusión, como elementos esenciales y suficientes para triunfar en los negocios.

Matilde le hizo partícipe, así mismo, de sus inquietudes profesionales, más definidas y modestas que las de él, y aun a sabiendas de que por mucho que las tuviera bien interiorizadas, sería muy complicado llevarlas a cabo. Mientras Juan escuchaba con total atención, ella lo observaba sin poder precisar a ciencia cierta el impacto que sus palabras estaban produciendo; es decir, si eran recibidas con una mezcla de sorpresa, de admiración o de desaprobación.

El tren proseguía su camino sin que encontrara limitaciones que entorpecieran su recorrido. Los paisajes iban exhibiendo su mejor semblante, aunque ninguno de los dos mostraba ni pizca de interés por contemplarlos y, finalmente, llegó el momento de la separación. Al igual que les había ocurrido durante su permanencia en la estación, las horas de conversación y disfrute les seguían resultando amenas, pero cortas y todo invitaba a continuar manteniendo el contacto, pero ¿cómo?

Entre las alternativas que barajaban, la comunicación por carta parecía la más factible ante la dificultad que suponían las llamadas telefónicas y la distancia que les separaba para poder verse con asiduidad. Así que iniciaron una fluida y afectiva correspondencia. Anhelaban con impaciencia los escritos y los leían llenos de entusiasmo, pero no tuvo que pasar mucho tiempo para que se dieran cuenta de que no les bastaban para paliar las ansias de estar juntos que sentían y que era el momento preciso de idear una nueva elección.

El propósito de Juan de emprender un viaje al extranjero no solo seguía en pie, sino que entraba dentro de sus principales prioridades, pero tampoco veía ningún inconveniente en incorporarse a trabajar en el País Vasco hasta tenerlo todo perfilado y solventar, de esa manera, el problema que les suponía la separación.

—En las salidas durante mi estancia en el cuartel, tuve ocasión de ver el entorno y percibir el buen ambiente que se vivía en las calles de la villa, por lo que si quieres, podemos continuar adelante con el proyecto de que mi residencia sea Bilbao durante una temporada —le comunicó un día el muchacho lleno de alegría.

Con ese fin, llegó a Bilbao e ingresó como trabajador en la Compañía Euskalduna de Construcción y Reparación de Buques, más conocida como Astilleros Euskalduna, una empresa situada en el centro de la capital vizcaína, que tuvo un espectacular crecimiento durante las décadas de 1960 y 1970. Años más tarde, concretamente en 1984, decidieron cerrar la factoría, lo que conllevó protestas y disturbios importantes y en 1988, dentro de la política de reconversión del Gobierno del PSOE, fueron clausuradas definitivamente las instalaciones.

Tras el cierre del astillero, en los terrenos que ocupaban sus dependencias se edificó el Palacio Euskalduna de Congresos y de la Música y se construyó el Puente Euskalduna, que une la plaza del Sagrado Corazón de Jesús con la Ribera de Deusto. Tampoco debe dejar de mencionarse la Grúa Carola, de tipo cigüeña, la única que sobrevive a las muchas que se encontraban en los muelles de Bilbao y que se mantiene como recuerdo. La potente grúa servía para manipular los elementos del casco o maquinaria que se habían producido en los talleres, para ajustarlos al buque. Tiene una altura de 60 metros, es capaz de levantar 30 toneladas y es parte del legado de ese pasado portuario de la villa. Para muchas personas de la época, el lugar sigue manteniendo un componente simbólico y emocional imborrable, por lo que no suelen faltar los paseantes que disfrutan del cambio con una mirada que refleja nostalgia.

Juan se desplazaba cada día a su puesto laboral desde la calle de La Amistad, donde se encontraba su pensión, a lo largo de la Gran Vía, hasta llegar a la Plaza del Sagrado Corazón y gracias a la señora de la posada, gran conocedora y divulgadora de la historia de la villa, se beneficiaba de sus relatos, de sus consejos y disfrutaba con los distintos lugares e inmuebles que se encontraban a su paso.

—Según sales a la derecha, muy cerca verás una plaza en la que se alza la estatua de cuerpo entero de don Diego López de Haro, fundador de la villa de Bilbao, obra del escultor valenciano Mariano Benlliure, que representa la entrega de la Carta Puebla. Esta escultura ha tenido cuatro ubicaciones distintas dentro de la villa. Se inauguró el 31 de agosto de 1890, en la plaza Nueva, con la presencia de la reina regente doña María Cristina y se mantuvo durante cinco años; de allí y, ante la necesidad de levantar un quiosco de música, pasó a la plaza de la Estación o Circular, donde permaneció hasta 1919. Ese año decidieron llevarla a la plazuela de los Santos Juanes, en Atxuri, donde estuvo hasta 1937, año en que optaron por retornarla a la plaza Circular, mirando hacia el núcleo fundacional de la villa, es decir, al Casco Viejo. Verás qué despliegue de sitios vas a conocer y qué información tan detallada puedes obtener. En vez de a trabajar, parece que irás a hacer turismo —dijo la señora con una sonrisa.

El muchacho agradecía con satisfacción las propuestas de aquella mujer que trataba de hacer más atractiva su estancia en su nuevo lugar de residencia.

—Merece la pena que visites también, el palacio de la Diputación Foral de Bizkaia, el Hotel Carlton y el palacio Chávarri. Después, ya te iré indicando más lugares. Intuyo que te vas a quedar durante mucho tiempo y Bilbao, además de que dispensa una buena acogida, tiene una gran historia y grandes cosas que ofrecer.

Juan aceptaba y tomaba nota de las recomendaciones de quien se expresaba con el convencimiento de que decía la verdad.

—¡Ah!, otra cosa que me parece muy importante. Así mismo, creo que es bueno que conozcas algunas palabras de nuestro idioma, el euskera, una lengua que ha sido reprimida durante años y necesitamos recuperarla. A la gente de aquí nos gusta que lleguen personas de otros lugares y solemos darles la bienvenida diciendo: *ongi etorriak*. Entendemos que deben seguir manteniendo sus costumbres, sus tradiciones y que tienen que sentirse orgullosos de sus raíces, pero, al mismo tiempo, valoramos que aprendan algo de nuestra cultura. Mira, te voy a enseñar las palabras básicas: cómo saludar y cómo dar las gracias, para que puedas utilizarlas. *Egunon* significa buenos días; *arrasti on* quiere decir buenas tardes; *gabon*, buenas noches; *kaixo* es hola; *agur*, adiós; *eskerrik asko*, muchas gracias —mencionó la señora con un tono de voz que expresaba ternura.

Siguiendo su recomendación, pudo conocer que el palacio de la Diputación Foral de Bizkaia, situado en el nº 25 de la Gran Vía de la villa de Bilbao, cuenta con elementos de diversos estilos históricos y tiene un aspecto señorial. Proyectado por el arquitecto Luis Aladrén Mendivil para dar cobijo a la Diputación Provincial de Vizcaya después de la pérdida de los Fueros tras la última Guerra Carlista, fue el primer edificio público construido en el nuevo Ensanche de Bilbao. Es considerado "una de las obras cumbres del eclecticismo alfonsino" en Bizkaia. Se inauguró el día 31 de julio de 1900, festividad de San Ignacio, como nueva sede que sustituyó a la anterior asentada en la Plaza Nueva del Casco Viejo.

En la planta baja se encuentran: el porche de acceso; el vestíbulo; la escalera principal; la escalera lateral; la entrada y las escaleras posteriores. En la planta principal se ubican: el vestíbulo superior; el salón de recepciones; el salón del trono; la capilla de San Ignacio de Loyola; el salón de sesiones, llamado también salón de plenos; el salón Sota; el salón de bizkainos ilustres; la secretaría y el despacho del Diputado General.

En este despacho están depositados objetos de gran valor, como los tres jarrones de porcelana de Sévres, con las efigies de los tres preclaros miembros de la Familia Imperial, que la emperatriz de Francia, Eugenia de Montijo, esposa de Napoleón III, los eligió personalmente y que fueron entregados a la Diputación. Veintitrés años más tarde, viuda ya la Emperatriz, el Príncipe Imperial moría en África, donde había ido a guerrear en una compañía inglesa. Pasado un tiempo, Eugenia de Montijo, condicionada por los años y la dolorosa soledad, expresaría su deseo de recuperar los preciados jarrones que contenían los mejores retratos de su esposo e hijo fallecidos. Pero, ya, aquellas joyas formaban parte del patrimonio de la Diputación, que así lo hizo saber de forma tan delicada como firme.

El edificio, el mobiliario, las vidrieras artísticas, los cuadros, los techos, los mármoles, las maderas, los estucos, las escayolas, las cerámicas, los espejos, los jarrones y demás componentes del patrimonio son cuidados con esmero, lo que hace que todo ello se conserve como si el palacio hubiese sido recientemente inaugurado. Toda una herencia recibida con cariño y orgullo por los bizkainos.

Otra de las visitas recomendadas, el Hotel Carlton, forma un conjunto de gran valor arquitectónico. Es un edificio de inspiración francesa; el estilo es Segundo Imperio. Durante la guerra civil española fue utilizado como sede del Departamento de Presidencia y Defensa del Gobierno provisional del País Vasco. Entre el 22 de octubre de 1936 y el 16 de junio de 1937, el inmueble albergó dicho departamento, con el Lehendakari José Antonio Aguirre al frente del mismo. También cobijaba la *EAJ-28 Radio Emisora Bilbaína,* que fue incautada por el Gobierno republicano y se empleaba como medio de propaganda durante el conflicto.

Desde ese hotel, el Lehendakari José Antonio Aguirre pronunció dos discursos relevantes: el de *Gabon*, el 22 de diciembre de 1936, a través del cual difundió la gestión que había llevado a cabo hasta entonces, y el 7 de abril de 1937, con motivo de los seis meses de la constitución de su Gobierno.

El 4 de mayo de 1937, se emitió desde la emisora de radio citada, un programa especial organizado por el ejecutivo para denunciar el bombardeo de Gernika. Participaron, entre otros, el Consejero de Justicia y Cultura, Jesús María Leizaola y Bonifacio Echegaray, Presidente de la Comisión Jurídica Asesora del Gobierno de Euzkadi y miembro del Consejo de Cultura de Euzkadi.

El 16 de junio de 1937, cuando la caída de Bilbao era inminente, la mayoría de los miembros del Departamento de Presidencia y Defensa dejaron el edificio y se dirigieron a las Encartaciones. Los equipos radiofónicos fueron abandonados y manejados posteriormente por las autoridades franquistas. Ya, desde el día 13, el Gobierno de Euzkadi delegó su autoridad a una Junta de Defensa que ocupó las dependencias del Departamento de Defensa en el Carlton.

Además del citado departamento, cobijó provisionalmente el Departamento de Asistencia Social y el del Consejo de Gobierno. Fue el lugar en el que se daban las conferencias de prensa y entrevistas a corresponsales que cubrían el conflicto.

Actualmente, se conserva una vidriera intacta de la época en el Salón Luis García Campos, espacio donde se reunía el Gobierno de Euzkadi durante la guerra. También se mantienen dos sillas, talladas a mano, con el escudo de Bizkaia. Para rememorar el que había, un salón lleva el nombre de "El Búnker" y, en las dos escaleras que dan acceso al hotel, se conservan seis respiraderos del mismo. Junto a la puerta de la entrada principal, se encuentran dos placas conmemorativas que aluden al período de la contienda, una en euskera y otra en castellano y en inglés, que se colocaron en el 50 aniversario.

También estos otros edificios emblemáticos de Bilbao fueron usados como sedes de diferentes ramas del Gobierno Vasco durante la conflagración: el Villa Mena, la Sociedad Bilbaína, el Banco de Comercio, el palacio Ibaigane, el palacio Escauriaza, la Naviera Sota-Aznar, la Equitativa y el chalet Estraunza.

Siguiendo con las sugerencias, le toca el turno al palacio Chávarri, situado en el corazón del ensanche bilbaíno, con fachada principal en chaflán a la plaza Moyúa y línea de fachada que se prolonga hacia la Gran Vía y la calle Elcano. Se trata de una obra ecléctica inspirada en revivalismos neoflamencos, construida en 1888 como vivienda familiar de los hermanos Víctor y Benigno Chávarri, por el arquitecto Atanasio de Anduiza, según proyecto del arquitecto belga Paul Hankar. Algunos de sus salones fueron decorados por el pintor José Echenagusia Errazquin. Todo ello nos lleva a rememorar el impulso de la industria en Bizkaia.

Víctor Chávarri nació en Portugalete, en 1854. Obtuvo nuevas ideas en Bélgica para la organización industrial y cierta asunción de riesgo, unas cualidades que supo aprovecharlas ante la primera oportunidad de negocio que tuvo: la creación de la Sociedad de Metalurgia y Construcciones Vizcaya, en 1882, germen junto con Altos Hornos de Bilbao, de la futura Altos Hornos de Vizcaya. La Vizcaya fue una de las dos fábricas siderúrgicas más importantes del País Vasco; la otra era Altos Hornos de Bilbao, de la familia Ybarra. Su presencia en la fundación de significativas sociedades o su participación como consejero o accionista en otras, pone de relieve el carácter de su imprescindible personalidad en la construcción del mundo económico de finales del XIX, en Bilbao y en Bizkaia.

El palacio Chávarri es la sede del Gobierno Civil de Bizkaia y ha sufrido considerables reformas tanto en su estructura interna como en accesos. La principal se llevó a cabo en los años 1943-1947, por Eugenio María de Aginaga, acondicionando la casa para la función que desempeña.

También han tenido un papel en la evolución del edificio arquitectos como Daniel Escondrillas Abásolo, que se encargó de la construcción del pabellón anexo (1901) y de una ampliación del edificio (1908).

Continuando por la Gran Vía, se llega a la Plaza del Sagrado Corazón, donde está ubicado un conjunto escultórico de 40 metros de altura, de los cuales, 10 corresponden a una imagen de bronce de Jesús. La figura era conocida popularmente, en tiempos pasados, como el "listero de Euskalduna", porque decían que, desde su pedestal, parecía estar tomando nota de todos y cada uno de los trabajadores que acudían a sus faenas.

Tras realizar las visitas sugeridas, Juan mostró su total agradecimiento a la señora de la pensión por el acierto en su recomendación y por el cálido trato que recibía.

—¡Qué atinada ha estado a la hora de aconsejarme unos lugares tan interesantes y bonitos! Quiero expresarle mi sincero reconocimiento. Es una satisfacción muy grande para mí, además de encontrar un calor de hogar, el interés que demuestra porque me sienta feliz y disfrute de las posibilidades que ofrece la villa y su entorno.

La mujer, a la vez que recibía con gratitud las palabras del muchacho, expresaba lo gratificante que era saber que las personas que habitaban en su casa estaban contentas y valoraban lo que brindaba la sociedad a la que ella pertenecía.

—A propósito y al hilo "de las posibilidades que ofrece la villa", todavía no te he mencionado al Athletic, nuestro gran equipo de fútbol. Tienes que ir a ver algún partido; te vas a quedar maravillado del ambiente que se respira en el campo. Bueno, dentro del estadio de forma especial, pero, desde horas antes, las calles están repletas de aficionados luciendo los colores rojo y blanco. Además, estoy segura de que todo lo que concierne a los jugadores y a sus resultados es un buen tema de conversación y te facilitará la introducción y el contacto con tus compañeros de trabajo. Dicen que los bilbaínos tenemos el corazón repartido entre la Virgen de Begoña y el Athletic —afirmó la señora mostrando una amplia sonrisa.

—Seguiré sus consejos al pie de la letra, señora —respondió a la vez que hacía un gesto de afirmación con la cabeza.

—Por cierto, no sé si sabes que a los jugadores del Athletic se les conoce con el apodo de "Los leones de San Mamés" o, simplemente, "Los leones", debido a que las instalaciones toman su nombre del vecino asilo de San Mamés al que pertenecían los terrenos sobre los que más tarde se erigió el estadio y, según la mitología cristiana, ese santo fue un mártir cristiano arrojado a los leones por los romanos. Conforme a lo que cuenta la leyenda, cuando fue entregado en el circo logró apaciguarlos y, ante ese hecho, decidieron acabar con su vida clavándole un tridente en el abdomen —añadió la señora.

El Athletic Club, popularmente conocido como Athletic de Bilbao o Athletic sin más, se fundó en 1898 y ha competido en todas las ediciones de la Primera División de España. En diciembre de 1940, la Real Federación Española de Fútbol difundió una circular en la que ordenaba a los clubes la supresión de todo extranjerismo antes del 1 de febrero de 1941. Desde entonces y, hasta julio de 1972, año en que se derogó el Decreto-Ley, el nombre oficial pasó a ser Atlético de Bilbao.

Otra de sus particularidades es, que el gobierno del club recae en sus socios, ya que no es una sociedad anónima deportiva. Pero, la peculiaridad más notoria hace referencia a su tradición de jugar exclusivamente con jugadores nacidos o formados futbolísticamente en la propia cantera o en clubes de Euskal Herria, que incluye Bizkaia, Gipuzkoa, Araba, Nafarroa, Lapurdi, Zuberoa y Nafarroa Behera, algo que brotó en 1912 y se sigue alimentando.

Una consideración especial se lleva a cabo con La Rioja, una tierra que, aunque actualmente no forme parte de ese ámbito, sí ha sido integrante histórico del mismo. El Athletic es consciente del antiguo componente histórico y lingüístico vasco de La Rioja que data desde la Calahorra vascona de la antigüedad y ello conlleva su interpretación en la presencia relevante de jugadores riojanos.

Esta filosofía no tiene validez legal, sino que es una tradición adoptada por el club y son los socios de la entidad los que mantienen en vigor esta idea, amparándose en su derecho a elegir democráticamente a la junta directiva. Por ese motivo, ninguna junta se ha planteado cambiarla sin la aprobación de la masa social, ya que la práctica totalidad de los socios la defienden.

Por otra parte, la filosofía del Athletic no es jugar exclusivamente con jugadores de la tierra, sino que se basa en el hecho de promover la labor de la cantera, en oposición a la política de fichajes masivos que se realizan hoy en día en un gran número de clubes del mundo.

El Athletic ha alcanzado todos sus títulos en las competiciones nacionales y está considerado un club histórico. Una buena parte de su renombre lo consiguió en la Copa del Rey, que conquistó en veinticuatro ocasiones (veinticinco según el club, que reclama la Copa de la Coronación de 1902, ganada por el Bizcaya), la última en 2024. Esta última victoria se celebró con un recorrido de la gabarra por la ría y los jugadores, de una manera o de otra, fueron escoltados por más de un millón de personas. Se ganó el apelativo de "rey de copas" por haber sido el club más galardonado de la competición durante el siglo XX, hasta que, en 1998, el F. C. Barcelona decididamente le superó. En 2024, mantiene el segundo lugar por delante del Real Madrid. Así mismo, se hizo con el título de liga en ocho ocasiones (la última en 1983) y de la Supercopa en tres (la última en 2021).

Repasando un poco la historia, vemos que el fútbol en Bizkaia vio la luz en la década de 1890, debido a que los marineros ingleses que faenaban en los puertos vizcaínos practicaban ese deporte en sus ratos de ocio. Más tarde, se agregaron aficionados locales y la inclinación de los vizcaínos aumentó de tal manera, que unos jóvenes del gimnasio Zamacois de Bilbao tuvieron la brillante idea de crear un equipo como los que había en Inglaterra, al que llamaron Athletic Club.

En 1900, surgió así mismo el Bilbao Football Club. Ambos equipos decidieron alquilar unos terrenos en las campas de Lamiako, situados en Leioa, para poder jugar sus partidos, que causaban cada vez más interés entre los aficionados vizcaínos. El campo de Lamiako albergaba casi 3.000 localidades y los que se desplazaban desde Bilbao debían de coger el tren en la estación de San Nicolás. Dado que no había ningún tipo de apeadero, cuando llegaba a la altura del campo, el maquinista tenía la precaución de reducir la marcha con el fin de que los pasajeros pudieran bajarse del tren. Compitió en ese lugar desde 1901 hasta 1911. Entre los rivales que desfilaron por Lamiako se encuentran el Real Madrid C. F. y el F. C. Barcelona.

En mayo de 1902, se llevó a cabo el primer torneo nacional de fútbol para conmemorar la mayoría de edad del rey Alfonso XIII. Este trofeo, que fue organizado por el ayuntamiento de Madrid, fue denominado con el nombre de Copa de la Coronación y está considerado como el antecesor de la Copa del Rey. Para disputarlo, los dos clubes vizcaínos crearon un equipo combinado con el nombre de Bizcaya, que se alzó con el título, tras ganar 2-1 al F. C. Barcelona en el Hipódromo de la Castellana, en Madrid.

En 1903, el Bilbao F. C. acordó en junta general disolver la sociedad, ingresando a todos sus socios en el Athletic Club. El Athletic debutó ese mismo año en la Copa del Rey, en la que se proclamó campeón; un título que también repitió al año siguiente.

Habían pasado varios años desde la fundación del club y la afición por el fútbol había crecido de forma tan alarmante en los últimos tiempos, que al Athletic se le quedaba pequeño el campo de Lamiako, lo que evidenciaba la necesidad de cambiarse a otro. Además, en 1911, al ser el vigente campeón, le correspondía proyectar la siguiente edición de la Copa del Rey, así que para poder llevar a cabo el encuentro, la entidad tomó la decisión de desplazarse al Campo de Jolaseta, situado en Neguri, donde la capacidad era superior y en el que se incorporaron elementos que hablaban de un estadio moderno para la época. En aquel lugar, el Athletic jugó 48 partidos como local, de los cuales, 4 fueron oficiales y otros 44 amistosos, con un global de 23 triunfos, 6 empates y 15 derrotas.

Sin embargo, y, a pesar de ser un campo más acorde con los requerimientos deseados, se encontraba alejado de Bilbao y el club se planteaba tener una instalación propia en la misma villa. En 1913, el Athletic culminó la construcción de su deseado campo, obra del arquitecto Manuel María Smith, y que, como se ha mencionado anteriormente, se erigió en los terrenos situados junto al asilo de San Mamés, de quien tomó su nombre.

El 21 de agosto, de ese mismo año, procedieron a su inauguración con un partido amistoso entre el Athletic y el Racing Club de Irún que concluyó con el resultado de empate a un gol. Rafael Moreno Aranzadi, al que apodaban "Pichichi", fue el encargado de anotar el primer gol de la historia de San Mamés.

Hoy en día, el Athletic cuenta con un magnífico campo de fútbol que es admirado tanto por sus seguidores como por las personas que llegan de otros lugares.

Durante toda la trayectoria del equipo, son muchos los jugadores, entrenadores y directivas que merecen una consideración muy especial, a pesar de que sus nombres no aparezcan de forma expresa por aquello de no alargar el tema en demasía. Sin embargo, gracias a todos los que han pasado por el club, sus seguidores han vivido grandes momentos de gloria y disfrute, aunque, también otros de fracaso y disgusto, pero, pese a todo, la afición siempre ha permanecido fiel a los leones de San Mamés.

No podemos dejar de mencionar cuando ganó el Athletic el título de Liga 1982-83, algo que no conquistaba desde 1956. El club celebró el triunfo con un paseo en gabarra por la ría de Bilbao y los jugadores fueron homenajeados y acompañados por casi un millón de personas.

—¿Te vas adaptando bien al trabajo, Juan? —Preguntó un día Matilde preocupada por su bienestar, a la vez que contenta e ilusionada de estar a su lado.

—Sí, he recibido una buena acogida y me siento integrado, aunque ya sabes que mi estancia aquí no cubre mis expectativas de futuro y que solo buscaba algo temporal, es decir, una ocupación que me permitiera permanecer contigo. Ahora, que te he conocido, sé que no quiero perderte, pero tampoco deseo renunciar a mi aspiración de marcharnos juntos al extranjero.

—¿Quién sabe qué es lo mejor? Quizá cambies de parecer y eches raíces en esta tierra; es un buen lugar para vivir.

—Es curioso, también la señora de la pensión presiente que me voy a quedar durante mucho tiempo.

—Claro, es normal. Verá que cada día disfrutas más de las cosas y que tienes una gran facilidad para relacionarte con la gente.

—Sí, eso es verdad, pero, al mismo tiempo, creo que debemos intentar culminar nuestros sueños.

—Tienes razón, aunque, a menudo, la realidad suele ser mejor que los sueños que albergamos. Por cierto, ¿cómo se llama la señora de la pensión, Juan? Cuando hablas de ella, siempre te refieres a la señora.

—Su nombre es Inés. ¡Qué bien me cuida y cuánto cariño me demuestra! Me trata como a un hijo. Es una mujer muy especial. Su comportamiento se sale de lo habitual; parece vocacional —añadió Juan con un toque de admiración.

La calle de La Amistad, donde se encontraba la pensión de Juan, está situada muy cerca del Puente del Arenal, desde el que se pueden ver lugares tan emblemáticos como el Teatro Arriaga, El Arenal, la Estación de Santander o de La Concordia. El anterior puente fue volado durante la guerra civil, concretamente, en junio de 1937 y se construyó otro provisional por medio de barcazas y tablones, hasta que se levantó el actual.

Plaza Arriaga y Puente del Arenal de Bilbao. Vistas de la Estación de Ferrocarril de Bilbao-Portugalete, ya desaparecida. Estación de Ferrocarril de La Concordia y Teatro Arrriaga. Tranvías, coches de caballos. 1905. ARCHIVO MUNICIPAL DE BILBAO.

Fondo: Ayuntamiento de Bilbao.

Autor: Casa Lux.

FELICES Y ENAMORADOS

Tras la nueva iniciativa del traslado del muchacho a Bilbao, la pareja percibía un cambio total de vida y, a pesar de que en la década de los cincuenta y sesenta la costumbre de verse diariamente no era habitual, por lo menos, estaban juntos todos los domingos y, en ocasiones, también algunos jueves.

En sus salidas festivas, les gustaba subir en el funicular encargado de llevar a los pasajeros desde la villa hasta la cima del monte Artxanda y, desde su mirador, observar a sus pies el *botxo* o el *botxito*, como cariñosa y tradicionalmente es conocido Bilbao por los bilbaínos; aunque, a decir verdad, los frecuentes días tristes o lluviosos, unidos al humo negro que exhalaban las grandes chimeneas que acompañaban a la industria del momento y que emergía con abundancia en aquellos años, deterioraban todo lo que aparecía a su alcance y no permitían apreciarlo con la misma nitidez que hoy en día. Ubicada en el bajo valle de dos ríos que confluyen y se hacen ría, la villa se asienta al abrigo de las siete colinas que la protegen y que son: Ganguren, Artxanda, Pagasarri, Arnotegi, Arraitz, Banderas y Kastrexana.

—¡Qué hermosa se ve la catedral desde este punto! La esbelta torre parece abrazar al primitivo Casco Viejo —solía comentar la pareja cuando los días estaban más despejados.

—Me contó la señora de la pensión, que durante la guerra civil, en Artxanda se llevaron a cabo unas batallas muy fuertes. Cuando la caída de Bilbao era inminente y con el fin de retrasar el avance de las tropas rebeldes y dar tiempo a evacuar a la población de la villa, varios batallones vascos ascendieron hasta aquí entonando el *Eusko Gudariak*, aun teniendo la certeza de que la batalla estaba perdida y que gran parte de sus componentes perderían la vida, como así fue. Muchos *gudaris* y milicianos murieron en los duros combates que se produjeron entre los días 13 y 18 de junio y, entre ellos, su prometido. ¿Puedes imaginártelo? El 19 de junio de 1937, las tropas enemigas entraron en Bilbao, aunque, para entonces, gran parte de la población civil había sido evacuada. ¡Qué sentimiento ponía al recordar el frustrado Cinturón de Hierro que trató de contener el ataque del ejército adversario! —dijo un día Juan, sintiéndose orgulloso de ser portavoz de una información tan importante como desconocida para la muchacha.

—¡Qué duro que falleciera tanta gente! Me ha impresionado enormemente lo que me has contado de su amado. ¿Se casó más tarde la señora? —preguntó la chica.

—Lo mismo traté yo de averiguar prudentemente y esto es lo que me respondió:

—No, a pesar de que no me han faltado pretendientes, nunca he vuelto a tener novio y, consiguientemente, no me he casado. Creo que después de haberlo conocido, con lo enamorada que estaba y, tras una muerte tan altruista, no me hubiera sido posible hacerlo. Han pasado los años y no solo no lo he olvidado, sino que sigue vivo en mi corazón, en cada actividad que realizo y en todo lo que me rodea. Su recuerdo me habla de vida, de muerte y también de esperanza.

—Le dije a la señora que la entendía perfectamente, porque tiene que ser muy difícil sustituir a una persona, a la que quieres tanto, por otra —añadió el chico como si estuviera meditando sus palabras.

—¿Lo percibes así, Juan, o se lo comentaste como una muestra de identificación con ella?

—Por supuesto que lo entiendo así, Matilde. Yo tampoco me imagino ahora la vida sin ti; estaría vacío.

La chica no necesitaba haber vivido una experiencia semejante para sentirse impactada por la dolorosa narración que afectaba a aquel sitio, que ya les resultaba familiar. Por un momento, era como si todo el entorno se difuminara y solo quedara el hecho aislado de lo acontecido y el vínculo que, inconscientemente, nacía entre ella y el lugar y que la dejaba sobrecogida ante el entendimiento de la tragedia. Por asociación de ideas, es posible que aparezca en la mente de algunos lectores la frase de Kant: "De la torcida madera de la humanidad, no se ha hecho ninguna cosa recta".

—¡Pensar que en un espacio tan hermoso y llamado a ser remanso de paz, pudo generarse tanto sufrimiento! Pero el ser humano es capaz de hacer cosas majestuosas, aunque también las más despiadadas —pronunció con un atisbo de pena la muchacha.

—Tengo que recabar más información de la señora de la pensión, es decir, de Inés. Es una persona sensata y coherente y hay una parte de la historia reciente de este país que no la conocemos. Además, me comentó que perteneció a *Emakume Abertzale Batza*, que fue un movimiento feminista y quiero tener alguna referencia sobre su recorrido y su actividad —dijo Juan mostrando interés por el tema.

Siguieron con su investigación y así se enteraron de que, en el momento de la fundación de la villa, por el año 1300, fueron tan solo tres las calles existentes, aunque no tardó mucho tiempo en completarse todo el recinto amurallado con nuevas casas. Para el último cuarto del siglo XIV, ya comenzaba a esbozarse la cuarta calle y mediado el XV, ya se conocían las siete calles con su trazado actual.

Entre las más de cuarenta calles peatonales del centro histórico, las siete imprescindibles son: Somera, Artekale, Tendería, Belostikale, Carnicería Vieja, Barrenkale y Barrenkale Barrena. Perderse por esas calles y sentirse unidos a los bilbaínos que las transitaron hace más de siete siglos, sin que apenas hayan experimentado transformaciones o, moverse de un lugar a otro sin dirección fija, es una aventura digna de ser vivida y ha constituido y sigue constituyendo una fascinante y nostálgica experiencia.

Otra singularidad del Casco Viejo son las cárcavas; unas estrechas separaciones entre las casas, que se utilizaban en el Medievo y que tenían diferentes cometidos como, mejorar la ventilación de los edificios, dar salida al agua de la lluvia, desaguar por las ventanas y servir de cortafuegos en caso de incendio.

Una costumbre, bonita y novedosa para Matilde y Juan, consistía en escuchar las canciones populares que interpretaban los *txikiteros* en los bares, principalmente, en El Casco Viejo o Siete Calles, situado a orillas de la ría. Un barrio con un encanto especial por sus estrechas calles repletas de tiendas y tabernas tradicionales.

Los *txikiteros*, considerados casi como una institución en la villa, eran amigos que, tras finalizar el trabajo, contaban con el privilegio de quedar todos los días para tomar unos vinos antes de ir a casa y entonar unas canciones. El dinero sobrante de las rondas lo echaban y lo siguen echando en una hucha denominada la "hucha de los *txikiteros*", que está colocada debajo de la imagen de la *Amatxu* de Begoña, en el Casco Viejo y que está sujetando un vaso de vino. Aunque esa costumbre ha ido perdiendo protagonismo con el paso de los años, se mantiene inalterable el canto de la Salve, con el que rinden homenaje a la *Amatxu* de Begoña, patrona de Bizkaia, cada 11 de octubre, con la participación de coros, grupos de *txistularis* y multitud de personas que se reúnen en su honor y está considerada como una de las tradiciones más emotivas de la villa. Ese día se abre la hucha y, anualmente, se recogen cantidades importantes que van destinadas a asociaciones benéficas de Bibao.

En la esquina de la calle Pelota con Santa María, frente al edificio La Bolsa, hay una baldosa en el suelo con una estrella que marca el único punto del Casco Viejo bilbaíno desde el que se puede ver la Basílica de la Virgen de Begoña.

Existe una medida llamada *txikito* y la historia del vaso de *txikito*, por emplear una palabra bilbaína donde las haya, es una historia *txirene*. El vaso se creó antes del siglo XX, aunque no se sabe exactamente cuál era su función. Por supuesto, emplearlo como recipiente para el vino no. Esa utilidad se llevó a cabo a partir de una visita que realizó la reina Victoria Eugenia, esposa de Alfonso XIII, a Bilbao, en 1929. Con tal motivo, la ciudad decidió adornar las calles con velas y a lo largo de todo el recorrido se colocaron candiles para iluminar el paso de la comitiva real y se emplearon los que ahora se conocen como vasos de *txikito*. Tras la visita real, la villa se encontró con un excedente de vasos que distribuyó entre los bares de la localidad y que, rápidamente, se popularizaron como los vasos de *txikito*. Es posible que de la historia del vaso de *txikito* proceda la letra de esa canción tan conocida y querida para los vascos: "disen que viene reina visita Bilbora".

Para las personas que no estén familiarizadas con la palabra, *txikito* se refiere a una medida pequeña de vino que era la que se servía cuando se alternaba en los bares. De ahí, la designación de *txikiteros* para quienes lo tomaban. En el vaso de *txikito*, más de la mitad inferior está relleno de vidrio; el líquido se vierte en la parte superior y equivale, más o menos, a una copa de vino.

En la actualidad, no es muy fácil encontrar en Bilbao vasos de *txikito* como receptáculo habitual para el caldo; sin embargo, en los últimos tiempos, el deseo de recuperar las tradiciones está impulsando a que algunos bares y restaurantes los hayan traído de vuelta, con el fin de que tengan un lugar en sus barras y mesas.

La pareja conservaba también la experiencia de los días de verano en que querían desplazarse a Plentzia y, a base de codazos y empujones, lograban entrar en el tren, así como las muchas veces que les tocaba ir de pie.

—¡Qué horror!, está abarrotado; vamos como sardinas en lata —solía comentar Matilde.

—No importa; piensa en el baño que nos vamos a dar en la playa y en lo bien que lo vamos a pasar; nos va a compensar con creces —respondía Juan, mientras trataba de protegerla de los apretones de la gente.

Cuando llegaban al final del viaje, caminaban desde la estación por el paseo que va a lo largo de toda la ría, observando los botes y gasolinos, hasta presentarse en el puerto y proseguir por la orilla de las dos playas, la de Plentzia y la de Gorliz, hasta la punta de Astondo; un paseo lleno de encanto. Uno de aquellos días, estuvieron comentando lo que conocían de la localidad, a través de la señora de la pensión.

Plentzia, que es una villa, fue un puerto comercial, al que después se le añadió la ocupación pesquera. Es el lugar de mayor vida y población dentro del entorno más cercano. Los domingos se celebra un mercado en la plaza de la Iglesia, una actividad desempeñada exclusivamente por mujeres que llegan con sus burros transportando los productos para ser vendidos y que cosechan en los caseríos de municipios próximos. Las tiendas, generalmente atendidas por el mundo femenino, están abiertas por la mañana y allí acuden, además de las personas de la villa o de las que puedan llegar de otros pueblos contiguos para comprar en el mercado, las mujeres *baserritarras* que, tras realizar las ventas y obtener un dinero, adquieren otros artículos para su consumo o uso familiar.

La Plaza del Astillero, que está situada junto a la ría y que debe su nombre al esplendor en la construcción de barcos que se llevó a cabo en la villa a finales del siglo XVIII y principios del XIX, recibe cada domingo por la tarde a la banda de música municipal, que atrae tanto a los residentes como a la juventud que llega de otros sitios.

Desde hace muchos años, todo el que decidía visitar la villa era bien recibido, a juzgar por el cartel que figuraba al llegar a la estación del tren: "Plencia, la

Gallarda, saluda a los forasteros de afuera". Esta frase, que a menudo ha producido y sigue produciendo más de una risita, tiene su sentido y su razón de ser. Los forasteros de dentro eran los veraneantes, aquellos que ya estaban integrados y los de afuera, los que podían llegar esporádicamente o por primera vez, pero a los que se les daba igualmente la bienvenida.

Las visitas a Plentzia las combinaban con las que realizaban a Santurtzi. Se dirigían hasta el rompeolas y, sentados en una campa, entre risas y planes de futuro compartían los bocadillos que habían llevado de casa. Por la tarde y, como cierre del día con broche de oro, se quedaban a bailar en el parque al compás de las melodías que interpretaba la banda municipal.

Tras la época estival llena de actividad, colorido y largas horas de luz solar, se presentaba el otoño; los días acortaban bastante, eran más grises y, quizá, incitaban un poco a la melancolía.

—¡Cómo pasa el tiempo, Juan! Ya se acerca el 31 de octubre y el 1 de noviembre —dijo en una ocasión Inés, la propietaria de la pensión, al llegar el chico a casa después del trabajo.

—¿Tal vez son fechas con un significado especial para usted, señora? —preguntó con interés el muchacho.

—La noche que sirve de unión entre esos dos días y que en nuestra cultura la conocemos como *Gau Beltza o Arimen Gaua* me trae a la memoria, por una parte, los relatos narrados por mis *aitas* junto al calor del fuego y que solía escucharlos con mis hermanos y, por otra, mi propia experiencia de cuando era niña —respondió con un tono que parecía reflejar añoranza.

—Disculpe mi atrevimiento, señora, pero ¿cree que podría ser una buena forma de rememorarlo, contándomelo a mí? Usted es una excelente comunicadora y a mí me encanta escucharla.

—De acuerdo, lo haré con mucho gusto, pero, antes de empezar y, como me parece que vienes con cara de haber pasado frío, te prepararé un vaso de leche caliente con unas galletas y, mientras lo tomas, te lo voy relatando.

—Gracias, señora. ¡Cuánta atención me dispensa! —afirmó el muchacho con un sincero agradecimiento.

—En Euskadi se celebra *Gau Beltza* (noche negra) o *Arimen Gaua* (noche de las almas), una noche en la que las leyendas y el misticismo se conectan y se unen y donde las calabazas y las sábanas, colocadas a modo de fantasmas, toman protagonismo. A lo largo de muchos años, al igual que en otras culturas, aunque en cada lugar a su manera, en el País Vasco se festeja la noche de los muertos, que es la que transcurre del 31 de octubre al 1 de noviembre, cuando la dinámica varía completamente y llega el día de Todos los Santos. Pero con *Gau Beltza* los jornaleros también conmemoraban el fin de la cosecha, dando la bienvenida así al invierno. Para comenzar el recorrido y saber su origen, debemos retrotraernos a los pueblos celtas y, concretamente, a la fiesta llamada Samhain. Con el paso del tiempo, esta celebración fue asimilada por el cristianismo.

—No tenía ni idea de la existencia de esa conmemoración —comentó el muchacho.

—Es el momento en que la puerta entre el mundo de los vivos y el de los muertos se disipa y se entreabre, posibilitando la entrada de unos en el mundo de los otros para regresar a casa y visitarnos. A los familiares fallecidos nunca se olvidaba y, por ese motivo, había que brindarles un buen recibimiento, reservándoles un lugar en la mesa y un hueco en los hogares. Así mismo, junto a los familiares, otros seres atravesaban el umbral, espíritus cuyo favor debíamos ganarnos. En consecuencia, se les dejaba ofrendas en las puertas, para que no procedieran contra la casa o contra sus moradores. —La señora hizo una pausa, que el muchacho la aprovechó para preguntar.

—¿Y qué se sabe de los disfraces a base de pieles, sábanas, etc., de los que se valían, y de las calabazas?

—Los habitantes del pueblo se vestían con sábanas viejas simulando ser fantasmas y, posiblemente, las utilizarían para pasar por seres sobrenaturales y, de esa manera, no ser atacados. Cultivaban calabazas, un componente de la *Gau Beltza* vasca y Navarra, aunque en el caso celta solían emplearse con más frecuencia los nabos, que las agujereaban e iluminaban con velas y que, además de servir para adornar los caseríos, infundir el pánico entre la gente, cumplían el objetivo de mostrarles el camino a las almas de los muertos. Los mayores se encargaban de contar historias de miedo a los más pequeños. —Inés se levantó para echar un poco de carbón al fuego; mientras, Juan aprovechó la circunstancia para hacer un comentario.

—Es curioso cómo se propagan las creencias y las costumbres, ¿verdad?

—Sí. Al expandirse los pueblos celtas, su tradición se desplazó con ellos y se cree que pudo llegar con anterioridad a Araba y Navarra para, posteriormente, entrar en Bizkaia y Gipuzkoa. Esta práctica estuvo muy ligada al euskera y a la zona rural vasca y se mantuvo con fuerza en nuestras tierras, hasta mediados del siglo XX, aunque tampoco se fue de manera definitiva, ya que todavía son muchas las personas que recuerdan e, incluso, que celebran, aunque con variaciones dependiendo de las diferentes zonas, *Gau Beltza* o *Arimen Gaua*, como una manera de preservar una usanza que conmemora el cambio de estación y la caída del velo entre mundos. Actualmente y, sobre todo, el 1 de noviembre, día de Todos los Santos y el 2, Día de los Difuntos, la gente visita los cementerios y reza a sus seres fallecidos.

Cuando interpretó que la mujer ya había terminado su relato, Juan intervino.

—¿Recuerda haber participado en esa celebración siendo niña, señora? —preguntó el muchacho con interés.

—Pues mira, en parte sí, y existía una estrecha relación entre las calabazas y el miedo, aunque todavía no conocía con exactitud lo que te he contado —respondió la mujer con una sonrisa que podía reflejar, perfectamente, el rememorar de la ingenuidad que suele acompañar a la infancia.

—Si no le importa, señora, ¿me puede explicar qué significan sus palabras?

—Claro que sí. Solíamos coger una calabaza y, tras cortar un trozo alrededor de la parte de arriba, la vaciábamos, manteniendo intacta la parte de fuera. Una vez hueca, hacíamos por delante tres orificios que simulaban ser los ojos y la boca, donde poníamos unos palillos que aparentaban ser dientes. Después, introducíamos una vela encendida y volvíamos a colocar el pedazo de arriba como si fuera una boina. El secreto para que el destello de la llama a través de los agujeros fuera más impactante y pudiera causar una mayor dosis de miedo consistía en depositar la calabaza en un sitio oscuro y, de esa manera, intentar asustar a las personas que pasaban. Lo que no sé es si lo conseguíamos, me imagino que no, a pesar de lo que aparentaban, pero lo pasábamos muy bien —concluyó la señora, a la vez que exteriorizaba la alegría que le producían todos aquellos recuerdos.

—Por aquella época, ¿había mucha tendencia a contar historias de miedo a los niños y niñas?

—Sí, era muy habitual y, curiosamente, nos encantaban, aunque luego nos produjeran pesadillas. ¿Sabes que, cuando se morían, en muchos casos les colocaban en la caja vestidos con un hábito religioso? Mi *ama* me comentaba que, al salir de la escuela, es decir, siendo todavía muy pequeña, le ayudaba a su *amama* a coser la que sería su mortaja.

—Es sorprendente la capacidad del ser humano para adaptarse y convivir con lo que le toca en cada momento —terminó reflexionando el joven.

Matilde se sentía inmensamente feliz con Juan. Se había acostumbrado a su presencia y el haber tomado la decisión de eliminar la distancia que los separaba le parecía la opción más acertada. Era consciente de que lo necesitaba demasiado y cada vez llevaba peor sus reducidas y justificadas ausencias. Aún recordaba la tristeza con la que recibió la noticia de una de sus pocas partidas.

—En Navidad, iré a mi pueblo a pasar las Fiestas en compañía de mi familia. Siempre son unos días muy entrañables para nosotros y los vivimos con mucha unión y alegría.

—No solo lo entiendo perfectamente, Juan, sino que además, celebro que necesites la intimidad de tu hogar, aunque estaré esperando tu regreso con impaciencia.

—Por cierto, ya sabes que a la señora de la casa donde estoy de patrona le encanta extender los conocimientos sobre la historia, la cultura y las tradiciones de su tierra, que es esta. El otro día me comentó que, entre las personas que hablan euskera, como es su caso, utilizan la palabra *Zorionak,* que se traduce literalmente como Felicidades. *Zorion* significa felicidad o dicha y el sufijo *ak* indica pluralidad. Pero no es lo único que encubre esta palabra. *Zorion* está, a su vez, compuesta por otras dos palabras: *Zori,* que quiere decir suerte, azar, fortuna, además de destino o sino y *on,* que se traduce como bueno; o sea, que *zoriona,* la felicidad indica exactamente la buena fortuna o el buen destino.

—Cuántos conocimientos vas adquiriendo, Juan; sobre todo, gracias a la información y a la dedicación de esa mujer.

—Así mismo, dice que está relacionada con la palabra *txori,* que es pájaro. ¿Qué conexión hay entre los pájaros y el destino o la suerte? Ya se sabe que no son pocas las culturas que se valían de su vuelo para presentir el futuro y conocer el destino; esto es, los expertos observaban el vuelo de las aves para determinar los sucesos próximos. Por ejemplo, el augur, de donde proviene la palabra augurio, era un sacerdote romano que se servía del vuelo y el canto de los pájaros para sus predicciones. Bueno, tampoco es una idea muy desatinada porque, cuántas veces hemos oído anunciar la venida de una tormenta por el vuelo de las gaviotas. Comenta que en Euskadi, en concreto, existe la figura del pastor del Gorbea; un hombre capaz de hacer pronosticaciones meteorológicas basadas en el viento y, entre otras cosas, el vuelo de los pájaros.

—En resumen, eso quiere decir que cada vez que una persona te dice *zorionak,* te está deseando, en primer lugar, la felicidad, en segundo, la buena suerte y en tercero, que tengas buenos pájaros, el buen tiempo, ¿verdad? —preguntó con acierto la muchacha.

—Sí, lo has entendido correctamente. Además, para anhelar que tengas un próspero Año Nuevo, se emplea *Urte Berri on.* La señora hace hincapié en que no solo deben utilizar este tipo de palabras los que saben muy bien euskera, sino que todos estamos llamados a emplear, lo poco o lo mucho que conocemos, para que ningún idioma se pierda y creo que tiene razón.

—Juan, se me hará muy difícil estar sin ti esos días que son tan especiales. Intentaré realizar las mismas actividades de otros años y con las que tanto suelo disfrutar, pero sé que este será diferente. Estamos preparando ya el Nacimiento para ponerlo en la parroquia y mañana, comenzaremos a ensayar los villancicos para cantar en las misas. Trataré de llevar a cabo todos los actos y celebraciones con intensidad, pero me faltarás tú y desearé volver a esos momentos donde solo una sonrisa tuya será suficiente para considerarme feliz.

Las fiestas navideñas pasaron menos rápidas de lo que hubiera querido Matilde, pero, tras el regreso del muchacho, la dicha volvió a envolver sus vidas. Siguieron descubriendo lugares y momentos de disfrute. Para ello, contribuía con gran satisfacción la señora de la pensión.

—Juan, no sé si sabes que mañana, 3 de febrero, es un día de fuerte tradición en Bizkaia. Rememoramos la festividad de San Blas, que era de Armenia y fue un médico y obispo a quien se atribuye el milagro de curar los males de garganta, porque salvó a un niño de morir atragantado con una espina de pescado.

—¡Ah!, lo desconocía por completo. En mi pueblo no tiene ninguna connotación de festejo esa fecha.

—Durante esa jornada, se celebra en la plaza de San Nicolás, junto a la iglesia del mismo nombre, que además nos queda muy cerca, un mercado en el que se venden los "Cordones de San Blas", que hay de todos los colores, y los dulces típicos de ese día: rosquillas y tortas de San Blas, macarrones y caramelos de malvavisco, que son buenos para la garganta. En Bilbao, tenemos la costumbre de comprar el "Cordón de San Blas" y, tras bendecirlo junto a los dulces ante la imagen del santo, nos lo colocamos alrededor del cuello para protegernos de los males de garganta y catarros. Con el fin de que nos defienda a lo largo de todo el año, la tradición manda mantenerlo durante nueve días y, después, quemarlo.

—Es una novedad para mí, pero yo también me lo pondré como los bilbaínos de toda la vida —respondió el chico con una sonrisa.

—Ese día, también hay otra celebración famosa en Bizkaia: la feria agrícola y ganadera de Abadiano, una de las más importantes del País Vasco y que congrega a miles de personas. Esa feria o *azoka* se convierte en todo un festejo y agrupa muchas de nuestras tradiciones: mercado agrícola, feria de ganado y productos artesanales, pasacalles, *txistularis*, deporte rural y la clásica prueba de bueyes. Obviamente, se pueden comprar y degustar en los puestos todos los productos de nuestra tierra.

—Es un gusto la ilusión que se percibe aquí por mantener las tradiciones.

—Sí, además de conservar mucho las costumbres, nos gustan los refranes y hay uno que dice: "Por San Blas, la cigüeña verás, y, si no la vieres, año de nieves". ¿Lo conocías, Juan?

—¡Qué va!, nunca lo había escuchado. ¡Cuánto estoy aprendiendo con usted, señora! —dijo el muchacho.

—¡Ah!, tenemos otra celebración de fuerte arraigo en Euskal Herria, que a mí me emociona de forma especial porque me es muy cercana y me llena de nostalgia. La víspera de Santa Águeda, es decir, el 4 de febrero se lleva a cabo un acontecimiento de gran valor simbólico. Los coros y cuadrillas de muchas localidades, vestidos con trajes típicos, recorren las calles y los barrios de caseríos, yendo de puerta en puerta, cantando en honor a la Santa. El primer verso de la letra dice: *Zorion, etxe hontako denoi!* - ¡Felicidad a todos los de esta casa! Acompañan sus cánticos con varas y bastones, que en euskera se denominan *makilas,* con los que se golpea el suelo al ritmo de la copla, que termina con un extraordinario *Eup!* y recogen dinero para diversas causas.

—¡Qué emotivo! Me gustaría poder escuchar a alguno —dijo el muchacho con tono emocionado.

—Esta tradición podría tener su origen en la mitología vasca, significando el choque de *makilas* una llamada a la tierra para que termine de despertar tras el solsticio de invierno.

Santa Águeda, virgen y mártir siciliana del siglo III, fue condenada a que le cortaran los senos por rechazar al senador Quintianus. Cuenta la leyenda que, aunque en una visión Águeda vio a San Pedro y este curó sus heridas, continuó siendo torturada y fue arrojada sobre carbones al rojo vivo en la ciudad de Catania, Sicilia. Es la patrona de las mujeres y la fertilidad, así que recurren a ella muchas futuras madres. Le suplican ante los males de los pechos, partos difíciles y problemas con la lactancia. Se le atribuyen un sinfín de poderes: evitar incendios, rayos y erupciones volcánicas; proteger contra malos espíritus y enfermedades del ganado o potenciar la producción agraria. La tradición vasca le supone también, la capacidad de curar cefaleas y migrañas.

Dispone de un lugar dedicado al culto cristiano en territorio próximo a Bilbao, concretamente, en el santuario de Santa Águeda en Kastrexana (Barakaldo). En sus alrededores se celebra una romería, de las tantas que se llevaban a cabo en anteiglesias y villas.

—Cada vez me siento mejor en esta casa, señora —dijo Juan.

—Considero que la buena conexión es recíproca, muchacho. Yo también estoy encantada de que hayas elegido mi hogar para quedarte a vivir y poder, así, gozar de tu compañía. Además, muestras interés por las cosas y eres un buen interlocutor con personas mayores, algo que no es muy habitual encontrar en jóvenes de tu edad.

—A propósito, ¿me querrá hablar de *Emakume Abertzale Batza*? Ignoro totalmente su origen y tengo mucho interés en conocer a qué se dedicaban aquellas mujeres —prosiguió el chico.

—Lo haré con mucho gusto. Tuve una participación muy activa en la asociación y la recuerdo con cariño y nostalgia. Además, me siento responsable de extender una parte de nuestra memoria, es decir, de nuestra historia —dijo la señora mostrando complacencia.

Emakume Abertzale Batza, en castellano, Asociación de Mujeres Patrióticas, nació en el año 1922, en el momento y lugar en el que una representación de la Asociación Irlandesa de Mujeres *Cumann na mBan*, desarrollaba en Begoña una conferencia sobre la importancia de las mujeres en la vida pública. Las asistentes se reunieron al finalizar el acto y crearon la Federación. Allí mismo eligieron presidenta y secretaria y constituyeron la primera directiva, pero al cabo de un año, eran ya ilegalizadas por el dictador Primo de Rivera, junto con otras asociaciones y partidos políticos de carácter nacionalista. Resurgió a partir de 1932, no sin haber sufrido penas de cárcel, multas y destierros en los años anteriores.

Emakume Abertzale Batza llegó a tener más de 20.000 afiliadas, especialmente en pueblos de Bizkaia, pero también en los otros territorios vascos. Las afiliadas pagaban su correspondiente cuota, lo cual no era fácil teniendo en cuenta la dependencia económica del mundo femenino de la época.

Fueron unas mujeres que realizaron en la preguerra, en la guerra y en la posguerra, numerosas actuaciones, casi siempre relacionadas con la educación, la cultura, la solidaridad y la acción sociosanitaria; en definitiva, apostaron y lucharon por un nuevo modelo de sociedad, promoviendo múltiples iniciativas.

La asociación contaba entre sus miembros con un buen número de no afiliadas al PNV, si bien la ideología nacionalista era la que les caracterizaba y su vida pública fue siempre ligada a la del Partido Nacionalista Vasco.

En tiempo de la contienda, las *emakumes* confeccionaron ropa para los *gudaris*, recogieron mantas y prendas de abrigo y su labor en el frente y en los hospitales resultó de gran valor. Así mismo, cuando fue necesario, acompañaron a las niñas y niños al exilio, ofrecieron refugio a los combatientes y fueron agentes activos en labores de espionaje.

En 1937, con la entrada de las tropas nacionales en la villa, muchas de aquellas mujeres se vieron obligadas a exiliarse por sus actividades políticas y otras muchas sufrieron represalias y penas de cárcel.

La acción de *Emakume Abertzale Batza* desapareció en Bilbao durante la dictadura, aunque la asociación permaneció operativa en el exilio.

En el 2002, al cumplirse 80 años de su nacimiento, aún vivían algunas de aquellas mujeres y pudieron verse, en parte, reconfortadas con el acto de reconocimiento celebrado en el Palacio Euskalduna. Hay mucho que recordar de ellas, al igual que de otras republicanas, socialistas, etc., que estuvieron en la retaguardia y en la vanguardia y que luego cayeron, la mayoría de las veces, en el olvido.

Basílica de Nuestra Señora de Begoña en la calle Virgen de Begoña de Bilbao. Década 1950.
ARCHIVO MUNICIPAL DE BILBAO.
Fondo: Ayuntamiento de Bilbao.
Autor: Ediciones ARTIGOT (Raúl Artigot Fernández).

NAVEGANDO ENTRE EL OLVIDO Y EL RECUERDO

Aquel encontrarse tan a gusto de Matilde y Juan creció hasta convertirse en algo tan profundo, que parecía imposible que ningún acontecimiento fuera capaz de ensombrecer su dulce realidad. El enamoramiento había llegado a florecer en toda su intensidad; necesitaban querer y sentirse queridos y no podían dejar de pensar el uno en el otro, aunque solo fuera por un instante. En definitiva, vivían las sólidas emociones que suelen acompañar al idilio y nada hacía presagiar que pudiera romperse aquel amor que se suponía eterno y declarado como resultado de la confianza, de la palabra y de la voluntad que habían manifestado ambos de forma totalmente unánime.

Al mismo tiempo, la integración del muchacho en el ambiente laboral y social aumentaba de día en día y todo vaticinaba, a juzgar por las escasas veces que mencionaba el tema, que poco a poco mostraba menos interés por la posibilidad de probar suerte en algún trabajo que requiriese desplazarse al extranjero. Esa apreciación llenaba de alegría el corazón de la muchacha, ya que no compartía la teoría de los que piensan que van a encontrar fuera lo que no puedan encontrar en su país. Eso sí, cuando en momentos concretos la idea golpeaba con fuerza en la cabeza del chico, los planes que iba tejiendo en su proyecto de vida siempre iban acompañados o, por lo menos, así lo manifestaba, de la presencia de su prometida.

No había pasado mucho tiempo desde que la creencia de que el contacto físico requería una entrega total como muestra de una unión imperecedera, tras la promesa de juramento de que ya nada podría separarlos, cuando un buen día Matilde empezó a percibir unas pequeñas y desconocidas apreciaciones en su cuerpo. Fue bastante fácil adivinar de qué podía tratarse, pero muy difícil hacerse a la idea de un posible y no deseado embarazo y de lo que ello representaría. Notó un sudor frío en su rostro, junto a una mezcla de sensaciones como, incredulidad y vergüenza, unos sentimientos que, aunque completamente humanos, la dejaron paralizada y llena de miedos. El efecto sorpresa la impactó, se sentía turbada. No se encontraba preparada para aceptar lo acaecido, para afrontar aquella situación y las lágrimas inundaron su cara.

Pasados sus primeros momentos de perplejidad, se apresuró a esclarecer unas sospechas que cada vez le ofrecían menos dudas, como así fue. No, no se había equivocado; estaba embarazada. Una vez confirmado su temor y, con el consiguiente agobio, corrió a comunicárselo a Juan, es decir, a la persona que ella creía que era su tabla de salvación, quien reaccionó con una más que sorprendente serenidad.

—Tranquila, mi amor, no te inquietes, no pasa nada. Escucha al silencio que, a veces, nos habla sin palabras. Nos tenemos el uno al otro y eso nos da total seguridad para afrontar la situación. Adelantaremos la boda y nos casaremos pronto. Al fin y al cabo, era nuestro propósito y no íbamos a tardar mucho en hacerlo.

—Y, ¿cómo se lo diremos a nuestros padres? ¿Tú crees que lo entenderán? —continuó diciendo Matilde.

—Pequeña, no hemos matado a nadie como consecuencia del odio; hemos concebido a un ser que es fruto de nuestro amor y no hay nada malo en ello.

—Los hombres tenéis unas licencias sociales para gozar de la sexualidad, pero en el caso de las mujeres la cosa cambia; todavía hay limitaciones y, aunque exista el placer sexual, está cercado y no bien visto para disfrutar de él fuera del matrimonio. Entonces, tu situación y la mía con respecto a nuestros padres, ¿tú crees que es la misma?

—Todos lo comprenderán, claro que lo comprenderán; ellos también han sido jóvenes.

—No estoy muy segura de que sea así, pero entonces, ¿les daremos ya la noticia? Me parece que es conveniente hacerlo cuanto antes —argumentó la chica.

—Yo creo que es mejor esperar un poco, porque en la primera parte del embarazo es cuando peor puedes encontrarte y ahora, más que nunca, quiero permanecer a tu lado para lo que necesites. Si lo ponemos en este momento en conocimiento de nuestros padres, les entrarán las prisas a unos y a otros y la preparación de la boda nos obligará a estar separados, aunque solo sea durante un corto espacio de tiempo —planteó el muchacho con una firmeza total, pero sin dejar a la vista la verdadera intención que quedaba escondida tras su razonamiento.

Juan tenía un gran poder de persuasión y las palabras que había elegido, con sumo cuidado y total acierto, sonaron como una hermosa melodía en los oídos de Matilde y le proporcionaron, como si se tratara de un bálsamo infalible, el sosiego que precisaba y el enternecimiento de su alma en un día que, a primera vista, se había mostrado escalofriante y plagado de turbación. Se fundieron en un profundo abrazo y, mientras él acariciaba con suavidad la cabeza de su prometida, ella cerraba los ojos y descansaba apoyada en su hombro.

Las atenciones y los cuidados de Juan hacia Matilde continuaron siendo exquisitos y la aparente serenidad y aplomo que seguía demostrando denotaban una fortaleza inquebrantable; ella, sin embargo y, a pesar de que intentaba con todas sus fuerzas conservar el equilibrio emocional y su estado de salud era bueno, vivió las siguientes jornadas con un fuerte componente de intranquilidad. Unas semanas más tarde, el chico se pronunció acerca de la supuesta preparación de la boda.

—Mi amor, como veo que te encuentras bien, considero que ahora es el momento oportuno para marcharme a mi lugar de nacimiento, dar a conocer la buena noticia a la familia y preparar el papeleo y todo lo que sea necesario para nuestro casamiento.

Sin embargo, nunca llegó a mencionar que los días que supuestamente había permanecido en Euskadi para atenderla fueron solo una simulación, según demostraron los acontecimientos posteriores; es decir, los reglamentarios exigidos por la empresa para poder abandonar su empleo, cobrando la liquidación correspondiente e intentando mantener el asunto en secreto y no dejar ningún cabo suelto para que su reputación no quedara en entredicho, como más tarde, inevitablemente sucedió.

La chica recibió con entusiasmo su decisión y fue la única vez que deseó, con todo su corazón, que realizara el viaje a la mayor brevedad posible. Por una parte, el motivo lo requería y, por otra, era la manera de organizar lo indispensable para legalizar y solventar el delicado tema en el que se encontraban inmersos.

Tras su partida, el tiempo pasaba y ella ansiaba, aunque sin éxito, el añorado regreso de Juan o la llegada de alguna carta que sirviera de calmante y aclaración a tanta incertidumbre. Se preguntaba si, quizá su impaciencia le llevaba a querer acelerar unos trámites que requerían su curso o, si por el contrario, algo no deseado podía suceder. Finalmente, el transcurrir de los días y de las semanas despejó todas sus incógnitas. Su espera fue en vano y el mundo parecía desmoronarse a sus pies sin que localizara un sitio donde asirse.

Se le hacía difícil admitir la realidad; no podía o no quería entenderla y, como creía en la palabra lealtad, no conseguía encontrar ninguna explicación que le hiciera comprender que su primer y único amor, aquel que significaba todo para ella, no hubiera regresado a su lado; pero no había vuelta de hoja y la cruda verdad tomó protagonismo.

Fue duro hacerse a la idea de que la había abandonado sin ninguna aclaración; que había decidido tomar el camino más fácil; que el cariño y la pasión que se demostraron eran tan frágiles como para que se esfumaran de un plumazo; que todo parecía como el paso de una estrella fugaz; que no se puede confiar en las apariencias; que la criatura concebida con su amor les impedía continuar aquella relación… Pero, así era. Juan, poniendo tierra y mar por medio, olvidando sus promesas se había marchado solo al extranjero; ella se encontraba desamparada en el que consideraba que era el momento más difícil de su existencia.

—¿Cómo será mi vida sin él? ¿Seré capaz de sobrellevar el olvido de una persona que lo es todo para mí? Es posible que lo que él me decía fuera de mentira, pero yo lo sentía de verdad. No sé si podré sobreponerme a mi tristeza, pero, además de que no tengo ninguna otra opción, no es factible retener a una persona en contra de su voluntad, ni nadie es dueño de nadie; no, ese camino no conduce a ningún lado.

La muchacha trataba de razonar y buscar un alivio a su pesar y cuando los momentos bajos, inevitablemente volvían una y otra vez a hacer su aparición, intentaba combatirlos empleando planteamientos que le ayudaran a calmar su abatimiento.

—¡Escucha con atención a tu corazón y deja de tenerte pena, Matilde! Él conoce tu dolor, sabe lo que sientes, pero también lo que necesitas. Por otro lado y, como dice el refrán, "no todo lo que reluce es oro" y prescindir de algo que un día lo consideramos como meta, aunque se trate de una imposición y no de una decisión personal, como en este caso, quizá puede constituir un triunfo porque, cuántas veces una retirada a tiempo es una victoria, a pesar de que, a primera vista, cueste verlo así. Tienes un potencial infinito dentro de ti y serás capaz de rellenar ese vacío y esa soledad que ahora percibes.

Le costó mucho esfuerzo comprender que no le quedaba más solución que enfrentarse a una complicada etapa y que tratar de ser fuerte era la primera opción que tenía en su mano.

Por un lado, Juan no había planteado ninguna alternativa y barruntaba que optó por olvidar los posibles dictámenes de su corazón para dar un paso hacia delante y cumplimentar sus ansias de poder económico y estaba muy claro que ella, en sus condiciones, era un estorbo. Por otro, sabía que las mujeres llevaban siempre la peor parte en ese tema; que un desliz femenino, como se decía entonces, iba acompañado de calificativos peyorativos y el mismo hecho, en el caso de los hombres, podía justificarse y entenderse como una necesidad fisiológica.

Sin embargo, como mujer consecuente con las ideas que tenía interiorizadas, no estaba dispuesta, bajo ningún concepto, a deshacerse del ser que llevaba en sus entrañas. Recordó las palabras de Dolores Ibárruri - La Pasionaria, que cada persona las puede aplicar para el caso que considere más oportuno: "Un día, me falló quien menos me imaginaba y entendí que las palabras hay que cumplirlas y de los actos hay que hacerse cargo". Se había caído, estaba dolorida, pero se levantaría, se sacudiría el polvo y continuaría caminando. Era consciente de que no podía dar marcha atrás al reloj, pero sí ponerlo en funcionamiento nuevamente. Tenía que sacar a la luz su estado, pero ¿en qué términos y a quién? La situación no dejaba de tener su intríngulis.

Como primera opción, veía lógico acudir a sus padres, unas personas maravillosas y con las que mantenía una excelente relación; sin embargo, intuía que la noticia iba a ser recibida en el hogar como una bomba. La sociedad criminalizaba los embarazos en mujeres solteras y sus progenitores tampoco estaban preparados para asumir que su hija, precisamente su hija y no otra, había caído en las redes de una circunstancia imprevista, incómoda y desconcertante.

La segunda opción, la consideraba más acertada. Iría donde Luisa, una vecina soltera, conocida por muchas personas como la "solterona"; una mujer reservada y prudente, con un punto de tristeza reflejado en su rostro. Había llegado no sabían exactamente de qué lugar de Extremadura y de la que muy poco se conocía sobre su vida y nadie se atrevía a indagar, porque su comportamiento daba a entender que requería el derecho a mantener su intimidad y a disfrutar de un ámbito propio y callado, sin intromisiones y libre de la curiosidad ajena.

Luisa daba la sensación de ser una persona culta y prestaba sus servicios, de forma exclusiva, como señorita de compañía de doña Soledad, una señora acaudalada de la margen derecha de la ría. Su misión, según manifestaba sin entrar en demasiadas matizaciones, consistía en acompañarla a misa; pasear cuando no llovía; conversar y leer en alta voz periódicos y libros, algo que a la mujer le encantaba, pero que debido al lógico deterioro producido por la edad, sus ojos no se lo permitían.

Matilde no sabía explicar con precisión el porqué, pero estaba convencida de que podía depositar su confianza en aquella mujer; que la entendería; que no la recriminaría y que sería la mensajera adecuada para dar a conocer a sus padres, con un acertado tono de sensatez, la delicada novedad, así que se dirigió a ella. No se equivocó. Tras escuchar su relato con especial atención y asegurarle que podía contar con toda su ayuda, le ofreció una cariñosa y tranquilizadora mirada.

—No te preocupes. De entrada, tus padres se sorprenderán, porque estas situaciones siempre resultan impactantes, pero ellos te quieren, estarán a tu lado y te apoyarán. Voy a llamar ahora mismo para que vengan y les daremos a conocer la noticia. Preparé un café con unas pastas y lo hablaremos todo con calma.

La perplejidad que sintieron sus padres al escuchar el relato fue enorme; estaban desconcertados y sin saber muy bien qué decir, pero poco a poco, las aguas volvieron a su cauce.

—Hija, no es cuestión de dramatizar más de la cuenta y sí de asumir el momento tal y como se presenta —dijo la madre.

—Te cuidaremos y siempre estaremos a tu lado. Nosotros no te fallaremos —añadió el padre.

—Sé cómo os podéis encontrar los tres. Sí, lo puedo intuir de verdad y no lo digo como una frase hecha para salir del paso, sino porque me tocó vivir una experiencia similar. Me sentí sufridora y, al mismo tiempo, responsable de un dolor parecido causado a otras personas. A pesar de ser solo mis amigos, yo os considero como parte de mi familia y quiero contaros algo que, a muy pocas personas lo he narrado —expuso aquella mujer que había llegado un día de Extremadura huyendo de algo y de alguien. Bebió un sorbo de café, fijó su mirada en un punto concreto e inició el relato de los hechos acaecidos.

Luisa residía con sus padres y tres hermanas en su pueblo natal, en la provincia de Badajoz. En el municipio todos se conocían, el ambiente era bueno y en su casa contaban con los ingredientes necesarios para ser felices y la verdad es que lo conseguían.

Su padre ostentaba el cargo de director de un banco; su madre, una mujer culta, había heredado una cantidad considerable de dinero y bastantes tierras, por lo que disponían de una economía saneada, algo que contrastaba con los escasos bienes que tenía otra gente.

No hay que olvidar que, debido a un crecimiento muy desigual, durante la segunda mitad del siglo XX se generó un profundo y obligado movimiento demográfico. Concretamente, en Extremadura se calcula que más de 800.000 personas abandonaron su territorio buscando una vida mejor en otras regiones del Estado, como País Vasco, Madrid o Cataluña y también en países más allá de la frontera.

Luisa se sentía muy orgullosa de sus progenitores. Educaron a sus hijas infundiendo el significado de los conceptos: respeto, libertad e igualdad. A pesar de su nivel social, se mostraban muy cercanos y amables con todo el mundo, algo que no era muy habitual en aquella época en la que se guardaban mucho las distancias. La gente lo agradecía y evidenciaba su cariño.

Su padre, dentro de su profesión, hacía todo lo posible por ofrecer las ayudas que estuvieran a su alcance y por no denegar, jamás, ningún préstamo a nadie, aunque no reuniera los requisitos necesarios; conocía a los habitantes del pueblo y estaba seguro de que no le fallarían y así solía ocurrir. Así mismo, frecuentemente iban mujeres a casa solicitando algún favor y su madre, nunca las mandaba con las manos vacías. No soportaban la idea de que en el municipio se tuviera que malvivir y se afanaban por enterarse y gestionar todas las ventajas y privilegios con los que pudieran beneficiarse.

Bajo su punto de vista, la cultura era vital tanto en chicas como en chicos y necesaria en cada uno de los pueblos y ciudades. Es decir, el hecho de extenderla hasta el nivel que cada persona quisiera les parecía un reto totalmente indispensable. Sin embargo, esa oportunidad no estaba al alcance de todos, ya que no eran pocos los jóvenes que debían dedicarse a realizar tareas agrícolas en sus casas y no podían asistir la jornada completa a los centros de estudio; una situación, por otra parte, que distaba mucho de la que vivían en su hogar.

Sus padres, conscientes del problema, se encargaron de preparar un local en el que se impartían clases nocturnas, a coste cero, con el fin de cubrir esa carencia y que los muchachos y muchachas del pueblo tuvieran idénticas opciones. Así mismo, entendían que la música, como producto cultural, debía estar presente entre los planes educativos de enseñanza obligatoria, por lo que dotaron al centro de un profesor competente para impartir las clases. A esas últimas, también acudían Luisa y sus hermanas.

En el terreno musical, ella se decantó por seguir estudiando piano, un instrumento que lo conocía y lo tocaba desde pequeña, gracias al aprendizaje que había recibido de su madre, que era una experta. De esa manera, conoció a Francisco, un profesor erudito en la materia que solía ir de la ciudad a impartir la docencia.

—Era un hombre joven, de piel morena, con un tono de voz suave, de aspecto sensible y, por encima de todo, parecía llevar la música en las venas. No solo se manifestaba como un instruido tocando varios instrumentos, sino que amaba la música y todo lo que ella representaba; eso hizo que muy pronto me sintiera identificada con él. Como valor añadido, además de profesor era un auténtico maestro, una persona que nos daba pautas para vivir y que estaba dispuesto a acompañarnos en todo momento para que llegáramos a culminar nuestros procesos de descubrimiento —precisó Luisa con un tono indiscutible de nostalgia.

La formación la impartía de manera amena y muy diferenciada de la que estaban acostumbrados a escuchar. De entre las finalidades de la música, resaltaba la de suscitar una experiencia estética en el oyente, la de expresar sentimientos, emociones, pensamientos, ideas… y de una forma sencilla les explicaba de qué modo afecta al campo perceptivo de la persona, pudiendo cumplir funciones de entretenimiento, comunicación, ambientación, diversión…, cómo actúa y qué importancia tiene en las diversas culturas de la gente, por ejemplo, en los rituales religiosos, en las actividades sociales… Era un lenguaje que les encantaba.

Afirmaba que estudios efectuados por la Universidad de Harvard y la Universidad de California confirman que el uso de instrumentos musicales hace que los dos hemisferios cerebrales formen nuevas conexiones, lo que produce que el cerebro tenga un mayor y mejor rendimiento en los campos de la concentración, de la memoria y del aprendizaje. Asentía que el científico de la neurociencia moderna, Santiago Ramón y Cajal, descubrió que la única actividad que hacía más conexiones en las células cerebrales era tocar el piano, ya que en ese instrumento se emplea cada dedo en una tecla distinta, enfocándose cada mano en diferentes ritmos y velocidades, y en adición, los pies, que también tienen una importante función al utilizarse los pedales. Todos escuchaban fascinados.

Otras veces, los deleitaba con frases tan bonitas como esta que se le atribuye a Franz Liszt: "La música es el corazón de la vida. Por ella habla el amor; sin ella no hay bien posible y con ella todo es hermoso".

—Yo me sentía embelesada. Hacía tiempo que no encontraba nada tan mágico como asistir a las clases de música, aunque a medida que pasaba el tiempo, cada vez dudaba más de si era debido a la propia materia o a la influencia que ejercía sobre mí el profesor, a pesar de que, mis compañeros también revelaban muestras de entusiasmo —afirmó con dulzura la mujer mientras rememoraba aquellos fantásticos días.

Sin haberlo pretendido, Luisa aparecía como la alumna aventajada del grupo; destacaba en todas sus intervenciones y, algunas veces, era invitada por el maestro a tocar a cuatro manos, lo que para ella representaba un regalo. Sus compañeros disfrutaban, los miraban con admiración y todo ello tenía un toque de estímulo que incitaba a la superación personal, porque Francisco, con muy buena mano izquierda, les decía que estaba deseoso esperando interpretar con todos los demás. Para él era muy gratificante observar los progresos que iba consiguiendo el grupo y se sentía orgulloso de ser, por lo menos, responsable de una parte de su evolución. Un día, manifestó con toda cordialidad:

—Luisa, el próximo jueves hay un concierto muy bueno en Badajoz y he quedado en ir con una cuadrilla de chicos y chicas, todos amigos y dedicados a la música. Creo que para ti, también podría ser enriquecedor escucharlo y, si te apetece, puedes venir con nosotros. Yo estaré encantado y estoy seguro de que ellos, de igual manera, se alegrarán de tu presencia. A menudo les hablo del grupo tan estupendo que formáis y con el que me encuentro tan a gusto. Es gente muy maja y tenemos un ambiente muy agradable. Compartimos muchas aficiones y disfrutamos de una parte de nuestros ratos de ocio desde niños. Si quieres, no tengo ningún inconveniente en venir a buscarte y volverte a traer y, de ese modo, no tendrás que estar pendiente del autobús.

Al escuchar sus palabras, experimentó una emoción indescriptible y no tardó en reconocer que la euforia que sentía no era solo por el concierto, sino por el hecho de estar una parte del tiempo sola con él. Por supuesto, accedió sin poner ninguna pega.

La función fue todo un éxito y cumplió las expectativas hasta de los más exigentes. Todavía podía recordar la sensación que le producía cuando acercaba su cara para decirle, al oído y bajito, algún detalle importante de la interpretación; al igual que tampoco podía olvidar la que experimentaba en clase, cuando rozaba sus manos o sus dedos con los suyos, para indicar la forma correcta de colocación en el teclado. Tras el concierto, fueron a tomar y picar algo a la zona del Paseo de San Francisco, junto al Teatro López de Ayala. La cuadrilla le pareció muy alegre y divertida y fue acogida por todos con mucho cariño.

—A partir de entonces, no cabía la más mínima duda de que necesitábamos y buscábamos la manera de permanecer los dos juntos. Estaba muy claro que nos habíamos enamorado y, a pesar de que no hicimos público nuestro amor, yo creo que no hacía ninguna falta, porque nuestros ojos, quisiéramos o no, lo evidenciaban —manifestó Luisa mostrando una enternecedora sonrisa.

Disfrutaban de los lugares más emblemáticos de la ciudad como, por ejemplo: La Alcazaba, una de las alcazabas árabes amuralladas más importantes de Europa por sus dimensiones y mejor conservadas de toda España, con varias torres aún intactas; la Torre de Espantaperros o Torre de la Atalaya, uno de los símbolos de la ciudad y que sirvió como modelo para la construcción de la Torre del Oro de Sevilla; la Plaza Alta, considerada como una de las diez más espectaculares de todo el Estado, bajo sus arcos se celebraban los mercados en la Edad Media; la Catedral de San Juan Bautista o Santa Iglesia Catedral Metropolitana, un edificio construido entre los siglos XIII y XVI; la Plaza de España, punto central de la ciudad durante toda su historia, en la que desembocan algunas de las principales calles del casco antiguo; la Giralda o Giraldilla; la ermita de la Virgen de la Soledad, Patrona actual de Badajoz; la Puerta de Palmas o el Puente de Palmas.

Fueron muchos los espectáculos, las reuniones o las excursiones que disfrutó con Francisco y sus amigos, que ya los consideraba también suyos. Dentro del grupo y, seguramente, sin que nadie lo hubiera nombrado ni él lo hubiera sugerido, se percibía que su profesor era el líder, algo que se ponía de manifiesto por el peso que sus opiniones y decisiones ejercía sobre todos los demás.

—Mientras, nuestro amor seguía creciendo y llegó hasta lo que podíamos considerar el sumun; imposible quererse más. Percibíamos una relación única y distinta a la que vivía el resto de los humanos. Éramos muy felices. Cuando estábamos separados, el tiempo parecía imperecedero y teníamos la sensación de que nos faltaba el aire para respirar. ¡Así de loco es el enamoramiento! Compartíamos tantos gustos y aficiones y nos entendíamos tan bien… Pero, finalmente, nuestro amor murió sin encontrar una auténtica razón. Hasta aquí, la parte bonita de la historia; ahora, os relataré aquella otra que desearía que no hubiera ocurrido —musitó lastimosamente.

Botadura del Barco Nava Hermosa en los Astilleros Euskalduna de Bilbao. Vistas de la Grúa Carola. Década 1950.
ARCHIVO MUNICIPAL DE BILBAO.
Fondo: Ayuntamiento de Bilbao.
Autores: Estanislao de Las Heras Madinabeitia.

ENCUENTRO CON EL SUFRIMIENTO

Qué fácil es salir heridos en la travesía del amor y cuán complejo hallar la medicina que cure el desgarramiento producido por el encadenamiento del alma y por la nostalgia idealizada de la persona amada que, de una manera o de otra, nos ha dejado. Es difícil encontrar consuelo cuando tras preguntarse por qué y cómo ha podido suceder, no llegan las respuestas que apacigüen nuestras inquietudes. Es el tiempo el amigo encargado de ayudarnos y mostrarnos la senda por la que debemos caminar, con los ojos abiertos y la cabeza bien alta, a pesar de la derrota y del fracaso.

Algo sabía Luisa de ese tema y, a pesar de que superó sus ansias de rendirse y procuró enfrentarse y luchar por mantenerse a flote en aquel mundo trepidante que no se detenía ni por ella ni por nadie, no dejaba de reconocer lo complicado que era dar la espalda al recuerdo de un espinoso pasado. Pero la vida le conducía hacia un universo desconocido, en el que tenía que abrirse camino por sí misma.

La mujer miró con dulzura y empatía a sus tres acompañantes. No solo se solidarizaba con su aflicción, sino que la propia tristeza de la experiencia padecida era una garantía de que sabía lo que significaba llorar de amor y le acercaba a ellos sin nada que ocultar.

—Dentro de los dichos populares, hay uno muy conocido que manifiesta: "Besos y abrazos no hacen chiquillos, pero tocan a vísperas". Algo así sucedió en nuestro caso. Era tan apasionado y tan hermoso el amor que nos teníamos, que no intuíamos que nada malo podía acompañar a aquel sentimiento tan profundo que nos embargaba y donde la posibilidad de poner límites se hacía cada vez más dificultosa. El conocimiento de un embarazo inesperado nos pilló por sorpresa —dijo Luisa con delicadeza y sin que pasara desapercibida la emoción que reflejaban sus palabras.

Sí, sufrió la experiencia de engendrar un hijo de Francisco siendo soltera, pero con un componente especialmente traumático. Él, el único hombre de su vida, aquel del que estaba profundamente enamorada y por el que lo hubiera dado todo; el que juraba quererla más que a nadie en el mundo; el que no podía vivir sin ella…, además de no asumir su fecundación, tuvo la cobardía de reunir a sus amigos, es decir, a los que también eran los suyos, a los que siempre veían por sus ojos, y convencerlos para que declararan, siendo mentira, que todos habían mantenido relaciones sexuales con ella y que, por ese motivo, no era posible saber a quién correspondía la paternidad.

No se lo podía creer; significaba una angustia de día y de noche, una pesadilla de la que no veía la manera de desprenderse. Le resultaba imposible entender el motivo por el que a muchos hombres les cuesta tanto aceptar sus responsabilidades y asumir sus compromisos hasta el punto de pronunciarse de una forma tan despreciable. Además, el casarse no hubiera sido una obligación si no era su deseo, pero llegar a ese extremo… La frustración que sintió fue enorme y el abandono que padeció lo consideró totalmente injusto.

—A mi propio abatimiento no dejaba de unir la sensación de culpa por la pesadumbre que la circunstancia había provocado en mis padres, ellos que eran tan amantes de la libertad, del respeto y de la verdad. En el pueblo no se oía hablar más que de la impactante noticia y yo me vi afectada por una fuerte depresión. No sé cómo, tenía que intentar que las aguas volvieran a su cauce, pero mientras eso sucedía, no era mala idea que abandonara el municipio e ingresara en algún centro donde se encargaran de cuidarme hasta que diera a luz —manifestó Luisa recordando la firmeza que puso en su decisión.

A pesar de que dispuso de todo tipo de atenciones, fueron unos meses muy dolorosos los que vivió, aunque al aproximarse la fecha de nacimiento del bebé, parecía que su pesar se mitigaba pensando en la felicidad de tener entre sus brazos a su hijo y en la alegría que su alumbramiento supondría para sus progenitores.

—Para mi sorpresa, un buen día recibí una carta de Francisco en la que mostraba su arrepentimiento por la humillación que me había originado, así como por la vileza demostrada con su desafortunada actuación, que según decía, era producto del miedo que experimentaba ante un deber tan importante y para el cual no creía estar preparado. —La mujer, como si lo necesitara para poder digerir sus propias palabras, bebió un sorbo de café.

—No sé si me lo merezco, pero te pido perdón de todo corazón, Luisa. Te expreso mi amor, un amor que permanece indemne y, si me aceptas, te manifiesto mi deseo de que contraigamos matrimonio y, por supuesto, de reconocer al que, sin ningún lugar a dudas, yo sé que es mi hijo —proseguía afirmando en su escrito.

Pero, por su parte, era impensable tratar de reanudar la etapa vivida. Quizá, podría perdonarle; sin embargo, una cosa significaba perdonar y otra, volver a depositar la confianza en él. ¿Quien era capaz de cometer una acción de ese tipo, no tendría el valor de repetir otro comportamiento deplorable sin ningún tipo de reparo? Un hecho de tal magnitud, provocado de forma voluntaria, deja una huella indeleble.

Firme en su decisión, Luisa dejó por un momento de pensar en él, en sus padres, en el niño y se centró en ella como mujer injuriada que era. Debía mantener los pies en el suelo y ser consecuente con su forma de pensar, de sentir y de percibir las cosas, de modo que correspondió a su escrito, pero rechazando su propuesta. Desistió de atormentarse, de culparse, de preguntarse… No quería pagarle con la moneda de la indiferencia, aunque tampoco debía caer en una precipitada condescendencia. Sabía que su amor fue real y si en el futuro se encontrasen de nuevo… Desconocía si el viento del perdón se encargaría de hacer su trabajo y lo borraría todo, sin embargo, ese viento aún no había llegado.

—Por fin, nació el niño y me pareció precioso, pero solo pude verlo un instante; se lo llevaron porque aseguraban que, después del parto, necesitaba descansar. Yo permanecía con los ojos bien abiertos y solo quería centrarme en mi hijo. "Le pondré de nombre, Julián María, como mi padre y mi madre; de mayor seguro que será muy buena persona; será un buen músico; será; será…". Durante un momento, no voy a negarlo, también pensé en Francisco y me planteé si tenía derecho a rechazar la boda y privar al niño de su compañía —afirmó mostrando una valiente sinceridad.

Apenas había pasado una hora, cuando entró una mujer con semblante serio, para darle la impactante noticia de que la criatura había fallecido súbitamente.

—Lo siento mucho, es algo que ocurre con bastante frecuencia en los recién nacidos y que no se puede pronosticar —dijo mostrando un rastro de pena.

—Mi desconsuelo fue enorme, tan enorme como inmensa era la duda de saber si, efectivamente, la muerte se correspondía con un hecho real. A partir de entonces, no tendría que dar más vueltas a la cabeza preocupándome por la determinación que debería tomar respecto a la proposición de Francisco; ya nada tenía sentido. —En su semblante se apreciaba la huella de tristeza que había dejado el recuerdo de su hijo.

De entrada, era cuestión de aprender a vivir de otra manera, así que optó por abandonar el pueblo; solo volvía de vez en cuando para ver a su familia y hasta dejó la música. Como dijo Haruki Murakami: "En ocasiones la música tiene el poder de revivir los recuerdos con tal intensidad que a uno hasta le duele el corazón" y a ella no solo le dolía el corazón, sino también el alma; todo se hacía demasiado pesado.

Sin embargo, es curioso comprobar que cuando se intuye que la mente se siente perjudicada, automáticamente se pone en marcha el dispositivo de autoprotección para evitar daños mayores. De esa manera, eligió trasladarse al municipio en el que ahora habitaba, a Sestao, con fuertes tasas de inmigración y donde tendría la posibilidad de pasar desapercibida entre las muchas personas que llegaban.

Muy pronto encontró un empleo y pasó unos cuantos años en una casa de la margen derecha de la ría, interna, ocupándose del cuidado de unos niños y proporcionando clases de cultura general y de música, hasta que alcanzaron la edad de ir al colegio. Entonces, los señores de esa casa le facilitaron una oferta de trabajo donde, curiosamente, pedían como requisito imprescindible, una persona que supiera tocar el piano.

—Al principio, dudé de si me convenía aceptarla o no; me daba miedo que los recuerdos me atormentaran. Finalmente, dije que sí y estoy muy contenta con mi decisión. Ya sé que hasta ahora os he ocultado información de esta parte de la tarea que realizo en mi ocupación, pero paso varias horas al día interpretando melodías; unas veces, a cuatro manos con doña Soledad, que así se llama la señora, y, otras, yo sola. Actualmente, soy capaz de repetir las palabras de Kurt D. Cobain, que tan a menudo las pronunciaba Francisco: "La música es sinónimo de libertad, de tocar lo que quieras y como quieras, siempre que sea bueno y tenga pasión, que la música sea el alimento del amor" —dijo conmovida la mujer, tal vez, pensando en su prometido o, simplemente, emocionada por el contenido de la frase.

Había transcurrido un tiempo desde que comenzó a trabajar, cuando aseveró doña Soledad:

—Luisa, tiene una educación refinada, intuyo que su formación académica es muy consistente y sus dotes musicales excelentes. Toca el piano con una delicadeza exquisita, pese a lo cual, parece tensa, sobre todo, si interpretamos a cuatro manos; es como si sus dedos quisieran desplazarse con soltura por el teclado, pero su cabeza se resistiera a permitirlo. Además, observo un punto de tristeza en su rostro. Todo ello me lleva a preguntarme y, disculpe mi valor o mi atrevimiento, no sé cómo calificarlo, cuál será el motivo por el que habrá aceptado este trabajo. ¿Quizá por huir de algo o de alguien? Luisa, no estoy queriendo inmiscuirme en su intimidad y no está obligada a tener que hablar de lo que no quiera, la autodeterminación lo primero, pero si en algo puedo ayudarla…

—Me sentí impactada. Presentía que era una mujer con una gran sensibilidad y con libertad de ideas, pero sus palabras me pillaron por sorpresa. A pesar de todo, presagiaba que si tomaba la decisión de contarle mi vida, mi situación laboral no se vería afectada de forma negativa, más bien, todo lo contrario. Así que abrí mi corazón y, sin ningún tipo de reparo, deposité mis alegrías y mis tristezas en el suyo. Ella, mostrando una empatía total y con un semblante que irradiaba paz, me dijo:

—La vida es un mar por el que navegamos, no siempre de la misma manera; unas veces, en calma, y, otras, a la deriva, pero lo principal es seguir luchando a favor de la corriente y no rendirse. No desperdicie su talento, no deje de tocar el piano ni desista de perseguir aquellos que fueron sus sueños. Recuerde que en la vida a todos nos toca llorar alguna vez, aunque no al mismo tiempo, pero cada día que amanece nos trae una nueva oportunidad. No lo olvide.

A doña Soledad le unía una magnífica amistad con un gran pianista y profesor de piano, de Bilbao. Era una celebridad no solo dentro del Estado, sino que su talento, su fama y sus conciertos eran reconocidos en el mundo entero.

—Si quiere, le llamo mañana por teléfono y le pido que le oiga tocar. Además de extraordinario profesional es una excelente persona. Él valorará su trabajo y le indicará el camino por el que debe seguir —dijo la señora mostrando su mejor disposición.

Al mismo tiempo, su interés tomó un nuevo giro y así lo puso de manifiesto.

—¡Ah!, otra cosa. ¿Le ha vuelto a ver a Francisco? ¿Sabe algo más sobre su vida? Perdone que sea tan directa, pero me llama la atención el hecho de que no se haya casado. ¿Significa eso que no ha podido o no ha querido olvidarlo?

—No, no he vuelto a estar con él y solo sé lo que me informaron en el pueblo. Que lo pasó francamente mal después de haber reconocido su mezquindad y, más todavía, tras el fallecimiento del niño. Al parecer, sigue soltero, volcado en la música y me afirmaron que ha cosechado grandes éxitos. Si hubiera vivido el chiquillo, por él, habría iniciado algún tipo de comunicación, pero si no… ¿qué sentido tiene? Confieso que siempre lo he querido y sospecho que nunca podré dejar de hacerlo, pero es como cuando tienes un jarrón que te encanta y se rompe. Por muy bien que lo pegues, el jarrón ya nunca será el mismo.

—¿Reconoce que siempre lo ha querido y se pregunta qué sentido tiene retomar la comunicación? La vida pasa exageradamente rápida, Luisa; no dé la oportunidad de tener que arrepentirse de sus decisiones. Además, según la información que recibió, manifiesta "que lo pasó francamente mal después de haber reconocido su mezquindad" y tras el desenlace. Parafraseando a Miguel de Unamuno: "Las lágrimas de angustia irritan y excitan; pero las de arrepentimiento son las que limpian". No deseo hacer una banalización del mal y no quiero que me malinterprete, porque entiendo perfectamente su dolor, pero piense que "una golondrina no hace verano"; es decir, si bien es verdad que aquella actuación fue muy poco afortunada, eso no significa que acciones tan miserables puedan interpretarse como una regla general en su comportamiento.

Luisa se quedó pensativa tras la argumentación expuesta por doña Soledad, a la vez que se preguntaba si tendría razón.

—Ahora estoy un poco cansada, pero quiero que conozca la historia de mi vida en profundidad. Quizá le pueda ayudar a reflexionar. Se la contaré en otro momento —alegó doña Soledad.

Fiel a su promesa, la señora se puso en contacto con el profesor de música, quien vaticinó que tenía alma de artista y que el piano, eso sí, con un gran esfuerzo por su parte, la iba a convertir en una buena profesional y a proporcionar grandes triunfos. Recordaba que doña Soledad estaba tan entusiasmada con sus palabras como ella.

—Trabajé con tenacidad y, un buen día, todavía vosotros no habíais llegado a Bizkaia, me llegó la comunicación de que me invitaban a dar un concierto en el Teatro Arriaga. ¿Os imagináis lo que supuso eso para mí? —dijo Luisa emocionada recordando la sorpresa de la noticia.

El teatro Arriaga es uno de los principales teatros de Bilbao y también de los edificios más notables de la villa. Es de estilo neobarroco de finales del siglo XIX, obra del arquitecto Joaquín de Rucoba y dedicado al compositor bilbaíno Juan Crisóstomo de Arriaga, a quien se le ha denominado el "Mozart español". Se inauguró el 31 de mayo de 1890 y, tras diversas vicisitudes, ha sido reconstruido y reformado.

—No cabía en mí de gozo. Era mucho más de lo que hubiera podido imaginar. El concierto fue todo un éxito y, tras su finalización, no daba abasto con tantas personas que venían a saludarme. Me parecía que estaba viviendo un sueño del que en cualquier momento me iba a despertar. Un sueño que, de improviso, se convirtió en dos; no tengo ningún reparo en confesarlo.

Luisa se conmovió al recordar al que había sido el causante de tanta felicidad, pero también de tanto sufrimiento y prosiguió.

—Fue en uno de esos instantes cuando escuché una voz masculina que hablaba a mi espalda y que, a pesar de que jamás la hubiera esperado, la identifiqué rápidamente. Me volví y allí estaba Francisco. Sentí que las piernas me flaqueaban e intenté mantener la calma y que nadie se diera cuenta de mi situación —expresó la mujer de forma firme, como si quisiera demostrar que no solo lo intentó, sino que también lo consiguió.

—Hola, Luisa. Mi más sincera felicitación. Tu actuación ha sido francamente espléndida. Un triunfo que lo tienes más que merecido y que celebro no habérmelo perdido.

Además de que el conocimiento de la materia podía acrecentar el valor y el gozo que experimentaba el antiguo profesor, sus palabras encerraban un matiz especial y, al mismo tiempo, denotaban sinceridad.

—Francisco, te agradezco que hayas venido a escucharme. Ya ves que tu esfuerzo y la semilla que sembraste entre nosotros han dado su fruto. Me alegro de verte.

Luisa permaneció un instante en silencio, tragó saliva y continuó narrando aquel breve, pero intenso momento que llenó de dicha su corazón.

—Sus ojos me contemplaban con el brillo de siempre, con aquel brillo que yo tan bien conocía y que revelaba amor. ¡Qué lástima que el pasado hubiera dejado una huella tan profunda!; tan profunda que enturbiaba, irremediablemente, nuestro futuro.

La emoción que le suponía aquel encuentro resultaba a todas luces muy difícil de disimular; incluso cualquier mortal con un mínimo de perspicacia la hubiera percibido. Inevitablemente, las experiencias amorosas vividas en otros tiempos afloraban en su mente, pero, al mismo tiempo, tropezaban con un presente que se había convertido en hostil.

—A nuestro lado, doña Soledad nos observaba con una mirada que transmitía complacencia. En primer lugar, se alegraba enormemente de mi éxito y, en segundo, de aquel encuentro que ella había planeado con total discreción y acierto.

En medio de aquel ajetreo, otra voz la reclamó poniendo fin al fugaz acercamiento con Francisco.

—Luisa, una persona está esperando para hacerte una entrevista y hay un grupo de jóvenes, estudiantes de piano, que quieren conocerte y que les firmes unos autógrafos.

—Sí. De acuerdo; ahora mismo voy.

El contacto fue corto, apenas duró unos instantes, pero la estela que dejó en ellos el reencuentro y sus recuerdos de amor, permanecieron en sus pensamientos.

—Mi autoestima creció, me entregué con ganas al piano y a aquel gran concierto le siguieron muchos más. Después, doña Soledad precisó una operación de cadera y, en contra de su voluntad, dejé a un lado por un tiempo mi profesión musical y preferí dedicarme de manera exclusiva a su cuidado. Actualmente, ella se encuentra muy bien y espero volver a retomar en breve mi actividad.

Tras la confesión de su vecina, los tres permanecieron conmocionados y sin saber muy bien cómo reaccionar. Fue Matilde la que tomó la palabra y habló con todo cariño y franqueza.

—No me lo hubiera podido imaginar nunca, Luisa. Qué duro ha tenido que ser para ti vivir una situación como la que nos has contado y qué entereza has demostrado para dejar tu entorno, venir aquí y continuar adelante como lo has hecho. Ahora me doy cuenta de que todo, hasta lo más doloroso ayuda a crecer en la vida; que hasta las aguas más bravas pueden ser vencidas con un buen capitán que dirija el barco con acierto. Eres un ejemplo para mí y un modelo a seguir.

—La verdad que, en principio, tomar la decisión de dejar mi tierra y mi familia no me resultó una tarea sencilla; por una parte, me parecía que me iba a sentir como un árbol sin hojas, pero, por otra, y, aunque pueda dar la sensación de que estoy exagerando, mi mundo, aquel en el que tan feliz me encontraba, estaba desvanecido y huir, sin mirar hacia atrás, casi se había convertido en una cuestión de supervivencia; una necesidad imperiosa me empujaba a ello. Afortunadamente, aquí recibí una magnífica acogida y he podido guardar mi intimidad; es decir, no me he visto obligada a tener que dar más explicaciones que las que yo he considerado oportunas. Si hoy os he contado mi historia de vida ha sido, además de por voluntad propia, porque lo he hecho con sumo gusto.

Ante el sorprendente relato, se fundieron en un abrazo y, en aquel mismo instante, Matilde notó que su inquietud disminuía y que lo percibía todo con una mirada renovada. Por un lado, había depositado una parte de su peso en aquella mujer y, por otro, le proporcionaba una enorme satisfacción percatarse de que Luisa veía en ellos a las personas oportunas con quienes compartir su pena y también su relativo secreto. Sin embargo, solo con ese reconocimiento creía que no era suficiente y que debía hacer algo más relevante.

—Luisa, si a ti te parece bien, me gustaría nombrarte madrina de mi bebé y vincularte, de forma especial, a la familia y al disfrute del niño.

—Matilde, hemos exteriorizado nuestras cuitas con toda sinceridad y acepto encantada tu proposición.

—¡Ah!, también te quería exponer otro punto y, aunque lo presente en segundo lugar, no lo considero menos importante que el primero. La verdad es que me he quedado muy impresionada con el tema de tu hijo. ¡Se han oído tantas cosas de niños robados! Si lo ves procedente, me comprometo a investigar y tratar de esclarecer el enigmático asunto de la simulada o real muerte de tu bebé.

—Gracias, amiga, pero han pasado tantos años… Al principio, usé todas mis fuerzas en una lucha continua que resultó tan obsesiva como infructuosa. Indagué cuanto pude, pero nadie me facilitó ningún tipo de información. Es cierto que siempre me ha quedado la duda de qué pasó; sin embargo, tengo miedo de poner nuevamente mi ilusión en algo que me hizo sufrir mucho y que, aunque fuera verdad que no se trató de una muerte, seguramente, sería muy difícil demostrarlo.

—¡Quién sabe, Luisa! Hoy en día la gente está muy sensibilizada con ese tema y son muchas las personas que se han posicionado a favor de esclarecer y aportar todas las referencias de casos sospechosos que conocen. Según indican algunos medios de comunicación, ese apoyo está dando grandes resultados, tanto es así, que a menudo salen a la superficie incidentes relacionados con el robo de niños, es decir, de niños que, de una manera o de otra, fueron arrebatados a sus madres.

—¡Qué acción tan denigrante! Se me hace difícil encontrar un calificativo que conceptúe, en su justa medida, a las personas que son capaces de causar semejante dolor a los demás por medio de esa práctica.

—Además, Luisa, me surge alguna pregunta. ¿Por qué tuviste esa intuición? ¿Presentiste algo o fue sin más? No quiero ser reiterativa y deseo que te sientas con total libertad y que procedas de la forma que consideres más oportuna, pero si decides que haga alguna indagación, cuenta con mi ayuda; estoy a tu entera disposición.

—Gracias, nuevamente, Matilde. Me lo pensaré. Experimenté tanto dolor, que se me hace difícil volver a incidir sobre aquellas heridas que aún están sin cicatrizar.

—Te comprendo perfectamente, pero ¿te imaginas el beneficio que obtendrían muchas personas, si nuestras pesquisas fueran capaces de dar luz a muchos de los sucesos que permanecen ocultos?

—Sí, es muy posible que tengas razón y debamos intentarlo —respondió Luisa dando muestras evidentes de un mayor convencimiento.

Una vez que Matilde puso en conocimiento de su círculo cercano la noticia de su embarazo, se sintió más aliviada y, a pesar de que no pretendía mantenerlo en secreto, tampoco era cuestión de airearlo a los cuatro vientos. Sin embargo, no fue necesario que hiciera ninguna de las dos cosas. Sin que transcurriera demasiado tiempo, ya se encargarían otras personas de hacer la labor por ella.

En su trabajo, no pasaron desapercibidas las frecuentes y, al mismo tiempo, desacostumbradas idas y venidas cada mañana al servicio. En una de ellas, coincidió con una compañera que se percató de que estaba vomitando y, a pesar de que no hizo ninguna pregunta, no necesitó más pruebas para que diera por hecho y divulgara la supuesta razón de los repetitivos desplazamientos. El suceso corrió como la pólvora.

Fueron pasando los meses dentro de un ambiente mucho más relajado y, llegada la fecha prevista, nació el bebé. Era un niño precioso, al que le pusieron de nombre Antonio. Significó una gran alegría para la familia y el entorno de amigos y Matilde no pudo por menos de sentir pena de que Juan no disfrutara de aquel tesoro.

Las grandes factorias de Bilbao.

Ría de Bilbao a su paso por Barakaldo y Erandio. Vistas de la fábrica Altos Hornos de Bizkaia. Década 1920.
ARCHIVO MUNICIPAL DE BILBAO.
Fondo: Ayuntamiento de Bilbao.
Autores: LYG Bilbao.

DOS MUNDOS DISTINTOS

Doña Soledad se había levantado con la ilusión que produce la posibilidad de volver a crear un nuevo día y dispuesta a disfrutarlo plenamente.

—Luisa, tenemos una conversación pendiente. Quiero contarle mi vida, que realmente ha sido feliz, pero de forma especial me gustaría hacer hincapié en lo importante que es saber dejar de lado algunas cuestiones, por duras o dolorosas que hayan sido y que, no pocas veces, nos condicionan para avanzar o retroceder en la toma de decisiones. No siempre dos y dos son cuatro, a veces, pueden ser tres y otras, cinco y se es tan valiente diciendo que sí como diciendo que no. Creo que es bueno aceptar las ocasiones que nos va ofreciendo el futuro —comentó la mujer sintiéndose segura de su argumentación.

—Será un placer para mí escucharla, señora —asintió mostrando satisfacción.

—Conviene recordar que, aunque nuestro mundo particular a menudo parece que se desvanece, el dolor tarde o temprano muere, no es eterno. Mientras, las estrellas siguen iluminando con su luz y los ríos continúan cantando; lo hicieron ayer, lo hacen hoy y lo harán mañana. El tiempo no retrocede y lo fundamental es vivir con entusiasmo y con las personas que queremos —puntualizó doña Soledad con dulzura.

—Considero que tiene mucha razón y me parecen preciosas sus palabras, señora; sin embargo, ¡qué difícil resulta superar algunos tropiezos que nos presenta la vida!

—Vamos a desayunar al jardín, hace un día estupendo y una parte de mis reminiscencias encontrarán un escenario perfecto en ese lugar —dijo la señora disponiéndose a hablar.

La época dorada de Getxo se inició a mediados del siglo XIX, con el nacimiento del barrio de Las Arenas, creado por Máximo Aguirre, y enclave donde se halla el Puente de Bizkaia. La urbanización de Las Arenas supuso el florecimiento del municipio, que pronto consiguió mejorar sus comunicaciones y con ello, acrecentar nuevas alternativas, al instalar el ferrocarril que unía Getxo con Bilbao.

Hacia el año 1900 y dentro del mismo municipio, como una zona residencial y de expansión, nació el barrio de Neguri. Fue diseñado a imagen de las ciudades-jardín inglesas, en la más pura tradición anglófila de la sociedad vizcaína. Con el paso de los años, se convirtió en alojamiento de la alta burguesía vasca y se caracterizó por la existencia de inmensos palacetes de principios del siglo XX.

Los años 90 del siglo XIX se han denominado como "los años del esplendor". Ese boom económico terminó, cíclicamente, cuando se originó el crack de la Bolsa de Bilbao en 1901. No obstante, la economía vasca ya se había consolidado.

Doña Soledad había nacido en Neguri, a orillas del mar, en el seno de una familia muy adinerada. Su padre era un industrial muy importante y su madre, como se decía entonces, era de "cuna". Disponían del personal de servicio necesario para mantener en perfecto orden la espléndida casa en la que habitaban, el hermoso jardín que la circundaba y a sus moradores, que vivían rodeados de confort.

En su hogar, tanto ella como sus hermanos, siempre tuvieron juguetes con los que divertirse y, al contrario que otros niños y niñas de su época, nunca contaron con la desagradable sorpresa de no haber recibido lo que habían pedido en la carta a los Reyes Magos.

Jugaban mucho en casa entre hermanos o en ambientes cercanos de familiares o amigos y lo pasaban muy bien. Recordaba, así mismo, cómo disfrutaban las hijas e hijos de personas que trabajaban en la vivienda algunas veces que llegaban con sus madres. Las niñas se quedaban embelesadas con una casa de muñecas enorme que tenían y, los niños, con una gran estación y todos sus componentes: un tren que recorría la habitación, los pasajeros que permanecían dentro de los vagones, los guardagujas, las personas que esperaban en el andén…

Para cuando se incorporaban al colegio, ella y sus hermanos ya habían recibido clases particulares domiciliarias, en las que iban adquiriendo conocimientos y costumbres coincidentes con los del entorno en el que estaban predestinados a moverse.

No salían solos a la calle y, a pesar de que a ella le gustaba hablar con la gente, no lo tenía nada fácil, más allá del que se consideraba su círculo particular. Las madres, normalmente, se quedaban en casa; la suya gozaba pintando, así que era el aña, es decir, la niñera, la que se ocupaba de llevarlos de paseo o a bañarse, dos actividades que las recibían con un agrado total.

Doña Soledad desde niña disfrutaba mucho de las flores, de los árboles, del olor a hierba recién cortada y, de forma muy especial, de la playa de Ereaga.

Fue, precisamente, un hermoso día de verano en el que iban a divertirse y, al mismo tiempo, a beneficiarse, según decían en su casa, de los minerales del agua de mar, como el magnesio y de la conexión que ejercen junto al sol y que favorecen la producción de Vitamina D, cuando se fijó en un niño, unos dos años mayor que ella, que permanecía con un carrito, vendiendo golosinas al lado del balneario de Igeretxe. Era muy guapo, estaba muy repeinado, llevaba una ropa muy limpia y, por su peto y sus alpargatas, se adivinaba que procedía de una familia humilde. Lo miró con atención y pensó que si el estar allí era lo que le había tocado en suerte, debía prestar su colaboración.

—Aña, ¿me puedes comprar unas gominolas, por favor?

—Bueno.

Mientras el aña se quedó extrañada, porque era una niña que nunca pedía nada, la chiquilla se acercó al carrito.

—Hola, me llamo Soledad. ¿Cómo te llamas tú?

—Me llamo Ignacio.

—Quería cuatro gominolas.

—¿De qué color? Hay blancas, rosas, verdes, amarillas y naranjas.

—Entonces, dame cinco, una de cada color. ¿Sueles venir todos los días?

—No, solo si hace bueno, que es cuando hay gente y se vende. Los días que están tristes y no tienen pinta de levantar, me quedo en mi barrio jugando con mis hermanos y mis amigos: al fútbol; a txorro, morro, pico, tallo, que; a tres navíos en el mar; al escondite; a canicas; al hinque; vamos corriendo con el aro… Algunas veces y, a pesar de que ya sabemos que está mal, nos dedicamos a tocar aldabas y salimos volando, antes de que nos descubran y nos ganemos un rapapolvos. Si llueve, nos quedamos en el portal y nos divertimos con el juego de veo veo.

—¿Te dejan ir a jugar a la calle tú solo?

—Sí, en nuestro barrio, los chiquillos y chiquillas salimos solos; nos conocemos todos.

Se despidió del niño y se fueron a disfrutar de la playa. Hicieron un castillo, jugaron a las palas y, después, se metieron en el agua con sus vistosos flotadores. A su hermana le daban miedo las olas y sus hermanos solían reírse, pero ese día el mar estaba en calma y lo pasaron muy bien. A la hora que el aña estimó oportuna y que ya había sido pactada con anterioridad, llegó el chófer, que era el encargado de llevarlos y recogerlos. Guardaron todas sus pertenencias y volvieron a casa. Comieron, a continuación, tuvieron un rato de siesta y, más tarde, acudió la profesora de inglés para impartirles la clase.

Al día siguiente, el sol de nuevo brillaba con fuerza desde muy temprano, así que el día de playa estaba garantizado y la alegría asegurada. Cuando llegaron, allí estaba el niño con su carrito dispuesto a vender su mercancía.

—Aña, ¿me puedes comprar unas gominolas, por favor?

—¿Hoy también? Ya sabes que a mamá no le gusta que comáis dulces, porque dice que son perjudiciales para los dientes.

—Sí, ya lo sé, pero este niño ha venido aquí para vender. Por un día… No le contaremos nada a mamá y ya está.

El aña vaciló durante un momento y, finalmente, accedió. Por una parte, le tenía un cariño especial a la niña y siempre le costaba decir que no y, por otra, aprobaba el sentimiento que demostraba.

—Buenos días, Ignacio. Quiero cinco gominolas, como las de ayer, de todos los colores.

—Hola, Soledad. Son ricas ¿verdad? A mí también me gustan mucho. Ahora mismo te las doy.

—Hace un día muy bueno, ¿te vas a bañar?

—No, no puedo. Tengo que estar aquí con el carrito hasta que venga mi madre a buscarme.

—¿Vives lejos?

—En Romo. Mi padre sale muy temprano a trabajar en una fábrica y, como me cuesta bastante tirar del carrito yo solo, es mi madre la que me acompaña antes de ir a su faena en diferentes casas. Luego, viene a recogerme. Yo creo que el año que viene, que ya seré más mayor, no necesitaré ayuda. Entretanto, mi abuela cuida de mis hermanos pequeños; en casa, todos tenemos nuestro cometido y estamos muy contentos contribuyendo en las tareas.

La niña se quedó un instante pensando lo distinta que era su vida y se despidió. Ese día, también el mar estaba en calma, por lo que su hermana pudo meterse al agua sin temor y fue un tiempo de gran disfrute. A la misma hora que la jornada anterior, el aña indicó que era el momento de coger las cosas y regresar al hogar. Cuando llegaron, todo estaba a punto, así que comieron y tras el consabido rato de siesta, acudió la profesora de música para darles la lección correspondiente.

La mañana siguiente amaneció con el cielo cubierto de nubes, aunque la lluvia no parecía amenazar con su presencia y la temperatura era buena, así que los mayores decidieron que no había inconveniente en repetir el plan de los dos días anteriores. De igual forma debió pensar la madre de Ignacio, porque el niño estaba allí con su carrito.

—Aña, ¿me puedes comprar, por favor…? —No le dio tiempo de terminar la frase.

—Soledad, ya sabes que te dije ayer que… —Antes de que el aña finalizara su enunciado, respondió:

—Sí, pero el niño solo viene para vender las cosas que trae en el carrito. Su madre, después de acompañarlo, se marcha a trabajar y él únicamente puede disfrutar de la playa mirándola desde aquí.

—Sí, los dos tienen su mérito, la verdad —dijo el aña sin saber muy bien qué hacer.

La niña, dándose cuenta de la situación embarazosa, rápidamente solventó el problema.

—Hoy no le desobedeceremos a mamá, pero ¿me puedes comprar regaliz, por favor? Una de nuestras profesoras, que es una entusiasta de las plantas medicinales, nos comentó que es un buen remedio natural que protege el aparato digestivo y respiratorio.

—¡Ah!, en ese caso, me quedo más tranquila; no hay ningún inconveniente.

El aña, nuevamente, permaneció perpleja ante el razonamiento expuesto por la niña.

—Buenos días, Ignacio. Hoy el día está más triste, pero veo que te has animado a venir.

—Hola, Soledad. Sí, mi madre estaba en duda, pero ha pensado que igual levantaba y hemos decidido acercarnos y parece que ha sido un acierto; además, así hablo un poco contigo, que me gusta mucho.

—Gracias, Ignacio. Hoy quiero regaliz.

—¿No te gustaron las gominolas de ayer?

—Sí, pero también quiero probar otras cosas que tienes en el carrito.

—¡Estupendo! A mí me encanta el regaliz, aunque no lo suelo comer todos los días; únicamente los domingos.

La niña, a pesar de que sentía curiosidad por conocer el motivo por el que lo reservaba exclusivamente para ese día, se quedó callada, porque en casa le habían enseñado a no hacer preguntas que pudieran resultar inoportunas.

—Ya se va pasando el verano y pronto empezaré el curso en la escuela, así que dejaré de venir —afirmó el niño.

—¿Te gusta ir a la escuela?

—Me gusta tanto como jugar y eso que jugar me encanta. Tenemos un maestro fantástico, dice que mi memoria es estupenda, que pongo mucha ilusión y que me esfuerzo un montón y, por ese motivo, se encargó de hablar con mis padres y les propuso que, si ellos querían, se responsabilizaría de prepararme por su cuenta para hacer Bachillerato. Muy contentos y agradecidos dijeron que sí y suelo ir por libre a examinarme al instituto y saco muy buenas notas. Además, tiene idea de pedir una beca para que pueda continuar estudiando y llegar a la universidad, pero para eso tengo que seguir manteniendo las calificaciones y, aun así, no es muy fácil. Él me ayuda mucho.

—Pero, estudiar de esa manera, es muy difícil, ¿verdad? —preguntó la chiquilla con asombro.

—Hay una frase, que es de El Quijote, que a mi maestro le agrada y la repite con frecuencia: "No es un hombre más que otro si no hace más que otro". Eso significa, que no debe haber más distinción entre las personas que el propio esfuerzo, independientemente de que se tenga éxito o no. Tanto las mujeres como los hombres han de ser valorados por lo que hacen y no por los títulos que posean.

—¿Quieres decir que, en su opinión, el empeño que pongas al hacer las cosas y los conocimientos que atesores son fundamentales?

—Sí. Nos recomienda que aprendamos lo máximo posible, porque la educación es el motor que mueve el mundo, que origina que redunde en beneficio de toda la humanidad y que cuantos mejores cargos consigamos por medio de la formación, mayores serán las posibilidades de obtener una sociedad más justa e igualitaria para todos. Suele añadir que, lleguemos donde lleguemos, no olvidemos nunca nuestras raíces y que no hay mejor cosa en la vida que ser agradecidos, solidarios y felices con las circunstancias que nos toquen en suerte en cada momento. Mis padres saben poco de números y de letras, y mi abuela, mucho menos, así que ya que tengo la suerte de poder aprender, debo aprovecharla.

La chiquilla miraba ensimismada, a la vez que sorprendida por el contenido de sus palabras.

—¡Ah! Te voy a contar una cosa que también nos comentó el maestro y que me llamó la atención. Decía que uno de los aspectos más importantes y, no obstante, menos conocidos de Darwin es su racismo. Consideraba a los europeos blancos, pero únicamente a los ricos, ya que los pobres eran "una lastimosa gente" que estaban en esa situación por propia voluntad y por ser pecaminosos, más avanzados que otras razas humanas.

—¡Qué cosas tan curiosas os dice! —respondió boquiabierta.

—Suele exponer bastantes frases de personas célebres y nos las explica para que podamos entenderlas. Por ejemplo, hay una de Miguel de Unamuno que le gusta mucho: "Deberíamos tratar de ser los padres de nuestro futuro en lugar de los descendientes de nuestro pasado".

Soledad estaba hechizada escuchando al muchacho. Ni sus padres ni sus profesoras, aun siendo muy buenas personas, jamás le habían hablado de esas cosas.

—Y, ¿qué te gustaría ser de mayor?, porque los hombres siempre trabajan, ¿verdad?

—Todavía no lo tengo muy claro y, por ahora, creo que lo que me corresponde es centrarme y aplicarme en cada curso y no echar las campanas al vuelo. No obstante y, si me conceden la beca, quizá podría decantarme por ser abogado. Nuestros vecinos necesitarían los servicios de uno bueno para resolver un problema que les ha surgido, pero como no disponen de dinero… Así, apoyaría a muchas personas que se encuentren en esa circunstancia.

—Quieres decir que hay gente que precisa ayuda, ¿verdad?

—Sí, así es. Además, el otro día hablaba mi madre con una amiga y, aunque no sé el motivo, comentaban que las mujeres, a pesar de que están dando pasos hacia delante, siguen desprotegidas y muy desinformadas y eso, me parece mal, porque pienso que tienen una gran sensibilidad y que no se merecen la exclusión que sufren. De todas maneras y, de acuerdo con el ejemplo y la ayuda que me está prestando el maestro, entiendo que yo tendría que hacer lo mismo con todos pero, principalmente, con aquellos que más lo requieran.

—Sí, estoy de acuerdo. Yo también opino que es un buen modelo a seguir.

—Continuando con lo que me has preguntado y, como bien dices, sí, los hombres trabajan fuera, pero las mujeres también, en casa y fuera del hogar; lo veo concretamente en mi madre y en otras de mi barrio.

—Pues la mayoría de las que yo conozco no y a mí, tampoco me han dicho que tenga que estudiar para trabajar —respondió la chiquilla un tanto desconcertada.

Los días iban transcurriendo y Soledad e Ignacio continuaban aprovechando los pequeños ratos con los que contaban para poder charlar. El niño tenía muy interiorizado el deseo de conocer en profundidad todo lo que la gente estuviera dispuesta a transmitir; la curiosidad de aprender era una constante en su vida y, a la vez, no le pasaba desapercibido el interés que demostraba la niña con lo que para ella debían de significar, novedosos relatos.

—El maestro nos suele narrar muchas cosas y dice que es muy importante que conozcamos nuestra historia y los lugares que nos rodean. Si quieres, te puedo contar algo de lo que sé, gracias a él, de los balnearios en general y del Balneario de Igeretxe en particular —expuso Ignacio.

—Sí, ¡qué bien! Me encantará —respondió Soledad.

Ignacio recapacitó durante unos segundos tratando de poner en orden las ideas y, de conformidad con la buena memoria que le atribuía su maestro, prosiguió diciendo que la lenta aceptación de las particularidades del agua de mar se llevaría a cabo en la década de los años 60 del siglo XIX, gracias a las nuevas miradas científicas y, aunque con anterioridad a esos años el mar había sido desestimado por los abanderados de la cultura, fueron esas mismas clases elitistas las que lo presentaron como paradigma de salud.

De esa manera, se puso de moda entre las élites "tomar las aguas o el sol" y crecieron los baños de agua y sol para luchar contra la melancolía. La consideración del yodo y bromo, con importantes atributos farmacológicos, produjo una imagen que la talasoterapia se ocuparía de incrementar y depurar en la etapa contemporánea. Las propiedades y métodos curativos pronto atrajeron a las élites económicas.

Durante los dos últimos siglos, los baños y en particular los balnearios de mar han significado una pieza importante en el desarrollo urbano y en la evolución histórica de Getxo y, a pesar de que las variaciones en los hábitos sociales han eliminado esa actividad, la figura del edificio Igeretxe es la única que continúa erguida de entre las instalaciones balnearias y turísticas que se establecieron en las orillas del Abra.

Con anterioridad a esta obra nacía sobre la playa de Ereaga el balneario de baños de mar: el "Balneario la Perla", aunque tuvo una vida corta. En 1913 y, a través del primer proyecto del arquitecto Antonio Araluce Ajuria, el "Balneario de Igeretxe" ocuparía su lugar; uno de los primeros edificios de Bizkaia que fue construido con hormigón armado.

El mayor y más distinguido público veraniego acudía al balneario a partir de las once de la mañana. A esa hora, la orquesta comenzaba su concierto, que se prolongaba hasta la una. Mientras, algunos disfrutaban tomando el vermú y otros se bañaban en el mar. Al mismo tiempo, era frecuente el paseo de las damas llevando los últimos modelos de sombrillas.

Los domingos y días festivos, cuando la temperatura era buena, no faltaban quienes llegaban para disfrutar del tiempo y merendar chocolate con bizcochos o mantecado con barquillos.

Para comodidad de los visitantes, durante los meses de verano había un tranvía que salía de Las Arenas, frente al Puente de Vizcaya y llegaba hasta la misma puerta del balneario. A través de los años y, con no pocas idas y venidas, es bonito que ese histórico edificio continúe entre nosotros uniendo el pasado y el presente.

La construcción del puerto exterior de Santurtzi, en la década de 1890, conllevó una serie de alteraciones en el Abra, lo que hizo que cambiaran las corrientes que arrastraban la arena y la playa de Las Arenas, que era enorme, se vio perjudicada y desapareció en solo 3 o 4 años.

—¿Te ha resultado interesante, Soledad? Si quieres, también te puedo explicar algunas otras costumbres antiguas que me han contado a nivel más general sobre las playas y el mar.

—¡Qué bien, Ignacio! Me encantará, porque nadie nos habla de esas cosas y, ciertamente, me resultan muy curiosas.

En el momento que se constató que los "baños de ola" o "baños de mar" eran beneficiosos como proceso terapéutico, la gente comenzó a ir a la playa cuando tenía una determinada dolencia o estaba enferma. El procedimiento se iniciaba con la consulta al médico, quien prescribía el número de veces que debían tomarse, la duración de cada uno de ellos y también la hora adecuada, que tenía que coincidir con marea alta porque el agua se encontraba más caliente, limpia y próxima a las casetas; es decir, los baños estaban muy controlados. Además, y dependiendo de la época que se contemple, la playa se dividía en dos mitades, una designada a los hombres y otra a las mujeres. Como el objetivo que se perseguía era únicamente curativo, los trajes de baño permitían dejar al descubierto solo una mínima parte del cuerpo, durante un brevísimo espacio de tiempo, siendo muy estricto el protocolo que se observaba para bañarse.

A fin de que todo pudiera realizarse de la manera más íntima posible, se utilizaban unas casetas que estaban colocadas en la playa y que debían haber sido alquiladas con anterioridad a las sesiones de baño, por días, semanas o para toda la temporada y se seguía el siguiente método: Llegado el momento del baño, se llamaba a una persona que se ocupaba del manejo de una pareja de bueyes, quien se encargaba de enganchar la caseta y arrastrarla hasta la orilla. Una vez allí, la persona que la ocupaba se bajaba, se bañaba, se metía de nuevo en la caseta y regresaba al punto de partida. Esa práctica, que hoy en día nos puede resultar tan sorprendente, nos sitúa en el último tercio del siglo XIX y hasta el año veintitantos del siguiente siglo.

—¿Sabes que una gran parte del esplendor aristocrático de San Sebastián se debe a un herpes real? Al parecer, Isabel II tenía esta enfermedad en la piel en el año 1845, por lo que recomendaron a su madre que la llevara a tomar baños de mar y eligieron como punto de destino Donostia. De esa manera, se hizo habitual que la familia real acudiera el verano de cada año a la ciudad y también que marcara una parte del protocolo de comportamiento en la playa.

Ignacio se sentía contento de conocer la información y se esforzaba en trasladarla con la mayor precisión posible.

—La primitiva caseta real era de madera y estaba colocada sobre unos raíles y cuando la familia se quería bañar, era la caseta entera la que se desplazaba hasta la orilla. La que se construyó con posterioridad y que se conserva en la actualidad es de piedra y está fija. En el momento de su levantamiento, colocaron a su lado una pequeña embarcación cubierta y continuaron con el mismo proceso de traslado: de la caseta a la barca, de la barca a la orilla y, tras el baño, el recorrido contrario. Los médicos aconsejaban bañarse en el Cantábrico o en el Atlántico porque consideraban que las aguas eran más sanas y, concretamente, las del norte adquirieron un gran protagonismo.

—Me ha resultado muy bonito, Ignacio. Tampoco había oído hablar de ese tema.

—Sin embargo, el mar, que ha aportado inmensos beneficios a lo largo de la historia y que ha contribuido de forma tan activa en la alimentación y sustento de la gente, también ha pillado por sorpresa a la humanidad en muchas ocasiones, mostrando su cara desagradable, cobrando su tributo y dejando espacios vacíos y personas vestidas de luto —dijo el muchacho.

—Se mueren bastantes personas ahogadas, ¿verdad, Ignacio? Sobre todo, cuando el tiempo es malo y el mar se pone enfurecido.

—Por cercanía y, como ejemplo, basta recordar a los ciento cuarenta y tres arrantzales que perdieron la vida en la aterradora galerna que se produjo el 12 de agosto de 1912, mientras se encontraban faenando a cuarenta y cinco millas del cabo Matxitxako, y a los familiares, entre ellos, viudas y huérfanos, que quedaron en una situación muy difícil. La fuerza que desencadenó aquel mar que parecía haber enloquecido en la madrugada del 12 al 13 fue de tal magnitud, que dio al traste con las embarcaciones pesqueras que permanecían trajinando en sus generosas y productivas entrañas. De los fallecidos, ciento dieciséis pescadores eran de Bermeo, ocho de Elantxobe, dieciséis de Lekeitio y tres de Ondarroa. Al funeral, que se llevó a cabo en Bermeo, asistió el rey Alfonso XIII, acompañado de varios ministros. Las muestras de solidaridad para paliar la precaria situación de las familias afectadas se pusieron de manifiesto de forma inmediata, con la celebración de actos para recaudar fondos, así como con las aportaciones económicas de particulares e, incluso, de la diáspora vasca extendida por diferentes partes del mundo.

—Esas noticias me dan mucha pena y cuando el mar está muy bravo, paso miedo —afirmó Soledad.

—Aunque la del 12 de agosto de 1912 no fue la primera ni la más letal de las galernas a las que tuvieron que enfrentarse en el litoral cantábrico, porque cómo pasar por alto las que se produjeron en abril de 1878, en julio de 1881 y en octubre de 1892, que dejaron como resultado un gran número de personas que perecieron ahogadas, sí tuvo una repercusión directa en la flota vasca. Significó el final de los barcos pesqueros a vela, dado que fueron los más dañados por la desgracia de 1912 y el comienzo de utilización de los impulsados a vapor, lo que supuso una evidente garantía en la seguridad de los marineros; además, se llevó a cabo una mejora en las condiciones de los trabajadores dedicados al mundo de la mar. Así mismo, la meteorología científica se hizo esencial, de tal manera, que los puertos de Bizkaia y Gipuzkoa permanecían comunicados oportunamente con el observatorio de Igeldo, que era el encargado de transmitir las señales de alarma en caso de galerna.

—Esta última parte me ha parecido muy triste, Ignacio.

—Sí, lo es, pero también tenemos que conocerla para valorar la dedicación y el peligro que conlleva el trabajo de otras personas. Por eso, nosotros, que lo tenemos todo, debemos mostrar agradecimiento por nuestra suerte y ser felices.

—Creo que tienes razón —dijo la muchacha un tanto desconcertada, a la vez que se preguntaba si el niño del carrito, que siempre se mostraba contento, realmente lo tenía todo. Por ejemplo, en aquel momento, aunque quisiera, él no podía ir a la playa y ella sí.

—Soledad, nos tenemos que marchar. ¿Habéis terminado ya de hablar? —preguntó el aña.

—Sí, ahora mismo voy, aña.

—Si quieres, otro día te puedo contar lo que sé sobre el Puente de Vizcaya, que también es conocido como Puente Colgante o Puente de Portugalete —dijo el chaval.

—Sí, gracias; me gustará escucharlo. Lo cuentas todo muy bien y, además, me hace ilusión pensar que estoy unida, a través de la historia y de la memoria, con otros niños y niñas de diferentes épocas, a los que yo no he conocido.

Una jornada más y, según lo pautado, jugaron y disfrutaron saltando en la arena; a continuación y, cuando el aña determinó que era el momento oportuno, se colocaron sus coloridos flotadores y se bañaron. La temperatura del agua no parecía producirles un efecto negativo, a juzgar por sus caras de felicidad, así que una experiencia positiva que añadir a sus vivencias. Finalmente, tras recoger todas sus cosas y a la hora señalada, ni un minuto antes ni un minuto después, regresaron a casa. Comieron y tras el consabido descanso, llegó la profesora de francés.

—Como ya sabe, Luisa, el tiempo aquí es muy cambiante y las lluvias vinieron a visitarnos sin que nadie las invitara y sin previo aviso. Eso hizo que nuestros padres decidieran adelantar las vacaciones y, como solía ser habitual, nos marchamos toda la familia a Biarritz, así que ya no volví a ver a Ignacio, o sea, al niño del carrito, que era de la manera que solía recordarlo y nombrarlo con cariño cuando me refería a él —puntualizó con un atisbo de nostalgia doña Soledad.

Pero no solo no lo vio en lo que quedaba de verano, sino que tendría que esperar a que llegara el próximo para volver a encontrarse en el lugar de siempre, porque, aunque la distancia que los separaba de sus domicilios era pequeña, la brecha que se producía en los ambientes en los que se movían cada uno de los niños constituía todo un abismo.

—Me acordé de él en las Fiestas de Navidad y, principalmente, el día de Reyes. Mirando todos nuestros regalos, me pregunté si a él también le habrían traído lo que había pedido e, incluso, si habría pedido algo.

Balneario Igeretxe y playa de Ereaga de Getxo. Década 1910.
ARCHIVO MUNICIPAL DE BILBAO.
Fondo: Ayuntamiento de Bilbao.
Autores: Lucien Roisin Besnard.

NUEVAS ÉPOCAS ESTIVALES

Llegó el mes de junio del año siguiente, los días eran largos como correspondía a la temporada, pero muy poco despejados y, la temperatura del agua para poder bañarse todavía era baja, así que no suponía demasiado aliciente acercarse a la playa, algo que, por otra parte, se esperaba y se deseaba con ilusión, ya que tras el largo invierno, el cuerpo necesitaba de un estímulo activo y el sol es una potente fuente de energía. Así mismo, el sol es el motor de otras energías renovables; el viento y las olas tienen su origen en la acción continuada de los rayos solares.

Justo al comenzar el mes de julio nació un día espléndido y las muestras de alegría que ofrecieron los niños al despertarse fueron en aumento a medida que avanzaba la mañana, de tal forma que, unidos a su amorosa aña, se dispusieron los hermanos a celebrar la vida. Cuando llegaron a Igeretxe, Soledad se apresuró a localizar a Ignacio y, sí, allí estaba el niño con el carrito cargado de golosinas, dispuesto a cumplir fielmente con la misión que tenía encomendada.

—Hola, Ignacio. ¡Qué bien que has venido! ¡Cuánto tiempo sin verte y cómo has crecido! Seguro que ahora ya no tiene que ayudarte tu madre con el carrito, porque puedes arreglarte tú solo. ¿Qué tal estás? —dijo la chiquilla con ternura.

—Hola, Soledad. ¡Qué ganas tenía de volver a encontraros! El verano pasado, como cambió el tiempo tan de repente, dejamos todos de venir a la playa y no tuvimos la oportunidad de despedirnos; me dio mucha pena no poder hacerlo, pero bueno, ya estamos de nuevo aquí. A vosotros también os veo mucho más altos. Sí, este año, como ya soy más mayor, vengo y voy yo solo con el carrito y así, mi madre se encuentra un poco más descansada sin tanto ir de acá para allá después de trabajar tantas horas.

—¿Has estado igual de contento este curso en la escuela y has sacado buenas notas como en los anteriores? Recuerdo cómo disfrutabas con todo lo que te enseñaban.

—Sí, me siento muy satisfecho con lo que he aprendido y con los resultados que he obtenido. No creas, al principio, tenía un poco de miedo porque, a medida que avanzan los cursos suelen aumentar las dificultades y pensaba que, igual, me encontraría con problemas para seguir el ritmo, pero no. De momento, continúo sacando muy buenas notas y eso, aparte de brindarme una satisfacción personal muy grande, repercute en la felicidad que les proporciona tanto a mis padres como al maestro.

—¡Qué alegría me da escucharte, Ignacio! —respondió Soledad con admiración.

—Por cierto y hablando del maestro, ya sabes todo lo que se preocupa porque aprendamos y nos divirtamos, así que combinando las dos cosas nos ha propuesto un plan muy bonito. Un día nos vamos a trasladar a Bilbao. Saldremos por la mañana y, como llevaremos la comida de casa, no tendremos prisa para la vuelta. Para nosotros será todo un acontecimiento, por lo que estamos muy contentos. La idea es ir a Artxanda, visitar el Ayuntamiento y callejear por la villa; por supuesto, todo eso conllevará la información correspondiente de cada lugar.

—Cómo me gustaría poder estar con vosotros y disfrutar de ese día —respondió la chiquilla con candor.

—Bueno, ya sé que no es lo mismo, pero si quieres, te cuento algunas de las cosas que nos explicó el maestro. Siempre prefiere que tengamos una idea de antemano.

—¡Fenomenal! Más adelante, después de que hagáis la visita, me puedes completar la información que os faciliten y tu aportación personal.

—Nos comentó que se calcula que los dólmenes de Hirumugarrieta tienen alrededor de 4.500 años y que en Artxanda se han encontrado restos de asentamientos humanos, como instrumentos de sílex y otros enseres; o sea, que ya habitaba gente en ese tiempo. En aquella época, empleaban piedras, huesos y también madera para hacer utensilios, por ejemplo, cuchillos y lanzas. Algunos de esos objetos se conservan en el Museo Arqueológico de Bilbao. Así mismo, localizaron en la calle Ribera una moneda de bronce del emperador Trajano, lo que hace suponer que en el siglo I pudo haber asentamientos romanos.

—Me encanta esto que me cuentas y tratar de imaginarme cómo podía ser aquella vida —dijo pensativa Soledad.

—Según se afirma, hasta el año 1300 los períodos fueron más o menos tranquilos. La pequeña población que hoy es Bilbao se dedicaba a la agricultura, la pesca, la explotación del mineral de hierro y la actividad portuaria que sería determinante para el futuro de la villa. El 15 de junio de 1300, don Diego López de Haro V, señor de Bizkaia, fundó la villa de Bilbao y al pasar a ser villa, sus habitantes lograron privilegios que permitirían a la ciudad convertirse en un centro muy significativo para el comercio entre Castilla y el norte de Europa.

—Así que fue a partir de esa fecha cuando empezó a tener mayor importancia, ¿verdad?

—En el año 1310, doña María Díaz de Haro, señora de Bizkaia y sobrina de don Diego, otorgó la segunda carta puebla, reconoció los privilegios de la anterior y exigió que las mercancías que llegaran de Castilla pasasen por el puente de San Antón y Bilbao comenzó a ser un destacado puerto comercial. La carta puebla fundacional decretó que los residentes en la villa fueran considerados hombres y mujeres libres y que gozaran de unas leyes diferentes a las del resto del señorío de Bizkaia.

—¡Qué curioso me resulta eso! —dijo la muchacha, preguntándose qué leyes serían distintas.

—Poco a poco en las calles se instalaron tiendas, tabernas, platerías, carpinterías, pescaderías, posadas, sombrererías, etc., de aquí que en algunas calles se mantengan nombres como: Carnicería Vieja, Cinturería, Sombrerería, Tendería.

—No sé exactamente el motivo, porque no tiene nada que ver, pero esto último que me estás contando me hace recordar a los nacimientos que ponemos por Navidad.

—Pues, con esto que te voy a decir ahora, quizá, aún más. A principios del siglo XIV, Bilbao solo tenía tres calles; luego se añadirían cuatro más. La villa estaba protegida por una muralla defensiva de 964 metros de longitud, 7 metros de altura y un grosor de casi 2 metros. Contaba con 12 puertas de entrada.

—¡Sí!, por la muralla —exclamó risueña la chiquilla.

—En la muralla se hacían rondas de vigilancia, por ese motivo hay una calle que se llama Ronda. Así mismo, se solía usar como frontón, por eso otra de las calles se llama Pelota.

—Me encanta imaginármelo.

—Dicen que a finales del siglo XV, Bilbao era una villa muy floreciente. Había minas, astilleros, fundiciones y muchos muelles para que los barcos pudieran cargar y descargar sus mercancías.

—Con el paso de los años, cómo fue cambiando la actividad, ¿verdad, Ignacio?

—Ya lo creo que sí. Estamos en 1511. En los últimos dos siglos en Bilbao se originó un movimiento mercantil muy importante, tanto es así, que se hizo indispensable regularlo. Por ese motivo, se fundó el Consulado de Bilbao, que era el organismo que se encargaba de redactar las normas del comercio y la navegación en la villa. Para solventar las disputas se creó un tribunal presidido por un prior y dos cónsules. Fíjate el meneo que existía, que en 1516, la flota que regulaba el Consulado se acercaba a las 500 naves. No entiendo de eso, pero, a primera vista, parece mucho, ¿verdad?

—Sí. A mí también me da la sensación de que es una cantidad considerable.

—El Consulado estimuló la actividad económica de Bilbao. En 1560, aprobó el primer código mercantil bilbaíno. Uno de los más significativos de Europa. El Consulado tenía una sede en Brujas, Bélgica, que en aquella época era el centro de la economía de toda Europa. La sede funcionó hasta principios del siglo XIX y sirvió para promover el comercio de la lana que iba desde Bilbao al norte de Europa. En la ciudad de Brujas se puede visitar la Plaza de los Vizcaínos, donde estaba ubicada la sede del Consulado de Bilbao.

—¡Qué emoción me produce! —dijo la muchacha con entusiasmo.

—Durante el siglo XVI, Bilbao debió ser una importante villa comercial y marinera. Principalmente, se mercadeaba con madera, lana y hierro, que se transportaba en barco hasta Flandes, Inglaterra o Francia. La vida social, económica y política estaba dirigida por dos instituciones: el Ayuntamiento de la villa y el Consulado de Bilbao. También llegaban muchos productos desde las colonias americanas, por ejemplo, azúcar, cacao, patatas, tomates…

—Me gusta muchísimo todo lo que me estás contando, Ignacio.

—Me alegro de que así sea. A modo de curiosidad, ¿sabes cuántas personas vivían en Bilbao en 1787? Los habitantes en ese año eran 9.494.

—Hoy en día, parecen muy pocos, ¿verdad? ¡Cómo ha crecido la villa!

—Según nos comentó el maestro, los siglos XVII y XVIII fueron tiempos turbulentos. Se originaron varias crisis y conflictos sociales, políticos o económicos, como "la rebelión de la sal", la "machinada" o la "zamacolada". Durante esa época, la agricultura se acrecentó un poco más y el comercio bilbaíno llegó hasta las colonias del norte de América.

—Nunca he oído hablar de esos tres conflictos, Ignacio, pero espero que algún día me puedas decir algo sobre ellos —expresó la muchacha mostrando un gran interés.

—De esos temas, todavía no nos ha contado nada el maestro, pero seguro que lo hará y, por supuesto, que te detallaré todo lo que conozca. De momento, continúo con lo que nos ha ido avanzando. Durante las últimas décadas del siglo XIX, Bilbao ya era un valioso centro industrial y financiero. Se explotaban muchas minas de hierro y se fundaban astilleros, navieras, empresas siderúrgicas… y se crearon bancos y universidades. Así mismo, era el período en el que dispusieron de nuevos medios de transporte, como el tren o el automóvil. Comienza la revolución industrial. La prosperidad económica atrajo a miles de personas y conllevó importantes cambios de tipo social, político y cultural en la villa. Bilbao fue la primera ciudad del Estado, en 1896, en tener tranvía eléctrico. Más tarde, concretamente, en 1940, fue la primera ciudad de Europa en instalar una línea de trolebuses.

—¡Qué avanzados los bilbaínos! —dijo sonriente la muchacha.

—La villa seguía creciendo y se necesitaba más espacio para construir hospitales, estaciones de tren, cementerios…, así como viviendas para alojar a la gente que llegaba, por lo que tuvieron que comprar terrenos de las poblaciones vecinas, que por aquella época eran sobre todo, huertas. Por ese motivo, en el año 1890, Bilbao se anexionó la anteiglesia de Abando y en 1925 las de Deusto y Begoña. También se precisaba un nuevo edificio que acogiera la administración municipal, porque el antiguo, que se levantó en 1675 junto a la iglesia de San Antón, estaba medio en ruinas, por lo que se planificó la construcción de un nuevo ayuntamiento. El asentamiento de la casa consistorial supuso 9 años de obras. El alcalde que la inauguró fue Gregorio de la Revilla y, precisamente, una calle en el centro de Bilbao lleva su nombre.

—Cómo se ven los avances y los cambios a lo largo de los años —dijo Soledad, que escuchaba con atención todo lo que relataba su amigo.

—En 1904, se terminaron las obras del puerto exterior, dirigidas por Evaristo de Churruca. A partir de entonces, el puerto fue creciendo en el Abra exterior y abandonando los terrenos de Bilbao en los que había permanecido.

—Eso sí que tuvo que suponer una importante transformación, ¿no crees, Ignacio?

—El maestro dice que, a lo largo del siglo XX, la gran industrialización que originaba riqueza y progreso, también generaba cosas no tan buenas. Las fábricas existentes por todo Bizkaia y los altos hornos cubrían el cielo de humo y, así mismo, contaminaban las aguas de la ría. Etxebarria, por ejemplo, era una gran factoría de acero que estaba ubicada en pleno centro de Bilbao.

—Da gusto escucharte, Ignacio. ¿También os contó el maestro alguna cosa sobre el Ayuntamiento de Bilbao, antes de ir a visitarlo?

—Sí. Él dice que es bueno que conozcamos previamente algo de lo que vamos a ver y así, con las informaciones del guía, disfrutamos más y asimilamos mejor.

—Creo que tiene razón. —Respondió la muchacha, dispuesta a seguir escuchando con suma atención.

—Algunas cosas no entiendo qué quieren decir, pero las repito como él las mencionó. Cuando las vea, supongo que seré capaz de detallarlas con más claridad.

—Estoy segura de ello. Después de la visita, podrás definirlas con tus propias palabras.

—Nos explicó que desde que don Diego López de Haro fundó la villa de Bilbao, esta ha tenido su sede institucional en diferentes Casas de la Villa a lo largo de más de 700 años y, a pesar de que de los primeros lugares de reunión no se sabe mucho, si se tiene en cuenta cuál era la tradición en este país, el Concejo se congregaba en los aledaños de la parroquia de Santiago y en alguna de las torres de la vieja muralla que rodeaba Bilbao. El primer edificio al que se le puede llamar Casa de la Villa, de forma estricta, estaba ubicado en la Plaza Vieja, desde inicios del siglo XVI, pero fue perjudicado de forma importante como consecuencia del agua y el Ayuntamiento debió compartir edificio con el Consulado de Bilbao, junto al cual se trasladó a su nueva sede: la Casa de la Villa, que se construyó en la propia Plaza Vieja, al lado de la iglesia de San Antón, en el año 1603. El Ayuntamiento continuó ahí hasta su traslado definitivo a la actual Casa Consistorial en el año 1892.

—Así que este edificio tiene muchos años, ¿verdad?

—Pues, mira, una Real Orden del año 1883 autorizó al Ayuntamiento de Bilbao a construir una nueva Casa de la Villa en los terrenos del antiguo Convento de San Agustín, que sufrió una expropiación forzosa con anterioridad y propiedad del Estado. Ese mismo año iniciaron las obras, que se prolongaron hasta 1892, que se dieron por finalizadas y se llevó a cabo la inauguración oficial. Su coste ascendió a 1.400.000 pesetas de entonces.

—¿Sabes quién fue el encargado de diseñar y realizar el plan, Ignacio?

—Sí. El responsable del proyecto fue Joaquín Rucoba, Arquitecto Municipal hasta el año 1886 que dimitió, aunque siguió dirigiendo las obras, de manera particular, hasta su terminación. En 1888 finalizó la construcción y empezó la ornamentación. Participaron una cantidad importante de artistas, principalmente de Bilbao y de su entorno más próximo y también tomaron parte artesanos de otras ciudades del Estado y de Europa. El arquitecto mostró un gran interés en la decoración. El edificio destaca por su horizontalidad, rota por los tres cuerpos adelantados. Es de estilo ecléctico, con inspiración en la arquitectura pública francesa de la III República. Resalta la amplia escalera de acceso y la balconada con columnas pareadas, dispuesta sobre el eje principal del edificio.

—Qué interesante, ¿verdad?

—Ya lo creo que sí. Además, el arquitecto decoró el exterior de la Casa de la Villa con grandes esculturas en mármol (la Ley y la Justicia) y piedra de Fonseca (heraldos y maceros), que fueron realizadas por la sociedad formada por Garamendi, Basterra y Larrea, prestigiosos artistas locales, así como con bustos de reconocidos personajes en la historia de la villa: Don Diego López de Haro en el centro, teniendo a su derecha al cardenal Gardoqui y a Tristán de Leguizamón, y a su izquierda a Juan Martínez de Recalde y a Nicolás de Arriquibar; obras de la sociedad anteriormente citada y de Tomas Fiat.

—Cuánta decoración hay en el exterior, ¿verdad?

—Sí y, en el interior, el decorado aún debe ser más rico. Nos dijo el maestro que resalta el despliegue de materiales nobles, como los mármoles de Ereño o Carrara. El primer lugar que aparece es el hall de acceso, donde se conservan dos antiguas dependencias municipales: la Hacienda y la Depositaría. En la entrada, con una decoración ecléctica inspirada en el renacimiento, resaltan los jarrones, las arcadas, así como las columnas. Hay un arco que divide en dos el espacio y sirve de marco a la vez a la escalera, que está rodeada de un pasillo transitable que se utiliza como área expositiva en la que están colocados estandartes y banderas históricas de la villa.

—Da la sensación de que son espacios amplios y bonitos.

—En la Sala de Alcaldes están ubicados los retratos de los diferentes alcaldes de Bilbao realizados por conocidos artistas locales como García Ergüin, donde se plasman las personalidades de los ediles y, al mismo tiempo, se destacan los logros o acontecimientos acaecidos durante sus mandatos.

—Tiene que ser emocionante verlos a todos juntos.

—Nos dijo el maestro que hay una escalera imperial hecha de mármol blanco que conduce hacia la planta noble del edificio. En el frente de la misma resaltan, por el material empleado y por su antigüedad, tres escudos que lucía en su fachada la antigua Casa de la Villa, ubicada en la Plaza Vieja, en los que todavía se distinguen restos de su policromía original. A la izquierda, el escudo de la Villa de Bilbao, donde se puede observar la antigua Casa Consistorial junto a la iglesia de San Antón; a la derecha, el del Consulado, institución con la que compartía sede el Ayuntamiento. Una mención especial merece el escudo central en el que se agrupan las armas de la Casa de Austria y se aprecia la heráldica del Señorío de Bizkaia.

—¡Me encanta que se conserven esas cosas tan antiguas!

—La escalera conduce a la planta noble de la Casa Consistorial, donde la ornamentación del edificio llega a su punto culminante, con extraordinarios mármoles, pinturas y vidrieras que se realizaron con artistas y artesanos del entorno. Pueden admirarse jarrones de bronce de José Soler de Deusto, algunos de mármol obra de Garamendi, Basterra y Larrea y vidrieras proyectadas por Amadeo Deprit. Todo ello llevado a cabo bajo la supervisión de un jurado formado por distinguidos profesionales entre los que destacaba el propio arquitecto Joaquín Rucoba.

—Les dará mucha satisfacción a los descendientes de las personas que lo realizaron ver todo eso, ¿verdad, Ignacio?

—Pienso que sí. El maestro nos comentó que también hay en ese espacio cuatro lienzos de fina ejecución. En los laterales, están los retratos de Isabel II y su hijo Alfonso XII, aunque destacan de forma especial los localizados en el frente, donde están representados de forma idealizada don Diego López de Haro y su esposa Violante de Castilla.

—Qué paciencia tan impresionante creo que hay que tener para hacer lienzos y qué preciosos me parecen.

—Comparto la misma idea. Contra la vidriera que cierra y ofrece luz al espacio, hay un Sagrado Corazón del artista Quintín de Torre, y otros estandartes históricos de la villa y de las anteiglesias. En los Pasillos de Alcaldía se exponen cuadros cedidos por el Museo de Bellas Artes de Bilbao, con una zona dedicada a Manuel Losada, así como otra a paisajes de mar y montaña, de autores vascos.

—Espero poder conocer algún día todas esas joyas —dijo la muchacha con entusiasmo.

—El Salón de Plenos es el espacio en el que se desarrolla la vida institucional y, consiguientemente, conlleva un significado especial. En él, el arquitecto creó un entorno majestuoso de inspiración renacentista, donde proliferan los grotescos y guirnaldas, haciendo uso de la riqueza cromática con colores verde, burdeos y dorados que se extienden al artesonado, así mismo de inspiración renacentista. Destaca el mobiliario de este salón, realizado en maderas nobles y cuero.

—Es decir, que la decoración de paredes y techo, al mismo tiempo que el mobiliario, tienen que ser una auténtica maravilla, ¿verdad?

—Sí, tras la descripción que nos hizo el maestro, supongo lo mismo que tú. También nos comentó que hay dos tallas pequeñas de alabastro, que están colocadas a ambos lados de la presidencia y que remiten a las grandes esculturas de la fachada y a las que sirvieron como estudios previos. En unos armarios altos que se hallan ubicados contra las paredes, se depositan importantes elementos representativos e históricos de la Villa de Bilbao, como son, estandartes, banderas y mazas.

—De todas formas, cómo se preocupa el maestro por formaros e informaros y luego, ¡qué bien me viene a mí!

—Me alegro de que lo veas así, Soledad —dijo el muchacho contento de sentirse útil—. Por último, nos contó que el Salón Árabe es el sitio donde se desarrolla la vida institucional y está considerado el más alto exponente de la decoración neoárabe en el Estado y en el que Joaquín Rucoba dejó desplegar su imaginación y planificó todos los elementos del mismo, encargándolos a los más distinguidos talleres artesanales: lámparas de la Compañía Dellafollie de París o zócalo de azulejos de tradición árabe de la fábrica de porcelana de la Cartuja de Sevilla, así como de Pickman y Cía.

—Supongo que tiene que ser espectacular.

—Nos explicó que la decoración está realizada, esencialmente, en madera policromada imitando mármoles, maderas o marfil. Tres cuerpos componen ese sitio uniforme separados por columnas y arcos polilobulados, que son una continuación de los arcos ciegos adornados con espejos de las paredes. Amplios vanos dan acceso a la balconada de la fachada principal, lugar al que se asoman las autoridades y homenajeados en los grandes acontecimientos. Tres óculos, que están visibles desde el exterior, rematan la decoración morisca de la bóveda, donde abundan los componentes ornamentales de tradición mudéjar.

—Escuchando esta descripción, parece como si al imaginarnos el Salón Árabe nos trasladáramos a un país lejano y con una cultura muy distinta a la nuestra, ¿verdad?

—Sí, ya te contaré cuando lo vea, pero creo que tiene que ser muy especial. Nos dijo el maestro que en ese espacio es donde se realizan los eventos significativos de la vida municipal, bien sean con un componente más privado, por ejemplo, las bodas, o público, desde el 17 de abril de 1892, cuando se utilizó por primera vez ese Salón Árabe para celebrar el almuerzo que sirvió como remate a los actos organizados durante la inauguración de esa sede. En la actualidad, se usa como escenario para las recepciones a los visitantes por parte del Alcalde, así como para otros actos de carácter más lúdico.

—¡Cómo he disfrutado con todo esto que me has contado, Ignacio! —dijo la chiquilla embelesada.

—Gracias, Soledad y ahora, volviendo al tema del curso en el que estábamos antes de empezar a comentar la visita a Bilbao, el haberlo llevado bien me facilita otra cosa añadida. Como no he dejado ninguna asignatura para septiembre, puedo venir aquí con el carrito y, a la tarde, también me da tiempo de aprender alguna otra actividad y eso siempre es muy gratificante —añadió con una sonrisa que denotaba bienestar.

Concretamente, un vecino, que era jardinero, le estaba enseñando trabajos de jardinería. Decía que, como en Las Arenas y en Neguri hay muchas casas que tienen jardín, no faltan tareas que hacer si quieres ganarte la vida con ese oficio. A Ignacio le gustaba esa labor y el hombre aseguraba que la hacía muy bien y que, como siguiera así, le iba a quitar el puesto. El muchacho ya sabía que era solo por tomarle el pelo, pero, al mismo tiempo que se reía con él, disfrutaba plantando árboles, setos, flores… o podando y cortando, lo que tocara en cada momento.

—A la vez, le estoy preparando a uno de mis hermanos, precisamente, al que me sigue a mí, para que vaya adquiriendo práctica con la venta de las golosinas y, de esa manera, podremos trabajar los dos y aportar un poco más de dinero en casa. Él es muy simpático, pone muchas ganas, es muy responsable y estoy seguro de que lo hará muy bien.

La chiquilla, una vez más, escuchaba maravillada. Para ella todo eso constituía una novedad. Ni en su casa ni en su ambiente los niños tenían que hacer ese tipo de trabajos y, mucho menos, de reflexiones. Miró las cosas que estaban colocadas con mucho orden en el carrito y, con la máxima prudencia para no poner en un aprieto al aña, aquella mujer que era pura bondad, eligió lo que entendía que encajaba dentro de los productos considerados más aceptables.

—Aña, ¿me puedes comprar unas chufas, por favor? Dice la profesora que son ricas en fibra y que ayudan a regular el movimiento intestinal, a controlar los índices de glucosa, que contribuyen a disminuir el colesterol y que combaten el estreñimiento. Yo no sé muy bien a qué se refiere con eso, pero ella suele leer lo que pone sobre sus beneficios, tiene mucha fe y le gusta explicarnos las propiedades de todo y, si es así, no está mal que las comamos, ¿no te parece?

—Bueno, si la profesora lo afirma tan convencida, será verdad que son buenas; te compraré.

Tras un ratito de charla, los chiquillos se despidieron. Ignacio seguiría contento haciendo su trabajo y Soledad, sus hermanos y el aña irían felices a disfrutar del aliciente que les proporcionaba la playa. Más tarde, de nuevo en casa, gozarían del privilegio de tener comida, de la acostumbrada siesta y de la clase de cultura general.

El verano continuaba intercambiando días de sol, nublados y lluviosos. Eso suponía ir improvisando distintas distracciones en función de las condiciones atmosféricas, aunque el cambio de planes como consecuencia de la meteorología a nadie sentaba mal, porque dentro de la familia todo se proyectaba y nunca tenía cabida el aburrimiento. No en vano disponían de los recursos necesarios para que les programaran y organizaran todo tipo de entretenimientos.

Al igual que otros años, padres e hijos tenían previsto desplazarse a Biarritz antes de que terminara la época estival. Por una parte, a los mayores era un lugar que les encantaba; contaban con buenos amigos, se divertían y se relajaban y, por otra, valoraban el que su prole siguiera perfeccionando el francés y que tuviera la posibilidad de contactar con personas con una cultura diferente y lo que ello conllevaba de enriquecimiento. Para los chavales implicaba esa mezcla de novedad y descubrimiento, junto a la ruptura de ambiente de todo el año.

Aquel verano, Soledad e Ignacio tuvieron la oportunidad de repasar algunos de los temas que habían dejado sin comentar y también de despedirse.

—Ignacio, el tiempo ha pasado tan rápido, que no hemos visto el momento adecuado para que me digas lo que sabes sobre el Puente Colgante de Portugalete. Lo dejaremos en reserva para el año que viene. ¿Te parece bien?

—Eso está hecho, Soledad. Para entonces, prometo conocer algo más y así, lo podré contar mejor. Además, me agradará que tú me hables de Biarritz porque yo, más allá de Bilbao, no conozco nada. Como es un país distinto, me imagino que su forma de vida también lo será y, si quieres, podremos practicar el francés; a mí me vendría muy bien aprender de tu pronunciación y ampliar vocabulario.

Pasó el otoño, el invierno, la primavera y, de nuevo, llegó el verano. A finales de junio, hizo un día precioso, sentían la alegría que transmite la naturaleza y, en cuanto les propusieron el plan de ir a la playa, los hermanos accedieron con mucha ilusión al que sería uno de los ratos mágicos, su primer día de baño de la temporada.

Cuando llegaron a Igeretxe, Soledad echó un vistazo rápido, con el deseo de localizar el carrito de las golosinas y encontrarse con Ignacio, pero se sintió apenada al darse cuenta de que no estaba su amigo; en su lugar, se hallaba otro niño más joven.

—Buenos días, soy amiga de Ignacio. Esperaba que estuviera él, pero ya veo que hoy no ha venido —dijo con un tono dulce, mezclado con un toque de desencanto.

—Hola, soy su hermano Javier. ¿Eres Soledad? Me ha hablado de ti y como se imaginaba que ibais a venir, me ha encargado que te dé un recado. El señor que le enseña la labor de jardinería se ha roto una pierna y le ha pedido que le eche una mano, porque como no puede hacer las cosas con la misma rapidez que antes, él solo no llega a todo, así que tiene que delegar una parte. Por ese motivo, ha venido conmigo para ayudarme a traer el carrito y luego se ha marchado; este verano, me quedaré yo; hoy es mi primer día, pero como ya me ha enseñado la tarea y soy mayor, me desenvolveré bien —dijo el niño convencido de su buen hacer.

—Sí, estoy segura de que lo harás perfectamente.

A continuación, pensando en la emoción que le daría al muchacho empezar a vender su mercancía en su estreno de trabajo, se dirigió a la mujer que siempre estaba dispuesta a complacerla y a comprender todas sus inquietudes.

—Aña, ¿me puedes comprar, por favor, regaliz y chufas?

—Sí, claro que sí, Soledad.

Al niño se le iluminó la cara. Había llegado hacía un rato y era su primera venta. Además, le compraban dos cosas. El tema parecía que prometía.

—Me alegro de haberte conocido, Javier. Si vas a continuar viniendo, aquí nos veremos. Le das recuerdos a tu hermano Ignacio y le dices que espero que esté contento y que todo le salga bien.

Se marcharon a la playa, hicieron las consabidas actividades, pero la chiquilla ese día se sentía triste. Después de todo un año sin verlo, ese verano no iba a estar con su amigo, con ese amigo que le contaba cosas y le ayudaba a descubrir otro mundo y con el que disfrutaba tanto. De antemano sabía que iba a acusar su ausencia.

Una vez en casa, la comida, el rato de siesta y la clase; ese día tocaba religión.

La siguiente jornada amaneció con una temperatura bastante fresca teniendo en cuenta la época en la que se encontraban, así que el cambio de plan de la mañana conllevaba otras labores: un rato de estudio de piano; trabajar en un puzzle de tres mil piezas, que ya lo tenían empezado y un tiempo de lectura en el jardín. Una vez hechas las dos primeras partes de la tarea prevista, los hermanos cogieron sus libros y se dispusieron a cumplir con la tercera.

—De pronto, me quedé sorprendida. En una zona del jardín, un poco alejada de donde nos encontrábamos, estaba un chico que me recordaba al niño del carrito, es decir, a Ignacio. Pero, por una parte, ¿había crecido mucho o se trataba de un espejismo? y, por otra, de ser verdad, ¿por qué motivo se hallaba en nuestra casa y cuál era su cometido allí? Qué extraño me parecía todo. Daba la impresión de que tenía algún instrumento en la mano y que arreglaba las flores.

A pesar de los años que habían transcurrido desde entonces, Soledad puso tanta emoción al pronunciar sus palabras y rememorar la sensación experimentada, que la frescura del pasado parecía seguir alimentando el brillo de sus ojos en el presente. Todo se mantenía vivo; ninguna experiencia permanecía aletargada. Era la fuerza del enternecimiento, de un dulce sabor que no se había apagado.

—Muy ilusionada, di la voz de alarma y les dije a mis hermanos: "vamos, chicos, que es él". En un primer momento, ellos no sé si llegaron a percatarse de quién hablaba, pero fuimos todos tan corriendo como pudimos y, efectivamente, allí estaba el niño del carrito, que ya se iba haciendo mayor. Mi desencanto anterior se convirtió en júbilo.

Cuando los vio llegar, la cara del muchacho irradió felicidad; se quedó sin poder articular palabra, mientras parecía preguntarse de dónde habrían salido los chavales.

Por su parte y, para sacarlos de la perplejidad en la que se encontraban, les explicó que Martín, el hombre que le estaba enseñando el oficio de jardinería, se había roto la pierna y, por ese motivo, le avisó para que lo sustituyera en su trabajo en aquella casa.

—¡Pobre Martín! Lo conocemos desde que éramos pequeñitos; recuerdo cuando nos enseñaba los nombres de las flores; lo queremos mucho —dijo Soledad con un tono compungido.

—No os preocupéis; no tiene ningún dolor; enseguida se recuperará y volverá con vosotros. Se va a poner muy contento cuando se entere de nuestro encuentro. Él no sabe que nos conocemos y yo no tenía ni idea de que vivíais aquí.

—A nosotros nos dará mucha alegría cuando vuelva Martín, pero también queremos que estés tú. ¿Crees que te podrás quedar, Ignacio? —señaló la chiquilla.

—Yo supongo que no será necesario, Soledad. Él es el jardinero oficial y, si hasta ahora ha podido hacer su trabajo solo, una vez que esté totalmente restablecido lo seguirá haciendo con la misma destreza que antes. Es cuestión de un poco de tiempo.

—Pero, seguro que entre los dos lo hacéis mejor. Cuando nosotros montamos un puzzle, lo compartimos entre todos; lo repartimos por colores y, además, mientras, podemos hablar. A mí me parece que, los dos juntos, estaréis más contentos —recalcó Soledad.

A partir de ese día, los chavales se encontraban entusiasmados cuando el tiempo era fresquito y no iban a la playa; es más, a veces, aunque la temperatura fuera buena, pero si estaba nublado, se ponían de acuerdo para decir que tenían frío y que preferían quedarse en casa. Todos querían acudir donde Ignacio. Este les contaba muchas tradiciones que le había transmitido su maestro y también les enseñaba cómo se deben sembrar, plantar, cultivar y regar las flores y en qué época se daba cada una de ellas; qué tipos de árboles eran adecuados para unos terrenos u otros; cómo eran las hojas y los frutos de los distintos ejemplares; es decir, cosas que los chiquillos las desconocían totalmente, pero que les deleitaban.

El regocijo que difundió entre ellos no pasó desapercibido para los padres, quienes, a petición de sus hijos y siempre bajo la mirada atenta del aña, accedieron a que el joven continuara prestando sus servicios durante los veranos que quisiera. De esa manera, Martín seguiría ejerciendo como jardinero oficial de la casa y él, acudiendo en los meses de vacaciones de estudio.

—Ignacio, me dijiste que sabías la historia del Puente de Portugalete, pero no llegaste a contármela. ¿Nos la puedes relatar, por favor? Estoy segura de que mis hermanos también están deseando escucharla —dijo Soledad, al tiempo que el resto afirmaba con una sonrisa.

—Claro que sí, os la contaré, pero yo debo continuar haciendo mi labor. Creo que merece la pena que la conozcáis. A ver qué os parece.

Todos se colocaron muy atentos junto al muchacho y él inició su relato sin dejar ningún detalle en el tintero.

—El Puente Vizcaya es también conocido con los nombres de Puente Colgante, Puente de Portugalete, Puente Colgante de Portugalete o, simplemente, El Transbordador. Es un puente transbordador de peaje, o sea, hay que pagar por utilizarlo; tiene 61 metros de altura y 160 metros de longitud y en su barquilla transporta vehículos y pasajeros.

—¡Qué curioso, cuántos nombres tiene! —dijo sorprendida Soledad que, por su forma de ser, era quien ponía sobre la mesa todo lo que pensaba o quería conocer.

—Se construyó por iniciativa privada entre los años 1887 y 1893. Está situado en la boca del río Ibaizabal, en el punto en el que el estuario navegable de Bilbao se abría al mar hasta el siglo XIX y sirve para unir las dos márgenes de la ría y enlazar la villa de Portugalete con el barrio de Las Arenas, que como sabéis, pertenece al municipio de Getxo. De esa manera, quedaban conectados los balnearios existentes en ambos lados, destinados a la burguesía industrial y a los turistas de finales del siglo XIX. ¿Os imagináis cuántas risas habrá escuchado el puente en tantos años?

—Seguro que muchas, ¿verdad?, aunque supongo que algún lloro también, a pesar de que eso prefiero no pensarlo. No me gusta que la gente esté triste, Ignacio. ¿Sabes exactamente en qué fecha se inauguró? —se interesó Soledad.

—Sí, el 28 de julio de 1893. Fue el primer puente de ese tipo que se construyó en el mundo, sirvió como modelo de otros muchos que se hicieron en Europa,

África y América y es uno de los grandes monumentos de la Revolución Industrial. Qué importante ha sido y continúa siéndolo, ¿no os parece?

—¡Qué cerquita lo tenemos y qué valioso debió ser como para que sirviera de modelo a otros muchos! Eso emociona, ¿no crees? —manifestó Soledad.

—Así es, además, sigue haciendo un papel fundamental en el ir y venir de mucha gente.

—¿Sabes quién lo construyó, Ignacio? —preguntó Soledad, tratando de recabar toda la información posible.

—El ingeniero que lo proyectó se llamaba Alberto de Palacio y Elissague y en el proceso de diseño y construcción intervino el ingeniero civil y empresario francés Ferdinand Arnodin, una persona experta tanto en la fabricación de cables como en la realización y reparación de puentes colgantes. La elaboración del puente no estuvo libre de obstáculos y riñas entre ambos, así que fue requerida la sucesiva intervención mediadora del ingeniero francés A. Brüll.

—Y, ¿funciona pocas o muchas veces al día? —insistió Soledad, intentando que no le quedara ninguna pregunta sin respuesta.

—El transbordador del puente está activo de día y de noche, durante todo el año; es decir, presta un magnífico servicio y como evita el recorrido de un número considerable de kilómetros por carretera, es un medio de transporte que continúa siendo muy utilizado por muchas personas que se trasladan de una orilla a otra. ¡Qué contento tiene que sentirse de ser tan beneficioso! ¿No os parece?

—¡Cómo me gustaría montarme en el Puente Colgante! Nunca hemos estado dentro, ni mis hermanos ni yo. ¿Tú crees que podríamos ir? —preguntó llena de regocijo Soledad.

El muchacho permaneció un momento sin saber qué decir. Tenía muy claro cuál era el papel que desempeñaba en la casa y, a pesar de que se sentía muy querido por toda la familia, su prudencia jamás le permitiría tomarse ningún tipo de licencia.

—No lo sé, pero entiendo que lo más acertado es, que habléis con el aña y que sea ella quien se encargue de hacer la consulta a vuestros padres. Ellos os darán la respuesta que consideren más oportuna.

—¿Vendrías tú con nosotros, Ignacio? —preguntó la chica.

—Primero y, antes de nada, tenéis que contar con la aprobación de vuestros papás —respondió el chaval.

—¡Cuántas cosas sabes, Ignacio! —recalcó la muchacha con un toque de admiración hacia su amigo.

—No, lo que pasa es que yo sé unas y vosotros sabéis otras; por ejemplo, yo no sé tocar el piano y vosotros sí.

Soledad se quedó pensativa; le parecía raro que el niño del carrito, con todo lo preparado que estaba, no fuera capaz de tocar el piano, algo que a ella y a sus hermanos les resultaba sencillo.

—Por cierto, un día me dijiste que solías divertirte con tus amigos, con unos cuantos juegos que nosotros no los conocemos. ¿Nos los enseñas y disfrutamos todos juntos? Si te parece bien, mañana nos podías describir las reglas que hay que seguir para jugar a las canicas y pasado mañana, las que corresponden al hinque —dijo la niña con naturalidad.

—Soledad, quiero explicaros una cosa. Mirad, a mí me gusta mucho estar con vosotros y lo paso estupendamente, pero he venido a esta casa a trabajar. Vuestros padres me pagan un dinero y debo ser responsable y cumplir con mi obligación. Para dedicarme a jugar, antes de nada, necesito su consentimiento.

La chiquilla lo miró como si no pudiera comprender el significado de sus palabras.

Ignacio se dio cuenta y trató de aclarar la situación.

—Por mi parte, no tengo ningún inconveniente, todo lo contrario, lo pasaríamos genial, pero, entonces, tenéis otro recado que hacer. Podéis comentarlo con el aña y que se lo pregunte a vuestros padres. Ellos decidirán si lo consideran adecuado o no.

Para sorpresa del chaval, al día siguiente le estaban esperando los niños con una bolsa llena de canicas; unas eran de barro, como las suyas y, otras, la mayoría, de cristal. ¡Con lo que le gustaban los cascos!, que era como solían llamar a las de cristal. Él no tenía ninguna de esas, pero las había visto en algunos escaparates.

—Nuestros padres han dicho que de acuerdo, que, por ellos, encantados. Así que hoy podemos jugar a canicas y mañana, al hinque. ¡Es que conoces tan bien todas las formas de divertirse de los niños! —dijo la muchacha con candor.

—No, Soledad, todas no. Yo conozco algunas y vosotros domináis otras. Por ejemplo, yo no suelo andar en bicicleta; en mi casa hay una, pero la utiliza mi padre para ir todos los días a trabajar, porque la fábrica está lejos. Tampoco sé patinar y me gustaría, pero nunca he tenido unos patines.

La chiquilla se quedó muy seria y pensativa. Otra vez le llamaron poderosamente la atención las palabras del chico.

Disfrutaron intensamente de aquel verano. Los días soleados, iban a la playa, se acercaban a hablar con Javier y le compraban alguna cosa y, cuando el tiempo tenía su cara triste, ellos la tenían más alegre y gozaban mucho, gracias a Ignacio, con una serie de juegos que hasta entonces les eran desconocidos. Es decir, solo se diferenciaban de otros niños en que, mientras unos los ponían en práctica en la calle, ellos lo hacían siempre en el jardín de su hogar.

A medida que avanzaba la época estival y, como solía ser habitual, comenzaron con los preparativos para desplazarse a Biarritz, aunque, a decir verdad, ese año los chavales se hubieran quedado muy contentos sin moverse de Neguri. En el momento de la partida, se despidieron con mucha pena de Ignacio. Él no tuvo que expresar con palabras la melancolía que sentía; sus ojos, especialmente brillantes, se encargaron de hacerlo por él. Se separaba de una parte de sus amigos.

Llegaron las Fiestas de Navidad y, a pesar de la edad de los moradores, en casa de Soledad seguían con la tradición de escribir y colocar en el Nacimiento cada una de las cartas dirigidas a los Reyes Magos. Ese año, había una solicitud más. Los muchachos acordaron pedir unos patines para Ignacio.

Cuando llegó la fiesta, por medio de Martín, el jardinero oficial, le enviaron un mensaje para que fuera a visitarlos. Ignacio no podía contener la emoción al ver aquel regalo que siempre había ansiado tener y, sobre todo, el asombro que le producía que se hubieran acordado de él. Pasaron una feliz tarde todos juntos.

HABLANDO DE ENAMORAMIENTO

Los siguientes veranos continuaron siendo muy divertidos para los muchachos. Los días que no acudían a la playa, organizaban juegos, compartían historias, tradiciones, leyendas, comentaban libros y mantenían conversaciones más profundas; todos se estaban haciendo mayores y, aunque no solo era cuestión de edad, se sentían capaces de analizar los acontecimientos de la vida con la madurez emocional que proporciona el equilibrio.

Un día, dijo Ignacio:

—¿Queréis que os cuente algo sobre la noche de San Juan, que es la más corta y la más luminosa del año? Esa noche en la que muchos gritan con fuerza: —¡Que se quemen nuestros miedos! ¡Que se cumplan nuestros deseos!—. Yo creo que es interesante y que os gustará.

—Sí, ¡qué bien! Siempre tienes unas ideas fantásticas —respondió Soledad, mientras los demás apoyaban la propuesta.

—Bueno, entonces, empiezo. Después de transcurridos seis meses de la Navidad, concretamente, el 24 de junio es la fiesta de San Juan Bautista, una celebración muy popular, ya que coincide con la llegada del solsticio que marca el comienzo del verano astronómico. El momento exacto varía de un año a otro, debido a que la Tierra necesita 365,2425 días para completar su giro alrededor del sol y no 365 días justamente y, por ese motivo, es decir, para corregir ese desajuste, se ha establecido que cada cuatro años, como sabéis, aunque igual no conocéis el motivo, haya uno que es bisiesto.

—¡Ah!, claro, o sea, que de ahí viene el asunto. Yo sí había oído decir lo de "este año es bisiesto", pero lo que no sabía era el porqué —comentó Soledad, quien, sin que nadie la nombrara, se la identificaba como portavoz oficial del grupo.

—Desde tiempos remotos, es una de las fechas más significativas para multitud de pueblos y en Euskadi se recibe el día con entusiasmo y se celebra por todo lo alto con fiestas patronales, de barrios, ritos y hogueras, en las que la gente trata de mantener esa unión con el pasado y con el compromiso de que no desaparezca su patrimonio.

—A medida que me voy haciendo mayor, me gustan más las costumbres antiguas y mis hermanos dicen lo mismo. En este caso, ¿se conoce cuál es la fuente o la raíz de esa celebración? —preguntó Soledad, dando muestras de que era curiosa por naturaleza.

—Sí, está recogida y documentada. Los festejos que se evocan en San Juan son de origen pagano y han recibido unas secuencias de rituales, prácticas y costumbres que, al parecer, están basadas en celebraciones precristianas. La Iglesia situó la celebración pagana en la conmemoración del nacimiento de San Juan Bautista, que la Biblia fecha en un 24 de junio. Además, las Sagradas Escrituras cuentan que Zacarías, padre de Juan, encendió una gran hoguera para anunciar el nacimiento de su hijo, por lo que seguía teniendo conexión con el fuego. Hoy en día, la noche de San Juan ha perdido casi totalmente su componente religioso y la principal aclamación en torno al fuego tiene como fundamento la llegada del verano.

—Es decir, que se mantiene el elemento fiesta, pero ha cambiado el móvil de la celebración, ¿verdad? —Soledad, tras hacer la pregunta, se quedó pensativa.

—El 23 de junio, esto es, la noche de San Juan, es la más corta del año en el hemisferio norte y es considerada una noche mágica. El fuego es el elemento más característico y tiene un sentido purificador porque representa el triunfo de la luz sobre la oscuridad. Es tradicional pedir un deseo o un milagro, ya que se interpreta que, durante esa noche, el mundo profano y el mundo sagrado se ponen en contacto. En sus rituales, los atributos principales son: el sol, el fuego y el agua.

—Yo creo que todas las personas, a lo largo de la historia y, en mayor o menor medida, se habrán hecho preguntas existenciales —dijo Soledad, mientras Ignacio le correspondía con una sonrisa.

—Entre los actos que se organizan, el más común y que no puede faltar es una hoguera que se enciende esa noche, que simboliza que quema todo lo malo que ha pasado durante el año y que protege de todo daño.

—Es decir, es como una llamada a la esperanza, ¿verdad?

—La leyenda afirma que las cenizas curan las enfermedades de la piel y los más supersticiosos mantienen que saltar la hoguera tres veces hará que el nuevo año sea bueno, que algunos de los deseos se cumplan y que las almas se purifiquen.

—Ignacio, ¿la gente sigue otorgando tanto poder a las cenizas y al hecho de saltar la hoguera? —preguntó Soledad un tanto dubitativa.

—Bueno, actualmente, la gente ya no salta sobre el fuego de las hogueras con el objetivo de protegerse de la enfermedad, como se hacía antiguamente y, tampoco se emplean los rescoldos del fuego, una práctica que llevaban a cabo nuestros antepasados, "para esparcir las cenizas por las huertas con el objetivo de preservarlas de cualquier problema y que sigan produciendo beneficios y productos".

—De todas formas, qué importancia daban al fuego, ¿verdad, Ignacio? —puntualizó Soledad.

—Sí, así es. Pero, además, escuchad estas otras cosas que os voy a contar, porque otra creencia para eliminar las malas energías y buscar la buena suerte era saltar nueve veces las olas de espaldas al mar. Se decía que, hacerlo así, aumentaba la fertilidad femenina. Así mismo, otro ritual muy común durante ese día era plantar un chopo en la plaza del pueblo o delante de la iglesia. En las cuevas de Zugarramurdi, la noche del sábado más cercano a San Juan, se sigue conmemorando una fiesta denominada el *Akelarre*, en el que las brujas bailan al son de la *txalaparta*, hasta que aparecen los *Zanpantzar*, haciendo sonar sus cencerros con el fin de ahuyentarlas.

—En esto último que nos has contado, hay un par de cosas que yo no las entiendo, Ignacio. Por ejemplo, no sé lo que es la *txalaparta* y tampoco he oído nunca la palabra *Zanpantzar*. ¿Nos puedes decir, por favor, qué son? —dijo Soledad.

—Claro que sí; ahora mismo os cuento lo que conozco sobre las dos: La *txalaparta* es un instrumento musical de percusión, cuyo sonido se origina cuando es golpeado o agitado y su origen es muy antiguo. Es tradicional del País Vasco, Navarra y País Vasco francés. Normalmente, tiene dos soportes, por ejemplo, dos sillas, dos banquetas, etc. y sobre ellas algún material aislante: hojas de maíz, sacos viejos enrollados, hierba seca… y encima un tablón que es golpeado con cuatro palos; cada *txalapartari*, que es la persona que la toca, tiene dos palos. Las maderas más utilizadas para el tablón han sido las de aliso, castaño, fresno y otras del país. Tradicionalmente, cada *txalaparta* solía tener dos o tres tablas de madera pero, actualmente, es habitual encontrar *txalapartas* con una docena de tablas. ¿Te he aclarado algo con esta explicación que te he dado? —preguntó el muchacho, deseando que así fuera.

—Sí, me hago una idea, aunque sería mejor que fuéramos a ver y escuchar alguna en directo —respondió la chica.

—Ahora, os digo lo que sé de esa figura tan curiosa que es un *Zanpantzar o Joaldun*: Es un personaje de la cultura vasca que va vestido con enaguas de puntillas, abarcas, chaleco de piel de oveja por los hombros y la cintura, pañuelo de colores al cuello, gorro cónico con cintas y lleva hisopos de cola de caballo y un par de cencerros muy grandes, sujetos a los riñones. Los cencerros deben sonar al mismo tiempo, es decir, al compás de los integrantes del grupo.

—Creo que una vez vi en Francia una foto de unos que iban vestidos según tu descripción; posiblemente, fueran los mismos —mencionó Soledad satisfecha de haberlo recordado.

—No sé si habéis oído alguna vez —dijo Ignacio—, que el siglo XVII estuvo señalado en el valle del Baztán y en Sara por las denuncias de brujería que, en algunos pueblos, como es el caso de Zugarramurdi y Urdax, encararon a unos vecinos con otros y se convirtieron en un lugar de superstición y persecución. Como consecuencia de todo ello, varios de los acusados fueron quemados en la hoguera y otros murieron en la cárcel por epidemias. Existe una cueva considerada el espacio donde la leyenda enclava la celebración de los *akelarres*, aquellas fiestas rituales que la Inquisición juzgó como culto demoníaco.

El tiempo, que no para ni por nada ni por nadie, seguía su ritmo. Ignacio terminó el Bachillerato, consiguió la beca e iba a empezar la carrera de Derecho en la universidad, lo que le llenaba de emoción. Se trataba de una experiencia nueva y, como tal, no sabía de qué manera iba a repercutir en su existencia la novedosa actividad. Si requeriría horas de estudio en la época estival, lo que le imposibilitaría continuar trabajando en la casa en la que habitaba Soledad y su familia y, consiguientemente, privándole de proseguir manteniendo el contacto con ellos o, si por el contrario, podría permanecer como hasta entonces, según su deseo.

Por aquella época, Soledad ya era consciente de que se había encendido una luz especial en su vida. Estaba profundamente enamorada de Ignacio y no eran pocas las preguntas que se le planteaban. Él, por su parte, hacía mucho tiempo que mantenía en secreto su adoración hacia ella, aunque difícilmente podía alimentar algún tipo de esperanza; pertenecían a dos mundos muy distintos.

—Luisa, ¿le parece bien que continúe narrando mi historia? Por un lado, tengo la sensación de que me escucha con atención y cariño y, por otro, me reconforta recordar, así que estoy magníficamente bien. Pero, tampoco me gustaría resultar pesada.

—Por favor, señora, le pido encantada que prosiga; no sabe la satisfacción que me producen sus relatos y cómo agradezco la confianza que deposita en mí.

Tras expresar su alegría y después de un momento de silencio, Soledad manifestó con sumo agrado:

—Por todo lo que le he contado hasta ahora, ya se habrá percatado de que siempre he sido una persona abierta y poco dada a ocultar mis emociones y, en la relación con Ignacio, como era habitual, aunque fuera a otro nivel, mi libertad y mi deseo de exteriorizar mis sentimientos no tenía atenuante. Con él no tenía nada que fingir ni que esconder, así que fui yo la primera en declarar mi amor. No mandaba en lo que mi corazón percibía y deseaba revelárselo. Había llegado a mi vida de una forma totalmente casual, sin embargo, me parecía que nuestras almas estaban unidas y que nunca podrían separarse. Ignacio me miraba lleno de ternura y me daba la sensación de que, por una parte, mi declaración no lo pilló de sorpresa y por otra, como que la hubiera estado esperando desde hacía mucho tiempo. —Por el tono de voz de Soledad, daba la sensación de que aquel debió de ser un momento especialmente mágico.

—Soledad, te quiero con toda mi alma desde hace tanto, que casi tengo que remontarme a cuando te acercaste por primera vez a mi carrito de las golosinas y te prometo que, sea cual sea el derrotero por el que me lleve la vida, nada podrá hacer cambiar mi sentimiento hacia ti. Mis recuerdos a tu lado siempre me harán sonreír, me hablarán de felicidad y me servirán de ayuda a lo largo de mi vida. A pesar de ello y, aunque ignoro lo que me deparará el futuro, ahora mismo, excepto todo mi amor, ¿te das cuenta de que no tengo nada que ofrecerte? Deseo que seas libre y yo, en este momento, solo te puedo proporcionar ataduras. Mira el nivel económico y social de tu familia y el de la mía —matizó el muchacho.

—Pero eso, ¿a quién le importa, Ignacio? A mí no y, yo creo que a mis padres, tampoco —argumentó con firmeza, tratando de validar su razonamiento.

—Sé que tus padres son muy buenas personas y que me aprecian, sin embargo, tienen que mirar por tu porvenir y tratar de mantenerte en el ambiente en el que te desenvuelves. Nunca los culparía si se oponen a nuestra relación e, incluso, podría entenderlos.

—Pero, en una ocasión, me dijiste que hay una frase, que es de El Quijote, que a tu maestro le agradaba y que la repetía con frecuencia: "No es un hombre más que otro si no hace más que otro". Me enseñabas que eso significa, que no debe haber más distinción entre las personas que el propio esfuerzo, independientemente de que se tenga éxito o no y que tanto las mujeres como los hombres han de ser valorados por lo que hacen y no por los títulos que tengan. Entonces, ¿en qué quedamos, Ignacio? ¿Tú crees que no te has esforzado y te esfuerzas? Pienso que la lección del esfuerzo la tienes muy bien aprendida.

—Gracias, Soledad, por tu reconocimiento y por lo que me valoras, pero, tampoco estoy seguro de si debo de intentar luchar y que te opongas a los planes que puedan tener tus padres, porque lo último que querría en la vida es perjudicarte. Sin embargo, pase lo que pase, de una manera o de otra, nunca dejaré de estar junto a ti y haciéndome eco de don Quijote, recuerda que: "No huye el que se retira".

—Luisa, ¡qué precioso es que alguien te diga que se va a quedar en tu vida para siempre! En ese momento, nuestra conciencia se activa, asocia y relaciona, pero yo no estaba dispuesta a renunciar, por lo menos, fácilmente, a su presencia. Ignacio me había explicado muchas cosas, si bien, no me enseñó cómo podría vivir sin que él estuviera a mi lado, así que me dirigí, una vez más, a mi aliada; hablé con el aña sin ningún tipo de tapujo.

La mujer escuchó con suma atención su relato. La conocía y la adoraba desde que nació e Ignacio le parecía un chico entrañable, siempre prudente y exquisito a la hora de mantenerse en su puesto. A pesar del cariño que le revelaban los niños y del continuo deseo que demostraban de estar con él durante su estancia en la casa, jamás se excedió en las atribuciones concedidas y requirió la aprobación expresa de los progenitores. El aña era consciente de que se encontraban en un terreno pedregoso. Se quedó pensativa durante unos momentos, la miró con ternura y no pudo por menos de decir:

—Es muy bonito lo que me cuentas, Soledad y, si quieres que te diga la verdad, hasta lo presentía. Desde el principio, vuestra relación ha sido de un entendimiento total y, a pesar de tener unas vidas tan diferentes, continuamente habéis estado cerca el uno del otro con absoluta naturalidad, demostrando una gran sensibilidad y sin nada que esconder.

—Gracias, aña. Tú sí que sabes comprenderme. Te quiero mucho y sé que, en todo momento, puedo recurrir a ti cuando tengo un problema.

—Sí, mi niña, y te agradezco que sea tu persona de confianza y que siga siéndolo, lo malo es que, aunque lo intente, no siempre puedo darte una solución a lo que te preocupa, por ejemplo, en este caso —dijo la mujer mostrando un tono de voz triste.

—¿También a ti te parece algo tan complicado, aña? Has mencionado que lo presentías y que nuestra relación ha sido desde el principio de un entendimiento total, ¿entonces? —preguntaba Soledad como si no llegara a comprender dónde se hallaba la dificultad.

—Ignacio es un muchacho extraordinario y muy digno de tu cariño, pese a lo cual, no nos vamos a engañar, es un chico de una familia humilde y tú sabes que en el ambiente en el que te mueves, en círculos reducidos de gente de una posición muy alta, solo se admite a los de igual categoría. Seguro que terminará su carrera con brillantez y es posible que hasta, académicamente, sea superior a los de tu entorno, pero, aun con todo, no le considerarán de su estrato social. Mi madre solía decir que "quien se sale de su esfera, no pertenece a ninguna". Eso, que en teoría suena solo a una frase hecha, tiene mucho de verdad; así suele ser la cruda realidad.

—Aña, sin embargo, ¿tú crees que ese es un motivo para renunciar a mi verdadero amor? —preguntó incrédula la muchacha.

—Os quiero a los dos y me dolería enormemente veros sufrir; lo digo porque, por un lado, dudo mucho que Ignacio sea recibido como se merece entre tus amistades; la gente con recursos, a menudo, suele hacer de menos a la que carece de ellos y, por otro, sería una pena que tengas que elegir entre coger y dejar.

—¿Así de cruel crees que es la vida, aña? —interrogó la chica con una marcada tristeza.

—Al hilo de esto, recuerdo a una mujer muy guapa y muy buena, pero de posición humilde, que siendo soltera quedó embarazada del novio, que estaba en una posición económica relativamente alta. No veas las veces que aquella pobre chica tuvo que escuchar, de boca de su suegra, recriminaciones de gran dureza; entre ellas, que había llegado "con una mano delante y otra detrás".

—Qué despiadada la suegra, ¿verdad, aña?

—Ya lo creo que sí. Por añadidura, muchas personas suelen ser desalmadas y cuando existen matrimonios con niveles sociales tan distintos, rápidamente aparecen manos negras que hablan de interés económico, olvidándose por completo del amor que los puede unir —puntualizó la mujer.

El aña, con buen criterio, entendía que no debía mantener en secreto aquella confesión. Sabía cuál era su papel en la educación de los chicos y el cariño que los tenía, pero también la responsabilidad y el derecho de los padres a conocer sus problemas y a orientarlos en la posible toma de decisiones; por consiguiente, hablaría con ellos.

Los padres reaccionaron con aparente tranquilidad. Faltaba poco tiempo para marcharse a Biarritz y, en invierno, cada uno seguiría su rumbo por caminos distintos. Sería entonces el momento oportuno para organizar fiestas, bailes y diferentes actividades dentro de su entorno y, de esa manera, tratar de que se apartara definitivamente de aquel muchacho, que era muy buena persona, pero que no pertenecía a su clase social. Y, por si el chico continuaba el siguiente verano en la casa, una adecuada medida de prevención sería planificar una estancia de tres meses en Inglaterra, con el pretexto de que Soledad perfeccionara su inglés.

Un breve inciso para comentar que el fenómeno de admiración hacia lo inglés y los ingleses fue patente entre muchos jóvenes vizcaínos que estudiaron en Inglaterra, debido a la influencia educativa que ejercieron institutrices inglesas, a la necesidad de conocer el idioma y a prepararse en determinadas carreras, pero, así mismo, por la predisposición favorable hacia sus deportes, que luego desarrollaron en clubes y sociedades recreativas basadas en modelos británicos como, por ejemplo, en la Sociedad Bilbaína o el Club Marítimo del Abra.

Muchos vizcaínos que vivían en Inglaterra y muchos ingleses que residían en Bizkaia reprodujeron prácticas y estilos y, gradualmente, Inglaterra se convirtió en un ejemplo a imitar. El ambiente de salón a la francesa, pero también a la inglesa, dirigido por agentes de lujo, se aceptó con normalidad. Tampoco hay que olvidar la influencia que ejerció la moda en la ropa tanto en mujeres como en hombres o los cochecitos ingleses para bebés, que eran la admiración de los pudientes y de los que no lo eran.

Retomando el tema, lo cierto es que Soledad nunca lo olvidó y el recuerdo siempre protege los episodios de nuestra existencia. El destino la llevó a tratar más a fondo a diferentes jóvenes y, entre ellos, a Pablo, un amigo de sus hermanos al que conocía desde que eran niños y con el que se llevaba muy bien.

—Profundizamos más en nuestra amistad e iniciamos una relación de noviazgo con los parabienes de nuestros padres, que mantenían unos excelentes vínculos tanto a nivel profesional como personal.

Luisa, que escuchaba con suma atención el relato, se quedó un poco desconcertada y, quizá, también un poco apenada. Tras la narración, el niño del carrito gozaba de su simpatía.

—Pablo era muy buena persona; estaba muy enamorado de mí y se convirtió en un industrial muy importante. Nos casamos y me hizo muy feliz. Tuvimos una hija y un hijo. Mi hija contrajo matrimonio con un diplomático y pasa la mayor parte del año en Inglaterra y mi hijo, un gran empresario, combina su tiempo entre Neguri y Madrid. —Soledad hizo una breve pausa y, aprovechando el silencio, Luisa afirmó.

—Disculpe mi confianza, señora; celebro que haya sido feliz tras su casamiento, pero no me esperaba ese final.

—Guardo un maravilloso recuerdo de Pablo, aunque jamás olvidé a Ignacio. ¿Puede entenderme si digo que siempre quise y guardé lealtad a los dos? Cuando enviudé, la pérdida de mi marido supuso un golpe muy duro, del que me costó mucho recuperarme.

—Créame que lo siento de verdad, señora. —Luisa no pudo evitar el recuerdo de lo que significa, por un motivo o por otro, la pérdida o el alejamiento de un ser querido.

—He tenido la suerte de poder mantener la casa donde nací, conservo con cariño mis pertenencias y, hasta continúo con el apoyo de personas que me cuidan y que siento que me quieren de verdad, entre las que está usted, Luisa. Me considero una mujer totalmente afortunada —dijo mostrando una gran sonrisa.

Luisa la escuchaba con atención, sin saber muy bien si debía de permanecer en silencio o hacer alguna puntualización. Doña Soledad, haciéndose cargo de la situación, continuó.

—¡Qué impresiones tan intensas muestra la vida! Una mañana, vino a casa una mujer preguntando por mí. Obviamente, la recibí. Yo no la había visto nunca y, francamente, me sorprendió su llegada, aunque mucho más, el motivo de su visita. Le cuento cómo fue su relato.

—Buenos días, señora. Disculpe mi atrevimiento por presentarme en su domicilio sin avisar y sin que nadie nos haya presentado. No nos conocemos, pero, de alguna manera estamos unidas, porque compartimos algo extraordinario: el cariño de la misma persona. Mi nombre es Filomena y soy la esposa de Ignacio, el niño del carrito, como le gustaba a usted decir cuando se refería a él.

—¿Se imagina cómo me quedé de sorprendida, Luisa? Permanecí en silencio y ella continuó.

—Sé de su existencia, porque en una ocasión en la que estaba mi esposo con una febrícula muy elevada, repetidamente mencionaba: "¿por qué te fuiste, si decías que me querías?, ¿por qué me dejaste solo?, ¿no supe pelear lo suficiente para mantenerte conmigo?". Al finalizar cada una de las preguntas, pronunciaba el mismo nombre: Soledad; es decir, el suyo.

—¿Se hace una idea de mi estupor, Luisa? Me parecía que estaba soñando; no quería interrumpir su relato para hacer alguna pregunta y preferí esperar hasta que terminara ella de hablar.

—Yo no acertaba a interpretar lo que significaba todo aquello y, cuando pasó el proceso de la enfermedad, me interesé por desentrañar aquel misterioso tema. Ignacio, con la integridad que le caracteriza, me contó la bonita relación que mantuvieron usted y él.

—Yo estaba, además de asombrada, completamente emocionada escuchando sus palabras —añadió Soledad.

—Más allá de molestarme, me conmovió y, por ese motivo, estoy hoy aquí. Sé que nunca la ha olvidado a usted y que toda la vida la ha querido, igual que estoy segura de que me quiere a mí y que siempre nos ha sido fiel a las dos.

—Mi desconcierto, como puede imaginarse, Luisa, era total. Escuchaba atenta el relato de la señora, pero sin que tuviera ninguna idea del motivo por el que sus pasos la encaminaron a mi casa o cuál sería el final.

—Ya sé que esto que digo puede resultar extraño para muchas personas, pero creo que todo depende de la capacidad de amar de cada uno; es decir, el amor no se termina porque lo entregues. Si en lugar de tener un hijo, tienes cuatro, ¿no eres capaz de quererlos a los cuatro, con toda tu alma y al mismo tiempo? —cuestionó la desconocida señora.

—Sí, creo que tiene mucha razón, así es. —Lo dije, por una parte, porque lo considero cierto y, por otra, por responder a su pregunta.

—No soy quién para dar consejos ni para sugerir lo que otros tienen que hacer y, tampoco sabe nadie que estoy aquí, pero no puedo quedarme sin cumplir con algo que, después de lo que he argumentado y conociendo que está usted viuda, considero como un deber.

—Su tono de voz adquirió un matiz especial. Hizo una pausa, tragó saliva y continuó.

—Tengo una enfermedad grave y voy a morir; de hecho, me han dado dos meses de vida. El tiempo pasado no vuelve, sin embargo, nunca es tarde y todos los días que amanecen son buenos para empezar de nuevo e Ignacio está ahí y la sigue amando. Es muy posible que él, por prudencia, pero solo por prudencia, no se acerque a usted.

—Un sudor frío me recorrió el cuerpo. ¡Qué grandeza y qué generosidad demostraba aquella señora con su comportamiento! No me extraña que la hubiera elegido Ignacio como compañera de viaje —puntualizó Soledad.

—Desconozco cuáles son sus sentimientos hacia él en este momento, pero nada me haría más ilusión en el mundo que saber que, por fin, caminarán juntos y felices por la vida. Tenemos dos hijas y un hijo; son maravillosos y dejaré escrito, para que cuando yo fallezca, se lo comuniquen a usted y pueda obrar como considere oportuno.

—¡Qué historia tan entrañable, señora! ¡Cuánto amor y qué benevolencia refleja! Gracias por compartirla conmigo —es todo lo que pudo decir Luisa con lágrimas en los ojos.

—Ahora, estoy un poco cansada, pero quiero que conozca qué pasó a partir de entonces. Se lo contaré otro día —añadió sonriendo con ternura doña Soledad.

REVISANDO LA HISTORIA

A partir de las confidencias entre Matilde y Luisa, su relación de amistad se vio incrementada. Con ello, ambas se vieron favorecidas, ya que, en los amigos se encuentra alivio y ánimo en los malos momentos, impidiendo con ello el aislamiento, pero también se disfruta compartiendo los buenos, al poder contar con su presencia y su alegría.

—Mañana a la tarde, iré a Bilbao, Luisa. Necesito comprar alguna ropita para mi hijo y como mi madre no tiene que trabajar, puedo estar tranquila y aprovechar para darme una vueltita o ver alguna cosa que me interese, porque ella se encargará del niño —dijo Matilde.

—¡Ah!, qué bien. Si quieres, vamos juntas. Coincide que yo debo recoger un encargo que me ha hecho doña Soledad, pero dispongo de tiempo libre y me da lo mismo ir a una hora que otra. No estaría mal preparar algún plan que nos apetezca a las dos. ¿Tienes alguna idea o lo planificamos sobre la marcha? —dijo Luisa.

—Como tú prefieras. Yo suelo comprar en una tienda de niños ubicada en los arcos de la Ribera, muy cerca de San Antón. Me gusta esa zona y me emociona saber que muchos años antes de que se levantara el primer templo, donde hoy reposa la iglesia de San Antón, existía un almacén de mercancías. Estaba construido sobre una roca junto al paso de la ría por el que cruzaban las caravanas cargadas con lana de las ovejas merinas procedente de Castilla y que encontraba salida por la villa. Si te agrada, podemos dar una vueltita por esa parte —respondió Matilde con idea de ofrecer una posibilidad, pero, al mismo tiempo, dispuesta a aceptar cualquier otra sugerencia.

—Propuesta aceptada con mucho gusto, Matilde. Además, y, por lo que has mencionado, me da la sensación de que igual conoces algo más de la historia de la villa.

—Bueno, un poco sí. Te contaré algunas cosas. Bilbao fue puerto principal de Castilla durante largo tiempo. La ruta terrestre entraba por Orduña y Balmaseda y, a través del valle del Nervión, los productos de la meseta se expandieron internacionalmente. Así mismo, la primera casa consistorial de Bilbao se instituyó junto a esa iglesia en 1535.

—¡Qué curioso! —respondió Luisa, a la vez que mostraba gran interés por el tema.

—A propósito, ¿conoces la placa que se encuentra colocada a la entrada de la iglesia, en uno de los muros laterales? Recuerda un hecho acaecido por la tensión que se originó como consecuencia del gravamen sobre un producto básico para la subsistencia. Si te parece, nos acercamos, la vemos y comentamos el tema. Soy una apasionada de la historia y, las leyendas que se transmiten de generación en generación, para mí, siempre tienen una magia especial, aunque en este caso, todo lo que se cuenta me da mucha pena —terminó diciendo la muchacha con un atisbo de sufrimiento en su voz y como si quisiera predisponer a su amiga de que se trataba de una dolorosa realidad.

Matilde no sabía diferenciar muy bien si era el gusto por aquellos lugares, tantas veces recorridos, lo que en esa ocasión encaminaba sus pasos hacia allí o la nostalgia de desear rememorar una compañía y unos recuerdos que pertenecían al pasado, pero que, quisiera o no, permanecían aferrados a lo más profundo de su ser. Era una especie de hervor lo que sentía; una mezcla de goce y dolor al mismo tiempo; algo lejano que se hacía presente, como si tuviera que dejar la impronta de una experiencia compartida y de un cariño que no se había apagado.

—Estaré encantada y tú, ¿has visitado la Biblioteca de Bidebarrieta? A mí me impresiona y, cuando me es posible, no pierdo la ocasión de recrearme en el edificio y en el ambiente. Doña Soledad disfruta mucho con Miguel de Unamuno, Blas de Otero, Federico García Lorca, José Ortega y Gasset…, por lo que he leído con ella bastantes de sus obras y me ilusiona pensar que, al igual que ellos, estoy pisando el mismo suelo de ese inmueble —comentó Luisa deleitándose de antemano con el plan.

Dicho y hecho. Cuando terminaron de realizar el cometido de Matilde, se dirigieron a la iglesia de San Antón con el fin de ver la placa que rememora lo sucedido en la llamada Rebelión de la sal.

El reinado de Felipe IV pasaba, en torno a 1630, por numerosos y graves problemas. La Guerra de los Treinta Años, los rebeldes Países Bajos, la tensión en Cataluña, Portugal... Todo ello llevó al conde-duque de Olivares, el verdadero hombre fuerte de la Corona, a tomar una decisión tan habitual como polémica: subir impuestos. En el caso de Bizkaia, esa medida era especialmente problemática, ya que contravenía los privilegios forales del Señorío y su exención fiscal.

Tras varias tentativas con otras imposiciones, el Rey decidió, en 1631, decretar el "estanco de la sal", por lo que el preciado producto, básico para la conservación de la carne y el pescado, el otro, pero menos estable era la nieve almacenada en los neveros de montaña, quedaba embargado y solo la Corona podría venderlo. Además, su precio se elevaría hasta un 44%.

El motivo de tomar esa determinación se debió a la necesidad de la Corona de los Austrias de mantener el costoso ejército en las guerras del norte de Europa.

Las Juntas Generales, acaparadas por una aristocracia cercana a los intereses reales, aceptaron y, entre 1631 y 1634, el Señorío de Bizkaia vivió una época de gran tensión. Ahogados los habitantes por una situación económica que empeoraba a pasos agigantados, aquel impuesto fue la gota que colmó el vaso. La subsistencia era cada vez más complicada y el resultado no podía ser otro que el estallido popular.

La peculiaridad vizcaína hizo que esta revuelta tuviera también tintes de defensa del régimen foral. Se evidenciaba que la decisión real iba contra lo dispuesto en el Fuero y, finalmente, lo que de verdad estaba detrás de todo el conflicto era el enfrentamiento entre esas autoridades que reconocieron el impuesto y los vizcaínos de a pie afectados.

El primer momento clave de la rebelión tuvo lugar el 23 de septiembre de 1631, en las Juntas Generales. La situación estaba tan caldeada que no pudieron celebrarse aquel día, aunque sí al siguiente, con la presencia de 1.500 personas ajenas a la asamblea.

Entre sus peticiones figuraba que se hablase en euskera, con el fin de que todos pudieran entender lo que se iba a tratar. Ya, a principios de aquel siglo, se había establecido que los miembros debían conocer el castellano, algo que quedaba lejos del alcance de la mayor parte de los campesinos, lo que suponía una forma de asegurarse el control de las Juntas. El resultado de aquella jornada fue la suspensión de la aplicación del impuesto.

Poco más de un año después, llegó el punto culminante del conflicto. Ocurrió en Bilbao.

En octubre de 1632, el delegado del Rey en el Señorío, es decir, el Corregidor, como se llamaba entonces, intentó recuperar el gravamen. El enfado popular fue irreprimible, hasta tal punto, que mataron a Domingo de Castañeda, procurador de la Audiencia del Corregidor. Meses más tarde, concretamente, en febrero de 1633, la tensión regresó a Gernika. Unos 2.000 campesinos y marineros, armados con lanzas, exigieron la retirada de algunos impuestos.

Así se llegó a aquel catastrófico 24 de mayo de 1634. El impuesto acabó retirándose, pero la Corona ajustició en Bilbao a seis de los cabecillas de la revuelta. Al anochecer, unos murieron a garrote en la cárcel y otros ahorcados en la plaza pública.

Una placa de piedra colocada en la fachada de la iglesia de San Antón los recuerda: "El pueblo de Bilbao a la memoria de Martín Otxoa de Aiorabide, Licenciado Morga y Sarabia, escribano Juan de Larrabazter, hermanos Juan y Domingo de Bizkaigana, Juan de la Puente Urtusaustegui, ejecutados el 24 de mayo de 1634, mártires del Señorío de Bizkaya y de su libertad".

Esta placa venía a reemplazar a otra de bronce colocada en el mismo lugar en 1932, durante la II República y retirada en 1937, en plena guerra civil, poco después de la entrada de las tropas franquistas en la villa.

Hay quien asegura que, en determinadas noches, se oyen los llantos y los lamentos de los aniquilados. Una historia que debe permanecer en nuestra memoria como conocimiento y reconocimiento y una leyenda más para el Bilbao de los enigmas.

—¡Qué dura es la vida! Siempre ha habido y sigue habiendo dominadores y dominados. Qué fuerza tiene el poder, ¿verdad? Además, y eso es lo más triste, parece que la humanidad no ha aprendido mucho a través de los años —comentaron ambas mujeres.

—Creo que es bueno que analicemos todo esto, si bien es cierto que no podemos hacer gran cosa por mejorar situaciones que no están a nuestro alcance —matizó Matilde.

—Mira, si te parece oportuno, lo que sí podemos hacer y nos va a venir de maravilla es, merendar en el Boulevard un café con leche y un bollo de mantequilla, que es muy bilbaíno; así, descansamos un poco y continuamos con la visita a la biblioteca —dijo Luisa.

—Me parece un programa fenomenal y ya que tenemos la ría tan cerquita y nos va a acompañar en nuestro camino, ¿has oído hablar de "El hombre pez de Liérganes?". Es el apodo de Francisco de la Vega Casar, un ser legendario de la mitología cántabra, que ha llegado hasta nuestros días a través de los escritos y de la tradición oral —explicó Matilde deseosa de darlo a conocer.

—No. Nunca he escuchado su nombre. ¡Cuántas cosas estoy aprendiendo contigo, Matilde!

A mediados del siglo XVII, en Liérganes, en la Montaña, vivía un matrimonio formado por Francisco de la Vega y María de Casar, que tenían cuatro hijos. Tras el fallecimiento del marido, María mandó a uno de sus hijos, concretamente, a Francisco, a Bilbao, con el objetivo de que aprendiera el oficio de carpintero.

El joven Francisco vivió en la villa hasta la víspera de San Juan, del año 1674, que se dirigió a nadar a la ría acompañado de unos amigos. A pesar de que era un extraordinario nadador, se habían producido inundaciones y fue arrastrado por la corriente y, de esa manera, desapareció. Como no se volvió a saber nada más de él, lo dieron por muerto.

Habían transcurrido cinco años, es decir, en 1679, sorprendentemente y cuando ya nadie albergaba ninguna esperanza de encontrarlo, se afirmó que el muchacho se dejó ver en las costas de Andalucía.

Justamente, fueron unos pescadores los que dijeron que habían observado cómo aparecía y desaparecía repetidamente, en la bahía de Cádiz, un ser acuático, pero con apariencia humana, al que consiguieron atrapar dándole trozos de pan, que comía con gran apetito, y unas redes. Una vez prendido, comprobaron que se trataba de un hombre con escamas; según la descripción aportada, era joven, corpulento, de tez pálida y cabello rojizo.

Los pescadores llevaron al extraño sujeto al convento de San Francisco donde, después de conjurar a los espíritus malignos que pudiera contener, fue interrogado para saber quién era, aunque, en principio, no obtuvieron ninguna respuesta. Sin embargo, al cabo de varios días, los esfuerzos de los frailes se vieron recompensados al escuchar tartamudear la palabra "Liérganes".

Nadie encontraba explicación al vocablo, excepto una persona de la Montaña que estaba trabajando en Cádiz, que confirmó que había un sitio con ese nombre. Así mismo, Domingo de la Cantolla, secretario del Santo Oficio de la Inquisición, manifestó al Obispo de Cádiz la existencia de Liérganes como un lugar de la costa cercana a Santander; así que decidieron que Juan Rosendo, un fraile del convento, fuera el que acompañara a Francisco hasta Liérganes, con el fin de averiguar si era cierto o no que procedía de allí.

A la altura del Monte de la Dehesa, a un cuarto de legua del pueblo, el joven continuó solo, mientras su acompañante lo seguía a cierta distancia. Sin equivocarse, fue directamente hasta la casa de María de Casar, su madre, que inmediatamente lo reconoció como su hijo.

Una vez en la casa materna, el joven vivió con tranquilidad y sin manifestar ningún interés por nada. Caminaba descalzo, en algunos casos, desnudo y apenas hablaba. A veces, permanecía varias jornadas sin comer y, cuando lo hacía, daba muestras de voracidad. Era dócil y ofrecía una buena disposición a prestar algún servicio. Se ocupaba de llevar cartas a poblaciones vecinas, incluso a Santander, donde llegó en una ocasión tras haber nadado desde Pedreña, por lo que la carta, evidentemente, estaba mojada.

Tras nueve años de permanencia en casa de su madre, desapareció en el mar, sin que se llegara a saber nada más de él. La última noticia que se tuvo del "Hombre Pez" la contó un pescador de San Vicente de la Barquera que juraba haberlo visto desvanecerse en el mar, rodeado de delfines.

El doctor Gregorio Marañón debió hacerse eco de la historia y procedió a estudiarla. Su deducción fue que Francisco de la Vega podría padecer cretinismo, una enfermedad que se caracteriza por un déficit constante en el desarrollo físico y psíquico y va unida a deformidades del cuerpo y retraso de la inteligencia, como consecuencia de la falta o destrucción de la glándula tiroides durante la etapa fetal. Esta teoría ya fue expuesta por José María Herrán en su obra "El hombre-pez de Liérganes". El doctor Marañón solventó el problema de haberlo encontrado en Cádiz, debido a que, simplemente, se trasladó allí en barco y que el hecho de encontrarlo nadando fue una casualidad.

—Un tema curioso que, sin duda alguna, habrá tenido una gran expansión popular en su momento y que, admirablemente, a través del boca a boca perdura a lo largo de los años en la memoria de muchos. Esto hace que, personas de distintas generaciones se sientan unidas por medio de un eslabón común —afirmó Luisa con una expresión pensativa.

La estancia en el histórico Boulevard, un café fundado en 1871, fue una delicia y tras dar por finalizada la merienda y el rato de conversación, dirigieron sus pasos hacia aquel lugar que, además de arte, quién sabe cuántas cosas guardaba en sus entrañas: sueños, realizados unos y frustrados otros; recuerdos de amores y desamores y tantos sentimientos más de todo tipo.

El edificio de la Biblioteca Municipal de Bidebarrieta fue construido entre 1888 y 1890, por el arquitecto bilbaíno, Severino de Achúcarro. Se levanta entre medianeras, en el número 4 de la calle Bidebarrieta del Casco Viejo de Bilbao, en el solar que ocupaba la casa natal de Ramón Adan de Yarza, un destacado geógrafo del siglo XIX.

Es de una elegante simplicidad, con detalles relativamente complejos, como la gran escalera. Su fachada barroquizante, abundantemente ornamentada, sus mansardas y su salón de actos ovalado de carácter romántico, son algunos de los elementos más sobresalientes de su estilo ecléctico.

Se trata de un edificio de lujo, si se tiene en cuenta la calidad de los materiales empleados en su construcción: piedra de Angulema en la caja de la escalera; empanelados de roble en puertas y boiseries; pan de oro en las numerosas molduras… Fue dotado, así mismo, de las mayores comodidades: la calefacción de la casa Verney, de París o el alumbrado eléctrico, una auténtica novedad y alarde en el Bilbao de la época.

En su decoración resaltan la gran vidriera de la escalinata y las pinturas del techo del vestíbulo y del salón de actos.

La vidriera de la escalinata, la única original que se conserva del edificio, es de marcada influencia oriental, realizada en Amberes sobre dibujo del propio Achúcarro y ejecutada con la técnica cloisonné. En el panel central superior está localizado el escudo de Bilbao, dentro de un círculo a modo de bomba, símbolo de la Sociedad El Sitio, propietaria inicial del edificio y que apunta a las bombas caídas sobre la villa durante el Sitio de 1874.

Para la decoración de los techos se valieron de algunos de los más destacados pintores vascos de la época. En el vestíbulo de entrada se encuentra el realizado por el pintor J. Díaz Olano.

En el Salón de Actos, al que se llega por medio de la esplendorosa escalinata, se pueden admirar los dieciséis paños decorados por Anselmo Guinea con representaciones de la música, el canto, la danza, la prestidigitación, la comedia, la tragedia y las conferencias.

Estas actividades se ven protagonizadas por figuras de niños enclavados en un ambiente celeste y rodeados de nubes.

José Echenagusia fue la persona que realizó la pintura del plafón central, hoy desaparecida.

El edificio fue encargado por la asociación de carácter recreativo cultural El Sitio, fundada en 1875 y así denominada en recuerdo y homenaje a los defensores de Bilbao fallecidos en los asedios o "sitios" que sufrió la villa durante las guerras carlistas.

La asociación, de carácter burgués, se había creado como plataforma de difusión de los valores liberales progresistas que compartían sus socios, que eran 1.500 en el momento de la construcción de su sede. Para la financiación de las obras se emitieron 7.500 obligaciones hipotecarias de 100 pesetas cada una, con lo que se obtuvo un capital de 750.000 pesetas.

Esta burguesía liberal, enriquecida por la explotación de las minas de hierro y por la fuerte industrialización que se produjo en Bilbao y sus alrededores desde mediados del siglo XIX, tenía amplios intereses culturales acordes a esos principios liberales. Así, pusieron en marcha una importante biblioteca y organizaron conferencias impartidas por relevantes intelectuales y políticos de la época, como Miguel de Unamuno, Federico García Lorca, José Ortega y Gasset, Niceto Alcalá Zamora, Margarita Xirgú… Por esas actividades, la sede de la sociedad llegaría a ser conocida como el Palacio de las Libertades.

Durante la guerra civil, la Junta Directiva de la Sociedad El Sitio ofreció el edificio al Departamento de Sanidad del Gobierno Vasco, que lo transformó en un Hospital de Sangre.

En 1938, tras la toma de Bilbao por las tropas franquistas en la Guerra Civil (1936-1939), la sociedad fue disuelta y su sede incautada por el gobierno franquista que la destinó, entre otros fines, a hospital de guerra.

En 1942, la adquirió el Ayuntamiento de Bilbao por 600.000 pesetas e invirtió dos millones más en su restauración y adaptación al nuevo uso que pretendía darle: el alojamiento de la Biblioteca y Archivo Municipales ubicados hasta entonces en la propia casa consistorial y, por tanto, con grandes limitaciones de espacio. Con ese uso, finalmente fue inaugurada de nuevo el 11 de febrero de 1956.

En 1983, las graves inundaciones que afectaron, principalmente, al Casco Viejo de Bilbao, ocasionaron grandes daños tanto al edificio como a los fondos. Comenzó entonces la última obra integral de restauración que duraría cinco años, hasta su apertura de nuevo al público, ya únicamente como Biblioteca Municipal, que tendría lugar el 1 de diciembre de 1988.

Como biblioteca pública que es, proporciona los siguientes servicios a la totalidad de los ciudadanos y ciudadanas de Bilbao: préstamo de documentos en variados soportes, acceso a ordenadores con conexión a Internet, consulta y lectura de prensa y publicaciones periódicas, información y referencia bibliográfica, etc. Pero hay dos elementos que la distinguen muy específicamente del resto de las bibliotecas municipales y que la hacen, fundamentalmente, conocida entre los bilbaínos y bilbaínas:

Uno, su colección, compuesta por más de 130.000 volúmenes y más de 3.000 títulos de publicaciones periódicas, en la que los fondos históricos ocupan una parte muy significativa y son objeto de una protección especial para su conservación y difusión. Destaca el fondo Arriaga que conserva las partituras originales del compositor bilbaíno Juan Crisóstomo Arriaga, prematuramente fallecido en París en 1826.

El otro, su Salón de Actos, ahora denominado Bidebarrieta Kulturgunea, que, como en sus primeros tiempos, sigue acogiendo numerosos actos culturales de toda índole, entre los que destacan la celebración de los Días Institucionales en recuerdo y homenaje a nuestros literatos más conocidos: Miguel de Unamuno, Blas de Otero, Gabriel Aresti y Ángela Figuera.

Con esta función de biblioteca ha llegado, hasta nuestros días, bien conservada y desempeñando un papel de centro intelectual apropiado a su carácter y prestigio y del agrado del amplio número de usuarios con los que cuenta.

Tras disfrutar del edificio y sus pertenencias, las dos amigas abandonaron la biblioteca y fue justo al salir a la calle cuando Luisa se quedó parada en seco, como paralizada y dijo, en voz alta, pero como si hablara solo con ella misma:

—¡No me lo puedo creer! ¿Estoy viendo visiones o esa chica que se aproxima, de verdad es Agustina?

Tres segundos más tarde, una mujer se acercó corriendo y, ante el estupor de Matilde, le dio un efusivo abrazo a Luisa, mientras manifestaba con entusiasmo:

—¡Qué ganas tenía de volver a verte, Luisa! Creí que ya nunca te iba a encontrar. Ha pasado tanto tiempo… Salí del centro sin poder despedirme de ti; después, te escribí, pero me comunicaron que ya te habías marchado —comentó conmovida la recién llegada.

—¡Es una emoción enorme la que siento, Agustina! Por más que intenté contactar contigo, fue imposible obtener ningún tipo de información sobre tu paradero. Mira, esta es Matilde, una gran amiga; podemos hablar en su presencia con total confianza. Además, ella, al igual que nosotras, tiene su historia y conoce perfectamente los vaivenes de la vida. ¿Os parece bien que nos sentemos en un banco del paseo del Arenal, que es uno de los símbolos de la villa, un lugar de esparcimiento y de paseo y que charlemos? Quiero que me cuentes con detalle cómo te han ido y te van las cosas —puntualizó Luisa mostrando cariño e impaciencia por saber la trayectoria vital de su compañera y amiga.

Agustina estaba deseosa de exteriorizar sus emociones ante una mujer que había demostrado ser recta y abierta, que sabía escuchar, valorar que cada persona es diferente, comprender que cuántas veces nuestras actuaciones están condicionadas por las circunstancias y que era capaz de ponerse en el lugar de los demás; en definitiva, que contaba con la magnífica cualidad de interpretar los sentimientos de otras personas, sin emitir ningún juicio de valor.

Al mismo tiempo, la chica que la acompañaba gozaba de su confianza y de su simpatía, así que no veía ningún obstáculo para narrar su historia y dejar al descubierto su estado de ánimo, con la seguridad de que, a cambio, solo recibiría palabras de entendimiento y consuelo y, en ningún caso, de humillación.

San Antón año 1856

Antiguo Mercado de la Plaza Vieja de Bilbao, desde el Muelle Martzana con la Iglesia de San Antón y la Casa Consistorial de la Villa, ya desaparecida (al fondo). Vistas de la calle Ribera. 1856.
ARCHIVO MUNICIPAL DE BILBAO.
Fondo: Ayuntamiento de Bilbao.
Autor: Desconocido.

NUEVAS CONFIDENCIAS

Según lo que habían acordado, las tres mujeres se dirigieron a disfrutar de aquella inesperada oportunidad que les ofrecía el destino. ¡Tenían tantas cosas que comentar! Ante el interés de Luisa, fue Agustina la que inició su relato.

—Esta temporada estoy un poco baja; la memoria mantiene vivo el recuerdo de nuestros errores y, aunque ya sé que todos tenemos algo de que arrepentirnos a lo largo de nuestra vida, cuanto más reflexiono sobre mi existencia mayor es la sensación de haber fracasado y, lo que es peor todavía, de haber tenido un comportamiento egoísta con mi madre.

Por una parte, Agustina la consideraba muy fuerte y creía que no había sabido apreciar en su justa medida su esfuerzo y, por otra, sentía que la cargó con sus propias responsabilidades. A pesar de ello, cuánta alegría y ternura ponía en todo su madre. Con el paso de los años, lo reconocía y se admiraba de la entrega y del amor que ofrecía a su familia, pero aumentaba su inquietud al pensar que no había obrado bien.

—Y, ¿qué podría decir de lo acaecido con mi hijo Ernesto? Me persigue una duda interna constante de si habré hecho las cosas de la manera adecuada; de si mi ruptura con José, es decir, de si el hecho de que se haya criado y educado sin la presencia de un padre habrá sido el desencadenante de que su vida no esté muy centrada. Pero, al mismo tiempo, me pregunto qué otra alternativa de elección me quedaba. —Mientras formulaba la cuestión, levantaba las cejas como queriendo encontrar una posible respuesta.

Luisa y Matilde la escuchaban con atención y sin decir ni media palabra. Ya tendrían tiempo, más tarde, de tranquilizarla e intentar liberarla de su sensación de culpa. Vivir implica escoger cada día y, por propia experiencia sabían que, en esa selección, se combinan aciertos y errores. Lo fundamental es no hundirse, aprender de las vivencias y que nos sirvan para limar posibles acciones que puedan repetirse en el futuro.

Los padres de Agustina, acompañados de dos hijas y dos hijos, recalaron en Basauri desde la provincia de Andalucía. Podría decirse que llegaron por casualidad o, por lo menos, sin haber tenido que pensarlo demasiado.

Las grandes empresas de las zonas más industrializadas, como podía ser Bizkaia, iban por otros lugares del Estado buscando gente dispuesta a trabajar y, en muchos casos, como era el suyo, además del salario garantizaban una casa en la que vivir, así que la oferta resultaba tentadora. Por añadidura y, algo que hasta entonces parecía un sueño, quizá los hijos tendrían la oportunidad de estudiar y alcanzar un nivel superior al de los progenitores.

Aunque, a menudo las cosas no suelen salir ni como creemos ni como queremos, todo empujaba a aceptar la propuesta, así que tomaron la decisión de emprender el viaje. Aquí nacieron otros tres hijos y una hija más. Agustina era la mayor de los ocho y Rocío, la pequeña.

La madre, alegre como un cascabel, se había casado muy joven, tan solo tenía 16 años. Una gran parte del día estaba cantando y, a pesar de que la crianza de ocho hijos y el cuidado del marido requerían mucha dedicación, llegaba a todo. Por la mañana, muy temprano, para que tuviera tiempo de volver a casa a poner los desayunos para cuando la familia se levantaba, limpiaba alguna oficina.

Era una época difícil y durante los primeros años del franquismo el ambiente estaba muy enrarecido y afectó de una manera contundente a los movimientos obreros; se ilegalizaron los sindicatos de clase y cualquier conflicto que pudiera surgir en una empresa era un enfrentamiento de orden público y, por tanto, político y se actuaba en consecuencia.

Al padre de Agustina, trabajador y buena persona, el hecho de haber estado encuadrado en un movimiento sindical lo ponía en el punto de mira; si a eso unimos los malos vientos que soplaban, el desenlace dio como resultado las peores consecuencias. Había terminado ya la guerra cuando el hombre fue asesinado.

A la inmensa pena provocada por tal lamentable pérdida, se incrementaba la presión que suponía no poder exteriorizar los sentimientos, excepto en casa; solo el hogar constituía el refugio seguro en el que derramar las lágrimas.

Además, a partir de entonces se produjo un giro radical en su existencia, ya que, al dejar de ser el padre trabajador de la empresa, la familia debió abandonar la vivienda que había estado ocupando y trasladarse a otra con escasas comodidades, en el Casco Viejo de Bilbao. Pero, como decía Ortega y Gasset: "Yo soy yo y mis circunstancias" y la vida es un continuo cambio.

La madre de Agustina no tenía más remedio que enfrentarse, con reducidos recursos y sin la ayuda de su marido, a la manutención y cuidado de la prole y, dado que solo la lluvia cae del cielo, se vio forzada a incrementar el horario laboral fuera del hogar, así que comenzó a trabajar, con más intensidad, como interina y lavandera. Si a esa ocupación se añade la que debía desempeñar en su domicilio, el resultado se traduce en una falta importante de horas de descanso.

Pero no solo la madre, también los hijos empezaron muy pronto a colaborar en el sustento familiar; incluso Rocío, la pequeña de todos, quien, como ella misma afirmaba, después de vivir unos pocos años de infancia sencilla y, al mismo tiempo, muy feliz, tuvo que emprender su tarea profesional a una edad muy temprana.

—Mi infancia, como tal, podría diferenciarla hasta los nueve años y a partir de los diez —solía manifestar Rocío.

Hasta los nueve años tenía tiempo para jugar y llevar una vida normal, es decir, con las obligaciones que correspondían a una niña de esa edad. Disfrutaba mucho yendo a la calle Cantarranas, en la que vivían unas amigas. Era como un pueblecito, todos se conocían y había un ambiente genial. La gente salía a la calle con sus sillitas a tomar el aire y algunas señoras mayores hacían ganchillo.

La pescatera vendía el pescado en la calle, pero si alguien quería comprarlo sin moverse de casa, preguntaba: —Concha, ¿qué tienes?—. Tras escuchar la respuesta, seleccionaba el artículo, acordaban el precio y enviaba desde la ventana una cuerda con una cesta y el dinero y llevaban a cabo la operación de compra-venta.

Con esas amigas, Rocío solía ir a la zona de las minas a coger barro para hacer cacharritos y poder entretenerse. Eso les encantaba, pero el guarda, con buen criterio, las reñía porque, claro, el lugar no dejaba de entrañar un peligro.

Los domingos, como día especial que era, si le daban un real o dos de paga, ella y sus compañeras completaban un bonito plan.

Cuando a alguna del grupo le regalaban un muñequito, de aquellos pequeños que había de piedra, iban a la pastelería La Exquisita, que estaba en la calle Tendería, compraban unos pastelitos, que eran unas cestitas y, unos caramelitos, y se dirigían a la iglesia de San Antón a bautizar al muñeco. Tras ponerle el nombre pertinente, comían los dulces todas juntas para festejar la ceremonia. Por el entusiasmo que ponía Rocío cuando lo contaba, parecía como si todas aquellas vivencias correspondieran al presente y no al pasado.

Otra cosa que les llenaba de ilusión era acercarse a la parte de la ría donde solían vender cacharros y ropas viejas. Siempre tenían por allí cachitos de tela que ellas los cogían y los aprovechaban para hacer falditas a las muñecas.

También les gustaba mucho ir al cine. Se beneficiaban de la entrada que les daban en la catequesis y, de esa manera, solo tenían que poner cincuenta céntimos. ¡Cómo disfrutaban cuando podían ir al Patronato, que estaba en Iturribide, a ver alguna película!

Otros momentos en los que se sentían muy felices y que eran dignos de recordar constituían los que pasaban en casa de su amiga Begoña. Su *amama*, mientras repasaba en la cocina los calcetines de toda la familia, les contaba leyendas e historias, que las chiquillas escuchaban con suma atención, sentadas a su alrededor en el suelo. Entre ellas, "Las criaturas aladas del puente de la Merced", el "Palacio John del Casco Viejo" y "La Ley Seca en Bilbao". ¡Cómo olvidar la mezcla de miedo y fascinación que les producían! Pero, además, todos los relatos conllevaban alguna lección que debían tomar en consideración.

Respecto a "Las criaturas aladas del puente de la Merced", cuentan que en la época medieval, alrededor del año 1400, existían unos seres alados que vivían en las zonas boscosas, donde actualmente se encuentra ubicado el barrio de San Francisco. En ocasiones, llevaban a cabo emboscadas entre las orillas del antiguo poblado de Bilbao La Vieja y los arenales y las calles de la nueva villa. Desconocían si esas criaturas eran machos o hembras, pero se dice que siempre iban en pareja y que se aproximaban a las personas que estaban solas o desamparadas. Según narran, cuando las rozaban con su pecho, con su lomo o cualquier otra parte de su cuerpo, les cambiaba el ánimo y, en un segundo, se sentían más felices, apreciadas y tenían amor y suerte en la vida. Encontraban pareja y, las que ya la tenían, la conservaban hasta el fin de sus días.

Muchos siglos más tarde, el ingeniero que diseñó el puente de la Merced recuperó a los seres alados de la leyenda y puso ocho farolas de fundición con dieciséis seres alados, dispuestos en parejas, a los dos lados del puente y que miran a la gente cuando pasa. La leyenda dice que si tocas su pecho o su lomo con una caricia, te beneficiarás de su protección en el amor y la buena suerte.

—Esto que os cuento, además de para que lo conozcáis, conlleva una lección que debemos aprender y ponerla en práctica. Os aclaro. Hay que estar atentas a lo que pasa a nuestro alrededor, igual que hacían los seres alados. Si vemos a una niña o a un niño que se siente triste, tenemos que acercarnos, preguntar a ver qué le ocurre, escuchar con mucha atención y tratar de prestar nuestra ayuda. Lo mismo pasa si observamos que alguien está solo. Hay muchos niños que son tímidos y no se atreven a entablar una conversación y necesitan que alguien les abra el camino. Ahí tenéis una labor muy importante que hacer. ¿Os dais cuenta? —dijo la *amama* de Begoña tratando de obtener la conformidad del grupo.

Con relación al edificio "Palacio Yohn del Casco Viejo", popularmente conocido como "la Bolsa", según se dice, disponía de un pasadizo secreto que se extendía hasta la ría. Es de suponer que si era así, no tendría un fin legal o, simplemente, que pudiera hacerse a pleno día.

En 1818, a la edad de 11 años llegó a Bilbao Leandro Yohn, que desde su condición de empleado de la ferretería de Yerschik planteó adquirir el negocio, con lo que su nombre quedaría unido al devenir histórico de ese edificio del Casco Viejo. El pasadizo, según se comenta, se desplaza por canales subterráneos y se cree que se empleaba, de forma prioritaria, para el contrabando. Manifiestan que continúa abierto y, hoy en día, cuando la marea está baja, puede apreciarse una bóveda en los muros de la ría.

Con relación a "La Ley Seca en Bilbao", que se llevó a cabo a principios de 1908, nos vuelve a introducir en el misterio que gira alrededor de la ría. En medio de una importante crisis obrera, que tuvo lugar en Bizkaia, y dado el aumento del impuesto sobre los vinos, los almacenes bilbaínos dedicados a este producto optaron por cerrar y no vender a nadie. Enseguida se adhirieron los taberneros, por lo que no es difícil suponer el mercado negro clandestino que se formó. Parece ser que, el pasadizo secreto que se encontraba en el palacio Yhon y que llegaba hasta la ría, también pudo emplearse para el contrabando de esos días.

—Bueno, ya sabéis que el contrabando es una actividad que está considerada ilegal, es decir, que está prohibida. Uno de los objetivos de los contrabandistas, esto es, de los que la ponen en práctica consiste en importar, exportar o negociar con determinados productos, sin pagar los impuestos correspondientes —dijo la mujer poniendo énfasis en sus palabras.

Las chiquillas se miraban unas a otras como si no entendieran bien el contenido de lo que se les quería transmitir y precisaran una aclaración.

—De este hecho, vamos a ver qué lección de provecho podemos sacar. Por una parte, siempre debemos ser claros en nuestras actuaciones y que no tengamos que avergonzarnos de nada de lo que hagamos. Por otra, el pago de impuestos es necesario, porque de esa manera se cubren las necesidades comunes, es decir, con ese dinero es con el que se pagan los bienes y los servicios públicos, por ejemplo, las escuelas o los hospitales y es la forma de que se garantice una mayor igualdad de renta entre todos los ciudadanos. Eso sí, se puede exigir que los impuestos no sean abusivos, que los que tengan más dinero paguen más y que haya un control rígido de la utilización que se haga de ellos, para que así, lleguen donde tienen que llegar y no a cualquier sitio. Yo creo que entendéis lo que quiero decir, ¿verdad? —preguntó la *amama* de Begoña.

Como ya se ha mencionado, el período de infancia relacionado con el disfrute de tiempo libre y de pocas responsabilidades no duró mucho para Rocío.

—Al cumplir los diez años mi situación cambió de forma radical. Las obligaciones adquirieron protagonismo y tuve que ponerme a trabajar. Éramos muchos en casa y había que ayudar, así que con esa edad comencé a desempeñar mi puesto de lechera —recordaba con la tranquilidad que da el haber sabido adaptarse a las circunstancias.

Empezaba su tarea a las ocho de la mañana y salía a las tres. Después, volvía a las ocho, hasta las diez de la noche. La leche solían traerla de Lezama, Derio… y también de la parte de Cantabria.

Todas las chicas que se dedicaban a esa labor acudían prontito a la estación de tren situada en las Calzadas de Mallona. Cogían las cacharras y las bajaban a la plaza de los Auxiliares, hoy denominada plaza Miguel de Unamuno y en un carro las llevaban a la lechería para la que trabajaban. Allí, los dueños realizaban la correspondiente distribución de zonas, entre la media docena que formaban el equipo y en el que, excepto ella, todas tenían entre 18 y 20 años.

Para el reparto de la mañana, se desplazaba con otra compañera e iniciaban la entrega por la Gran Vía y calles adyacentes. En un carro transportaban dos cantinas grandes que contenían el producto y, para poder realizar la tarea de forma correcta, también se incluía el recipiente de medir. Una cantina contenía leche más cara, es decir, la "entera" y otra, más barata, la que estaba "bautizada". Ni que decir tiene, que la gente que estaba en una situación económica superior, adquiría la mejor, pero no todo el mundo podía hacerlo.

De esas cantinas grandes, cogían los litros correspondientes a cuatro o cinco domicilios y se dirigían cada una a un portal y, piso por piso, entregaban el artículo solicitado. Algunas personas pagaban al momento y otras se encargaban de pasar semanalmente por la lechería con el fin de liquidar la deuda.

Dependiendo de la categoría de las casas, disponían de una o dos entradas y ellas siempre iban por la de servicio. A decir verdad, nunca se encontraron con la desagradable sorpresa de que en la misma vivienda pidieran un tipo de leche para los dueños y otra de peor calidad para los empleados.

A veces, cuando se desplazaban con el carro, se les acercaba un hombre del ayuntamiento para medir la calidad de la leche; aunque, también existía mucho engaño, porque había dueños de lecherías que sobornaban. Rocío tenía la sensación de que muchos ganaron lo que quisieron con ese tema.

Como repartían leche a gente de todos los niveles económicos y había personas que se veía que lo estaban pasando muy mal, en ocasiones, si Rocío iba, por ejemplo, a una casa de la Gran Vía y debía dejar tres litros de leche buena, quitaba un poquito y la echaba en la otra que era más flojita, para dar algo de mejor calidad a las que más necesidades tenían.

—Me daban mucha pena —solía decir.

Las últimas entregas que realizaban correspondían a domicilios que estaban situados en la zona de Gregorio Balparda, hoy Autonomía; después pasaban por San Francisco y llegaban a Bailén. Concretamente, en esa calle había una familia que habitaba en un cuarto piso, que le daba mucha tristeza cómo vivía.

—¡Qué dolor me producía! ¡Tenían todos unas caritas! Ahí, sin que nadie se enterara, dejaba un poquito más de leche de mejor calidad. Además, era una gente que compartía todo lo que tenía. Llegaban las Navidades y, si contaban con un cachito de turrón, te obsequiaban con una esquinita; si hacía frío, te ponían un caldito o, si preferías, achicoria. ¡Eso no se paga con nada! Yo lo agradecía como si me hubieran dado un millón de pesetas y creo que se establecía un vínculo especial entre ellos y yo —aseguraba con total reconocimiento la joven lechera.

A través del trabajo, trataban con todo tipo de personas. Algunas eran muy bondadosas y siempre les daban alguna cosita; otras, que disponían de muchísimo dinero, guardaban las distancias y nunca tenían ningún detalle con ellas; tampoco faltaban ocasiones en las que se topaban con empleadas de hogar que mantenían una gran similitud con el comportamiento de estos últimos jefes.

—Lo que cuento, no lo he oído; es lo que he vivido —solía afirmar Rocío.

En aquellos años, en el Casco Viejo existían niveles económicos bajos e, incluso, podría hablarse de una miseria importante dentro del entorno, lo que dejaba al descubierto las necesidades reales. Es decir, el crecimiento económico no fue equitativo y siguió presentando su cara más amarga a los más desposeídos.

Añadida a esa circunstancia, hay que tener en cuenta la cantidad de hombres y mujeres, además de chavales jóvenes, que estaban tísicos. Para ayudar a paliar un poco las precariedades, repartían unos vales en las iglesias, por medio de los cuales se proporcionaba leche a las personas más desprotegidas.

La jefa de Rocío, una mujer muy bondadosa, guardaba las natas y, a los más desfavorecidos, les hacía bizcochos y les daba mayor cantidad de leche de la que les correspondía. Era muy compasiva y honrada. Siempre estaba dispuesta a ayudar en lo que podía. De todas formas, parece existir la creencia, bastante generalizada, de que antes, había más solidaridad; el que menos tenía, igual era el que más apoyaba.

Cuando se dirigían a trabajar y llovía, era horroroso. Como en casa de Rocío no tenían dinero para comprarle unas botas, su madre le confeccionaba unos calcetines que los utilizaba con abarcas, que las llevaba bien atadas hacia arriba. Tampoco disponía de un impermeable, así que le hacía unas toquillas gordas y, con su delantal y sus trenzas largas hechas rodetes, comenzaba la faena.

—También recuerdo haber pasado mucho miedo en el Casco Viejo, sobre todo, a las noches. No solía haber buena luz, los portales estaban un poco oscuros y había gente que se ponía a enseñarte sus cosas y, claro, una cría tan pequeña como era yo, que quieras ir a un domicilio y que te encuentres a uno… Así mismo, lo pasaba muy mal cuando me dirigía a la casa de una señora que era muy maja, pero que el marido era un guarro. Cuando tenía que pasar, me rozaba. Por ese motivo, antes de subir, le preguntaba al señor del portal, que se dedicaba al cambio de novelas y vendía caramelos, a ver si estaba la señora y si me decía que había salido, volvía más tarde; es decir, si no se encontraba la mujer en casa, yo no me arriesgaba y esperaba lo que fuera necesario —mencionaba Rocío mostrando la sensación desagradable que deja una mala experiencia.

La vida resultaba muy dura en aquellos años, sin embargo, no quedaba otra; en su casa había necesidad y tenía que hacerlo; era así. Ha trabajado mucho; ha pasado frío, ha padecido sabañones hasta en las orejas; ha sentido miedo; no disponía de tiempo para nada; se quedaba dormida después de comer…, pero es lo que había y ya está. En ese sentido, no le ha quedado ninguna mala sensación; la felicidad no se puede fingir y creía que si volviese a nacer, haría lo mismo.

Así mismo, la tarea que desempeñaba Agustina en una pensión que estaba situada cerca de su domicilio, que fue precisamente donde conoció al que pasados unos cuantos años se convertiría en su marido, era fuerte: la preparación de los desayunos y bocadillos para el trabajo, la elaboración de las cenas, la limpieza de la casa, la compra, el lavado y planchado de la ropa de los hombres que llegaban solos en busca de un empleo en las minas, en talleres, en fábricas, en el muelle, en la construcción…, requerían largas horas de ocupación.

Además de la indumentaria particular de los huéspedes, incluidos los buzos, que debía frotarlos con fuerza con un cepillo para que quedaran bien limpios, las toallas y las sábanas las lavaba en el lavadero de Urazurrutia.

Curiosamente, allí solía coincidir con su madre, que realizaba la misma actividad. Las dos, más allá de quejarse, consideraban mucho más llevadera y ventajosa esa opción, que la de tener que ir al río y pasar arrodilladas, horas enteras, frotando la ropa que luego se tendía sobre la hierba para que se blanqueara y secara; una práctica que, a decir de las personas mayores de su pueblo de procedencia, había sido habitual.

En el mundo de las lavanderas, cuando tocaba limpiar las sábanas, era muy frecuente que se ayudaran entre ellas. Sujetaban dos personas la prenda, agarrándola por las puntas y la retorcían con fuerza para escurrirla con más facilidad y efectividad.

Una mención especial merece el tema de las mantas. Para poder lavarlas, introducían jabón Chimbo de escamas en unos tinacos y, una vez deshecho, metían las piezas; se remangaban las faldas y las pisaban y pisaban hasta que consideraban que ya estaban limpias. Después, procedían al aclarado, para lo cual se acompañaban muchísimo.

En medio del lavadero había unas pilas grandes de agua y, entre varias, cogían las mantas, las sumergían y zas, zas, zas, hasta que las enjuagaban bien. Era una maravilla la destreza que demostraban, pero ¡pobres mujeres, lo que tenían que pasar! y, a la vez, ¡qué alegría derrochaban!

A pesar de la dureza de la labor de las lavanderas, no es de extrañar que muchas rescaten con cariño del baúl de los recuerdos aquellas tertulias entrañables que compartían en los lavaderos, donde se entremezclaban los comentarios, los chismes, las bromas, las risas y donde salían a la luz las confidencias íntimas, lo que, a menudo, aliviaban preocupaciones y servían como terapia de grupo. ¡Qué experiencias tan bonitas y valiosas se pueden recuperar de lo cotidiano!

Cuando terminaban el trabajo, resultaba sorprendente ver lo orgullosas que se sentían y cómo llevaban la ropa. Las prendas más feas las colocaban en los baldes en la parte de abajo y, las más bonitas, por ejemplo, las sábanas, después de haberlas aclarado con añil y obtenido un blanco perfecto, en la parte de arriba. Se ponían el *sorki* en la cabeza, cargaban con todo y ¡hala!

Además de toda la tarea que realizaba en la pensión y, como suele corresponder normalmente a la que ocupa el puesto de hija mayor, Agustina estrujaba el día tanto como podía. También sacaba tiempo para ir donde un sastre que confeccionaba ropa para sastrerías y particulares. Allí, se dedicaba a preparar cuellos y solapas, pasaba marcas y entregaba a los clientes las prendas que ya estaban terminadas.

Agustina, siguiendo la costumbre de la época, se casó con Mateo siendo bastante joven. Era uno de los chicos que residía en la casa de huéspedes; un muchacho gallego, trabajador, cariñoso y complaciente, que llegó a Bilbao a prestar sus servicios en la Mina San Luis.

En esa mina se extraía mineral de hierro y formaba parte del conjunto de explotaciones del llamado Coto Miribilla. Conviene no olvidar que la minería, aparte de la importancia económica, tuvo una relevancia social, por los movimientos de trabajadores que se originaron en la zona y que contribuyeron al desarrollo y crecimiento de la villa. Por añadidura, hay que considerar que, a principios del siglo XX, Bilbao era ya un lugar industrial con las discordancias y necesidades que ello conllevaba.

Aunque hoy en día esas minas no existen, fueron explotadas hasta mediados de los años 70 del siglo XX y emociona pensar que, en la actualidad, siguen conservándose diversas galerías subterráneas. Una de ellas transcurre por debajo de las casas de Bilbao La Vieja y une la antigua zona minera con la ría, a la altura del muelle de Marzana. Por ese túnel salía el material de la Mina San Luis y, junto a él, seguramente que también una parte de las alegrías y tristezas de los trabajadores.

En su interior, todavía se puede visualizar algún remanente de las vagonetas con las que cargaban el mineral, lo que no deja de producir un atisbo de nostalgia en muchos bilbaínos.

Después de la boda y, sin ningún tipo de viaje de novios porque la economía no estaba para dispendios, el nuevo matrimonio habitaría en la casa familiar de Agustina y, de esa manera, reducirían gastos. Tuvieron un hijo y le pusieron de nombre David. Tras el nacimiento del niño, ella redujo una parte de su jornada de trabajo para poder dedicarse al cuidado del chiquillo.

Vivían de forma humilde, pero todos se sentían muy felices, hasta que, pasados dos años del nacimiento del niño, las cosas comenzaron a complicarse; la salud de Mateo empezó a deteriorarse de manera importante. La enfermedad se manifestó con la aparición de fiebre, escalofríos, tos, respiración agitada y cansancio, lo que muy pronto fue diagnosticado como neumonía, una infección en uno o ambos pulmones y que causa que los alvéolos pulmonares se llenen de líquido o de pus.

Fue ingresado en el Hospital de Santa Marina, un complejo donde varios de los mejores especialistas en neumología bilbaínos iniciaron su formación como tales y que, durante los años 50, llegó a disponer de 850 camas. Sin embargo, a pesar de su juventud y de la especialización en enfermedades cardio-respiratorias del centro, el muchacho no pudo superar la enfermedad y falleció.

UNA DECISIÓN MUY DESACERTADA

No había más que oír la emoción que ponía Agustina en sus palabras, para que Luisa y Matilde se percataran de la huella imborrable que su marido dejó en ella. El destino, inclemente, truncó sus sueños y la obligó a vivir sin él, sin su presencia, sin aquella persona que la hizo tan feliz y a la que nunca olvidó.

—¡Cuánto lo siento, amiga! El pasado no se puede cambiar y es el presente el que nos hace mirar hacia delante. Estamos aquí y ahora, aunque nos cueste un mundo adaptarnos a las circunstancias del momento; dentro de tu dolor, agradece el haberlo conocido, eso te fortalecerá —pronunció Luisa, a la vez que abrazaba a Agustina.

—¡Qué pena, erais tan jóvenes y tan felices! Espero y deseo que su recuerdo te siga ayudando a vivir en paz. Ya sé que solo sabe el peso de la carga el que la lleva, pero estoy segura de que, a pesar de que no lo veas, él siempre seguirá a tu lado y te protegerá —manifestó Matilde.

Sí, esa era la actitud que había adoptado Agustina. Su amor continuaba intacto, si bien tuvo que aceptar la realidad, adaptarse, superar aquel obstáculo que llegó con toda su crudeza e inesperadamente y agradecer el que Mateo hubiera formado parte de su historia. La nostalgia por la tristeza de su pérdida seguía mezclada con la alegría de haberlo tenido, dando como resultado un sentimiento de melancolía; eso sí, amortiguado por el paso del tiempo, pero permanente.

—No puedo dejar de recordar con el cariño que me cogía la mano durante su enfermedad, incluso cuando estaba a punto de morir, mientras me sonreía y me daba las gracias por lo dichoso que le había hecho y por el hijo que teníamos. ¡Cuánto amor y cuánta entrega me demostraba cada día y qué fácil y qué bonita era la convivencia con él!

—No me olvides nunca, Agustina. Quiero estar siempre en tu pensamiento, pero, al mismo tiempo, deseo que tengas una vida feliz; tan feliz como la que te mereces. Me gustaría que te cases, si encuentras un hombre que te ame de verdad. No obstante, ten cuidado en la elección, permanece con los ojos bien abiertos, porque eres demasiado buena y no todo el mundo sabrá valorarte en su justa medida —me susurraba con una voz que rebosaba ternura.

—¡Cuánta delicadeza y cariño se aprecia en tus declaraciones! —dijo Matilde con lágrimas en los ojos, mientras Luisa asentía con la cabeza con una emoción difícilmente contenida.

—Sí, no puedo negarlo. La muerte de Mateo supuso un impacto tremendo para mí. Contaba con el apoyo de la familia, pero me faltaba un pilar esencial y mi vida estaba sumida en un enorme vacío y en una inmensa tristeza. Era consciente de que el mundo continuaba caminando como si nada hubiese pasado; sin embargo, sentía que todo el universo había quedado fondeado en mi costa particular. Pero, en tanto que esto sucedía, también era conocedora de que tenía un hijo por el que luchar y al que debía sacar adelante; el hijo de los dos. No sabía cómo, pero necesitaba pelear y sobrevivir.

Para poder desempeñar su actividad laboral fuera del hogar con mayor amplitud de horario, de entrada, aprovecharía la oportunidad que se le brindaba de llevar al niño a la Casa Cuna, un centro dirigido por las Hijas de la Caridad, que estaba ubicado en Urazurrutia, entre el Casco Viejo de la villa y la zona de las minas en la que vivía la población proletaria y que fue construido como guardería y escuela infantil para los hijos e hijas de obreros del barrio, con el objetivo de cuidarlos durante el día.

El edificio estaba distribuido de la siguiente manera: La planta baja disponía de la recepción y, además, se destinaba a escuela de párvulos; en ella se encontraban dos aulas, una para niños y otra para niñas y una sala de recreo. En el primer piso se ubicaba el comedor de los niños y las salas de cunas y de camas. En el segundo, la residencia de la comunidad religiosa que atendía la Casa Cuna. Entre otras zonas de uso común, se localizaban los dormitorios de las monjas y de las criadas, la capilla y la enfermería.

La Caja de Ahorros y Monte de Piedad Municipal de Bilbao asumió durante muchos años este proyecto como parte de su obra social y, hoy en día, Bilbao Bizkaia Kutxa continúa manteniendo la institución.

La vida de Agustina transcurría dentro de una rutina centrada, casi en exclusiva, en el entorno familiar y en su trabajo. El agotamiento de la reserva fisiológica que caminaba de manera irreversible hacia la muerte de Mateo había concluido. Ya no quedaba margen para experimentar la esperanza en la posible evolución positiva de una enfermedad o la que puede ansiar la persona que anhela el retorno de una determinada ausencia; todo había terminado; sabía que la pérdida no tenía vuelta atrás y eso conllevaba sus consecuencias.

Por una parte, padecía la falta física y no era fácil dejar a un lado sus recuerdos y las ilusiones puestas en su vida matrimonial con el hombre amado y, por otra, ni el mundo exterior le reportaba ningún tipo de aliciente ni tampoco le quedaba mucho espacio para dedicarse a otras actividades.

Era consciente de que aceptar no significa olvidar, que atravesar el período de duelo se presenta como un camino obligado y que el proceso de adaptación emocional requiere su tiempo, por lo que no sentía la necesidad de precipitarse ni evadirse de la sensación de dolor. Tampoco consistía en exteriorizar arrebatos de frustración o impotencia que no llevan a ninguna parte; no era la primera persona ni iba a ser la última en sufrir esa experiencia, así que tendría que superarla como lo habían hecho, lo hacen y lo seguirán haciendo la mayoría de los mortales.

Dentro de la dinámica en la que se encontraba y, a pesar de las escasas fuerzas con las que contaba, estaba convencida de que la única opción que tenía se basaba en ser fuerte y luchar todo lo que fuera necesario. Quizá pensando en su propio dolor y tratando de aliviar los problemas de soledad que otros pudieran padecer, aceptó una proposición.

Un día, le comentó una vecina que se hallaba su marido preso en la cárcel de Basauri por motivos políticos y que con él había un chico, de fuera de la provincia, que no recibía visitas y que le daba pena pensar lo triste que se sentiría al no tener a nadie que fuera a verlo, porque no era lo mismo la soledad buscada que la impuesta, como en su caso.

—Sí, tienes razón; ya lo creo que no es lo mismo la soledad buscada que la impuesta. En estos momentos, algo sé de ese tema y del dolor que embarga mi corazón, a pesar de que trato de paliarlo gracias a los recuerdos tan maravillosos que mantengo en mi memoria —respondió Agustina.

Además, en su opinión, parecía que al chico le gustaba la interacción social y, aunque fuera transitoria, en aquel momento la tenía bastante vedada. Por ese motivo, sugería a Agustina que, si disponía de algún rato libre y aprovechando que ella solía acudir a la cárcel con asiduidad, fuera a visitarlo y tratara de que su estado de ánimo, que estaba un poco bajo, mejorara.

—Aparte, también creo que te vendría muy bien a ti —dijo mi vecina convencida de su valoración.

Tras la insinuación de la mujer, la joven viuda accedió a ir a saludar a José, que así se llamaba el muchacho detenido. Era un chico joven, muy guapo, abierto y divertido, aunque, a decir verdad, eso le importaba poco en aquel momento. No pensaba en ella. Simplemente, iba a tratar de proporcionar un poco de bienestar a una persona que, supuestamente, la necesitaba, si bien es cierto que, durante sus visitas, su nivel emocional no dio muestras de flaqueo.

—En principio, ni él ni nadie me contó el motivo por el que se encontraba detenido; solo sabía que no estaba involucrado en temas políticos. Por otra parte, yo tenía muy claro cuál era la misión que me había llevado hasta allí, así que tampoco me preocupé en conocer las causas de su encarcelamiento; entendía que no me correspondía hacer ninguna pregunta —añadió Agustina.

El destino se había encargado de propinarla un revés al llevarse al hombre que amaba y su acercamiento se debía, sencillamente, como demostración de empatía hacia una persona privada de libertad; algo así como una especie de compromiso, impuesto por ella misma, que sabía de dificultades, pero no de excusas para prestar ayuda.

—En cualquier caso, daba la impresión de que era un chico que buscaba la conversación fácil y cómoda y, de no ser que se sintiera un poco presionado, algo que estaba muy lejos de mi intención, no parecía estar dispuesto a narrar sus miserias ni su vida privada.

Las visitas semanales a la cárcel tuvieron su continuidad y Agustina, durante mucho tiempo, las siguió considerando como un tipo de obligación humanitaria. Él, sin embargo, aparentaba esperarla con otro tipo de ilusión o, quizá de deseo, por lo que no dudó en ir extendiendo, gradualmente, sus aparejos de seducción.

Así, poco a poco, Agustina fue sucumbiendo en las redes del muchacho, sin que supiera delimitar muy bien qué parte correspondía a la tristeza que le producía su encerramiento y cuál pertenecía al amor que ya había empezado a sentir por él.

—¿Llegaste a saber algo más del motivo de su detención, Agustina? —preguntó con interés Luisa, como si algo empezara a no cuadrar en su cabeza.

—Sí, mucho más tarde, sí tuve ocasión de conocer, pero solo por encima y, no precisamente por él, algunos de los desmanes cometidos y, digo solo por encima, porque ya había demasiado cariño por medio y cometí el gran error de no querer profundizar en el tema. Ya, me era muy difícil no tratar de comprender, justificar o intentar disculpar las faltas llevadas a cabo en el pasado. ¡No hay peor ciego que el que no quiere ver! —expresó Agustina mostrando un claro sentimiento de culpa.

—No te recrimines por esa acción; eres buena persona y, seguro que pensaste que todo el mundo tiene derecho a una segunda oportunidad —añadió Luisa procurando aliviar el estado de ánimo de su amiga.

—Faltaban dos meses escasos para cumplir su condena cuando, un buen día, José, rebosante de alegría, me expuso unos planes de futuro que, en principio, y alegando que era más ventajoso para poder tener más libertad de movimiento a la hora de encontrar trabajo, nos afectaban únicamente a los dos. El proyecto diseñado consistía en desplazarnos a Barcelona y, una vez situados adecuadamente, pero no antes por los inconvenientes que ello supondría, recoger al niño y llevarlo con nosotros. Mientras tanto y, según su punto de vista, el chiquillo podría permanecer bajo el cuidado de mi madre.

—¿Cómo reaccionaste ante esa propuesta? —preguntó Luisa un tanto desconcertada.

—Inicialmente, me quedé muy confundida, porque era algo con lo que no contaba y, más tarde, sumida en un mar de dudas. Como punto de partida, era consciente de que había cometido varios errores al haber pasado por alto algunos aspectos de gran importancia.

—Te entiendo, Agustina, pero no te culpes, porque tampoco sabías que vuestra relación iba a llegar tan lejos —añadió Luisa procurando quitar hierro a la situación.

—Por un lado, desconocía el motivo concreto por el que José permanecía preso y, por otro, sabía muy poco sobre el tipo de vida que había llevado con anterioridad a su apresamiento y, absolutamente nada, sobre si tenía familia o no.

—Ya te comprendo, Agustina, no estás acostumbrada a temas oscuros y no desconfiaste para nada —matizó Luisa.

—Posteriormente, no dejaba de preguntarme si me estaba engañando a mí misma, de lo contrario, ¿por qué no había indagado algo más sobre él? ¿No lo creía necesario o lo hice voluntariamente para no descubrir una posible y desagradable realidad?

—Todo es posible, pero, a veces, las situaciones nos desbordan y los árboles no nos dejan ver el bosque, Agustina.

—Gracias por tratar de comprenderme, Luisa, aunque, ante tal hesitación, ¿no significaba un riesgo excesivo aceptar su propuesta? Realmente, ¿parecía lógico abandonarlo todo y marcharse con un hombre extraño y que no tenía nada que ofrecerme? Estaba muy embarullada. No me sentía segura para tomar una decisión, ni sabía si me encontraba ante una desconfianza subjetiva o no.

Por una parte, Agustina intuía que el amor había llamado nuevamente a su puerta, si bien es verdad que no con la misma intensidad que con Mateo. El muchacho gozaba de un gran encanto y, sin embargo, ella no sabía muy bien el porqué, pero tenía miedo a equivocarse.

Por otra, tampoco deseaba separarse del chiquillo y, además, ¿qué derecho tenía a dejar a su madre con la obligación de hacerse cargo del niño? Por añadidura, solía contraer, a menudo y en cadena, una gran parte de las enfermedades de la infancia. Así mismo, había que tener en cuenta que todavía algunos de sus hijos permanecían en casa y también debía ocuparse de ellos.

El muchacho insistía y, con el fin de despejar su incertidumbre puso en funcionamiento, muy acertadamente, sus dotes de persuasión, haciendo hincapié en el carácter temporal del distanciamiento.

—Hablé con mi madre. Ella solo quería verme feliz y a su instinto maternal no le había pasado desapercibido el cambio positivo que se iba produciendo en mi vida. Quitó importancia al trabajo y a la responsabilidad que supondría el cuidado de mi hijo y, a pesar de que ella no se volvió a casar, pensando que sería lo que yo necesitaba oír, argumentó:

—Si estás segura de que es lo que deseas hacer, sigue adelante. Las personas vienen, van o desaparecen. Sufriste la pérdida de tu marido, un hombre maravilloso al que ciertamente nunca olvidarás, pero el amor puede volver de la mano de otra persona. Se fue "un amor"; no "el amor". Me siento dichosa cuando te veo sonreír y, ahora, lo haces.

—¡Qué estupendas son las madres! Siempre pensando en la felicidad de sus hijos —matizó Luisa, quizá recordando lo buena que era la suya y lo lejos que se encontraba.

Agustina recibió de su madre el apoyo que precisaba y, finalmente, se lanzó en brazos del destino con aquel chico del que conocía muy poco o, para ser justos con la realidad, no conocía nada.

Los jóvenes, sin mucho que preparar, emprendieron el viaje a Barcelona dispuestos a iniciar una vida en común. Para lograr una buena estabilidad y la permanencia en la ciudad, lo primero que debían hacer era encontrar un trabajo.

—A mí no me llevó mucho tiempo conseguirlo. Obtuve un puesto en una empresa textil en la que laboreaba un número considerable de mujeres; muchas de ellas eran catalanas y otras, chicas que habían llegado de diversos lugares del Estado buscando una vida mejor.

—¡Qué fantástico! ¿Te adaptaste fácilmente a la ciudad y al trabajo? —preguntó Luisa.

—Me amoldé increíblemente bien. La ciudad brindaba muchas posibilidades y en el trabajo me prestaron una buena acogida y el ambiente resultaba muy agradable. Además, acostumbrada desde niña a desarrollar labores costosas, la tarea no se presentaba muy dura, así que todo dejaba entrever que se trataba de un empleo acertado.

—Y, ¿cómo se sentía José? —preguntó Luisa con un poco de retintín.

—José, por el contrario y, según sus palabras, no terminaba de alcanzar la colocación que consideraba adecuada o prometedora, aunque, a decir verdad, solo él debía saber a qué se refería con ese término o qué es lo que buscaba —respondió Agustina con un tono de ironía.

Eso sí, cada mañana decían salir los dos a cumplir con su cometido: él a explorar nuevos espacios de trabajo y ella a desempeñar su actividad en el que ya había conseguido.

De todas formas y hasta que se solventara la situación, tampoco veían ningún problema en ir arreglándose, obviamente, sin ningún tipo de despilfarro, con el sueldo de la muchacha. Ya llegarían mejores tiempos; sabrían esperar.

En principio, la relación entre ellos era muy buena y mantenían la ilusión de una pareja recién formada, pero llegó un momento en que la cuestión de la falta de empleo de José, a Agustina empezó a inquietarla.

—Que tuviera dificultad para encontrar un puesto de trabajo en una ciudad en la que abundaban las oportunidades de empleo, me parecía un poco extraño. De vez en cuando, traía a casa algún dinero que decía haber obtenido de unas horas de ocupación laboral, pero a mí eso no me parecía acertado. Lo que precisaba era una colocación a jornada completa que nos proporcionara seguridad y estabilidad y que nos diera la posibilidad de que el niño estuviera con nosotros.

—¿Te daba alguna razón que te ayudara a poder entender ese punto? —insistió Luisa.

—Pues, no, porque por añadidura, no era un hombre acostumbrado a dar explicaciones, lo que anunciaba un mal presagio para elaborar un proyecto de vida en común.

—¿Mejoró más tarde la situación, Agustina?

—Ciertamente, no. A medida que pasaba el tiempo, me encontraba mejor con mis compañeras de la fábrica, cada vez era mayor la confianza y congeniábamos más; pero fuera de ese entorno, empezaba a acusar algo desconocido hasta entonces: una profunda soledad —mencionó Agustina con tristeza.

—¡Cómo te comprendo, Agustina! Encima, tan lejos de tu familia como estabas. —Tras su respuesta, Luisa suspiró dando a entender que también ella conocía el efecto de la soledad.

—Me acordaba de mi marido y de sus palabras pidiéndome que no lo olvidara, al mismo tiempo que me mostraba su deseo de que me casara si encontraba un hombre que me quisiera de verdad y de que tuviera una vida feliz. Él sí que había entrado en mi vida y la había mejorado, pero no estaba convencida de que José alimentara el mismo objetivo. De manera simultánea, echaba de menos a mi familia y, de forma especial, a mi hijo y a mi madre. —El recuerdo del momento puso un brillo especial en sus ojos.

Las discordancias entre lo soñado y la realidad cada vez se hacían más evidentes y la pérdida de ilusión no se hizo esperar. Llegó a la conclusión de que se había equivocado en su decisión y se preguntaba si "lo que se considera ceguera del destino era en realidad miopía propia".

—Lo más pasmoso ocurrió una noche, en la que al acostarme, me encontré con una sorpresa muy desagradable. Encima de la sábana bajera, en mi lado de la cama, había un pelo rubio y largo, que contrastaba con el mío, moreno y corto. Ese hecho fue la gota que colmó el vaso. Tras el empeoramiento de la situación, era el momento de tomar una decisión.

—Afortunadamente y, en medio de todo, qué bien que siempre haya una gota que colme el vaso y que es la que nos ayuda a dar el paso definitivo —manifestó Luisa.

Ante el cariz que estaban tomando las cosas, Agustina, auxiliada por sus compañeras de empresa, averiguó que por las mañanas, mientras ella estaba trabajando, él se dedicaba a prácticas reprobables, al igual que fueron hábitos turbios los que lo llevaron a la cárcel. Por si eso no fuera suficiente, se enteró de que tenía una mujer y un hijo perdidos por el mundo, a los que había abandonado.

Él, un encantador de serpientes, negaba, contradecía toda alegación, argumentaba que no era lo que parecía y quitaba importancia al tema, hasta que conseguía que ella medio cediera y volvieran a intentar empezar como si nada hubiera pasado.

Agustina se encontraba deprimida, vacía y cansada y pronto llegó a la conclusión de que estaba embarazada. Pero su fecundación no la recibió como fruto de una maravillosa vivencia de amor que la hiciera sentirse feliz. Se trataba de una gestación no planeada, lo que acarrearía las correspondientes consecuencias psicológicas y económicas en un momento totalmente inoportuno.

Además, algo hacía sospechar que iba a tener que asumir la responsabilidad del bebé sin el apoyo del padre y con poco soporte emocional, una cuestión que no era fácil de aceptar de manera serena.

—Chicas, ya sabéis que no lo digo por protegerme y tampoco estoy tratando de justificarme, pero ¡qué daño hizo a nuestra generación el no poder contar con anticonceptivos! La prohibición de su uso bajo el régimen franquista y la idea defendida de que se tuvieran los hijos que Dios nos dé, cuántos embarazos no deseados trajo —dijo Agustina.

—Totalmente de acuerdo contigo, amiga —respondió Luisa. Mientras, Matilde, que había permanecido en silencio, mostraba su conformidad asintiendo con la cabeza.

José expresó una gran alegría con la preñez de la muchacha y sugirió un cambio total de vida, que consistía en desplazarse a Sevilla, donde afirmaba tener un íntimo amigo que le había ofrecido un buen trabajo en un negocio de su propiedad. Según sus planes, todo resultaría perfecto.

Inicialmente, iría él solo para buscar y preparar la casa en la que habitarían. Al cabo de unos días, después de notificar a la empresa su decisión de dejar el trabajo y respetar el plazo fijado por la ley entre su comunicación y su marcha, se incorporaría Agustina. Tras su partida, él no volvió a dar señales de vida.

La mujer no solo se encontraba triste, además, sentía que había fracasado y su salud estaba muy deteriorada. Anemia, vómitos, digestiones pesadas o alteraciones en el sueño eran sus compañeros de viaje.

El asistir al trabajo cada mañana constituía un auténtico esfuerzo y, al mismo tiempo, debía contar con el dinero suficiente para poder sobrevivir. Su empeoramiento siguió adelante y el médico la alertó del peligro que corrían tanto ella como el bebé.

Agustina no estaba con la persuasión moral para volver a casa de su madre. No tenía valor para, tras haberla dejado al cuidado de su hijo, regresar en las condiciones en las que se hallaba. Ante la perspectiva que se vislumbraba, fueron las compañeras de la fábrica, convertidas en auténticas amigas, las que tomaron la iniciativa de ingresarla en un centro donde, hasta que diera a luz, pudiera disponer de los cuidados que requería.

—Allí, tuvimos la suerte de conocernos Luisa y yo —dijo Agustina dirigiéndose a Matilde.

Un detalle que nunca olvidaría es la generosidad que mostraron sus compinches de trabajo. Con el fin de que ninguna se sintiera presionada y que cada una depositara libremente la cantidad que considerase adecuada, colocaron una bolsa donde recogieron un dinero que se lo entregaron a Agustina para que continuara adelante.

—Mi delicada situación me mantuvo muy débil durante todo el embarazo y Ernesto, mi hijo, nació con muy poco peso y una salud muy endeble, aunque, más tarde, volvieron las cosas a su cauce —dijo con una sonrisa que reflejaba alegría.

Agustina, en principio, no quería poner en conocimiento de la familia su alumbramiento y la penosa etapa que estaba atravesando. Si como dicen, "el dolor es inevitable y el sufrimiento es opcional", no podía permitirse el privilegio de cargar a su madre con un nuevo padecimiento. Tiempo tendría de comunicarlo, pero, de momento, debía abrirse camino ella sola.

Cuando estuvo repuesta del parto y con fuerzas suficientes para defenderse, abandonó el centro que la cobijó durante unos meses y eligió Madrid como lugar para tratar de localizar, aunque fuera de forma provisional, un sitio de supervivencia para su nuevo hijo y para ella.

Casa Cuna de San Antonio en la calle Urazurrutia de Bilbao. 1915.
ARCHIVO MUNICIPAL DE BILBAO.
Fondo: Ayuntamiento de Bilbao.
Autor: Desconocido.

ENCONTRABAN CARIÑO Y PROTECCIÓN

Agustina debía enfrentarse en solitario a otro reto y creía que lo más acertado era acercarse a una parroquia donde pudieran orientarla en la búsqueda de un trabajo y en la dirección de algún centro donde dejar a su hijo durante el día.

Por la experiencia que tenía de Bilbao, las Hermanas de la Caridad hacían una magnífica labor con las personas necesitadas de ayuda y fueron muchos los niños y niñas que se beneficiaron de sus atenciones, es decir, los que contaron con servicios de higiene, alimentación y asistencia sanitaria, mientras sus madres aprovechaban esa posibilidad y desempeñaban una tarea fuera del hogar, por lo que consideraba una opción acertada valerse de la cooperación que la Comunidad prestaba en Madrid. Allí se dirigió y tuvo suerte; admitían niños de corta edad.

Pero el esmero y el interés de las Hermanas no acababan ahí; también hacían una extraordinaria aportación ofreciendo empleo a chicas que lo precisaban. Como decía Einstein: "En medio de la dificultad reside la oportunidad".

La iniciativa fue un acierto. Por una parte, mientras el niño estaba bien cuidado, ella podía realizar su labor como auxiliar de cocina y de comedor en una residencia. La actividad, más allá de la retribución económica, le resultó muy humana y gratificante. Por otra, a la hora de ir a recoger al niño, coincidía con muchas mujeres que no tenían pareja y que, así mismo, llegaban en busca de sus hijos.

Ese encuentro en el día a día dio como fruto una mayor profundización en la relación entre ellas y los días de descanso quedaban unas cuantas para charlar, contar sus problemas, expresar sus emociones y transmitirse un poco de optimismo, aunque este último punto, teniendo en cuenta las situaciones difíciles de cada una, no siempre era posible llevarlo a cabo.

A esas reuniones, también acudían Maribel e Isabel, unas chicas que trabajaban ayudando a las monjas y que denotaban una sensibilidad muy especial en sus prácticas cotidianas con los niños, lo que favorecía su crianza y cuidado.

Sin embargo, a pesar de la confianza que demostraban, no todas eran igual de abiertas a la hora de sacar a la luz sus vivencias dentro del grupo. Maribel, por ejemplo, era una persona más reservada y, de alguna de sus cuitas, únicamente Agustina tenía conocimiento.

—Qué desconcertante resultaba la experiencia de Maribel tras quedar embarazada estando soltera. Ese hecho debió de significar una inconveniencia social tan injustificable para una familia de un nivel económico alto y de acreditado prestigio como era la suya, que para evitar ese mal trago, sus padres idearon un plan que se mantendría en secreto. Su madre, es decir, la futura abuela del niño asumiría la maternidad.

—¡Qué ocurrencia, qué horror! No me lo puedo creer —fue Matilde la que se pronunció en aquel momento, quizá pensando en cómo hubiera recibido ella esa decisión.

—Sí, así de lamentable fue. Nada más conocer la información de su preñez y alegando la enfermedad de un familiar al que necesitaban prestar ayuda, madre e hija se trasladaron del pueblo a la ciudad. Para culminar el objetivo, cuando solo habían pasado dos días de su partida, se corrió la voz entre los amigos y conocidos del recién embarazo de la madre de Maribel, es decir, del maquinado engaño.

—Y, ¿qué pasó cuando nació el niño? —preguntó Matilde con mucha intriga.

—Tras el alumbramiento de la muchacha, que en la práctica figuraría como hermana del niño, la abuela volvió al pueblo con la criatura y Maribel continuó en la ciudad, con el pretexto de que debía permanecer una temporada más al cuidado del pariente, que todavía no estaba totalmente restablecido.

—Pero, es de suponer que el pariente algún día se curaría, ¿verdad? —insistió Matilde.

—Sí, pero todo estaba atado y bien atado. Posteriormente, el argumento se completaba con el razonamiento de que, al ser un lugar más grande, Maribel se encontraba encantada con las posibilidades que le ofrecía la ciudad, por lo que había elegido la opción de buscar un empleo y quedarse a trabajar allí —manifestó Agustina.

—Sinceramente, yo creo que no hubiera sido capaz de acatar esa decisión. Con el paso del tiempo, ¿cómo lo veía ella, quizá como un apocamiento o como una muestra de generosidad? —matizó Matilde tratando de comprender a Maribel.

—No lo sé a ciencia cierta, yo creo que tenía una mezcla de sensaciones, aunque tampoco quería hacer hincapié ni ahondar más allá de lo que ella deseaba contar; eso sí, cuando me pedía una opinión, siempre respondía con toda franqueza, mostrando la que consideraba más sensata.

—Discúlpame si te parezco machacona, Agustina, pero lo hago con ánimo de enriquecerme e intentando entender los motivos que tienen las personas para obrar de una manera o de otra. ¿Qué quieres decir cuando manifiestas que crees "que tenía una mezcla de sensaciones"?

—¿Has oído alguna vez la expresión: "pueblo pequeño, infierno grande"? Pues, eso suele ser una realidad en muchos lugares donde la cultura y la forma de vivir perduran. En este caso, se trataba de gente de solera y hubiera sido un bombazo escuchar: "¿sabes que Maribel, la de…?". El cotilleo es una potente arma que dispara sin piedad. Es como si formara parte de una filosofía de vida, tanto es así, que hay muchas personas que lo utilizan como comentario y no con la intención de husmear, aunque lo estén haciendo. Otras, sin embargo, lo practican con alevosía. Donde todos se conocen, se sabe la vida de cada uno del pueblo, con el agravante de que con el ir y venir de las noticias de boca en boca, no pocas veces acaban tergiversándose. Mientras no haya algún otro acontecimiento que solape el anterior, puede ser un suplicio para los sufridores. Maribel no era ajena a esas vivencias y se sintió perpetradora de una acción, que aun siendo personal, afectaría al nombre y al decoro de la familia. No debemos olvidar que la presión social de la época era enorme y el tema tenía lo suyo —dijo Agustina.

Matilde se quedó un momento recapacitando y, quizá pensando que no siempre las cosas son tan simples como parecen desde fuera.

—¡Qué difícil resultaría para la chica escuchar y permanecer callada cuando, tantas veces, la gente comentaba que el niño se asemejaba tanto a ella que, en lugar de ser su hermano, parecía su hijo! —puntualizó Agustina.

—Verdaderamente, hay que reconocer que es una situación muy penosa.

—Continúo manteniendo una magnífica comunicación con Maribel. Su madre ahora está bastante enferma y el chico sigue sin conocer el secreto que envuelve la fingida maternidad de su abuela. La auténtica madre, esto es, la falsa hermana navega en un mar de dudas sobre qué debe hacer. A mí, particularmente, y así se lo hice saber, me parecería una buena idea que, tras su fallecimiento, ponga distancia por medio y elija otro lugar, fuera de chismorreos del pueblo, para poder vivir con su hijo; incluso sugerí la posibilidad de que vinieran a Bilbao —argumentaba con total convencimiento Agustina.

La oportunidad de acercarse a los problemas de las demás y exteriorizar los propios, el admitir que equivocarse es un defecto de todos los mortales, el verse comprendidas, acompañadas, el sentir que cada dificultad personal se convertía en colectiva en una reunión de iguales y donde ninguna era juzgada, tenían un impacto rehabilitador. El aumento de bienestar se hacía patente y el vínculo afectivo que se iba creando, de la misma manera que el intercambio de ideas, eran una especie de bálsamo que ampliaba el abanico de puntos de vista.

—¡Cuántas personas maravillosas nos ofrece la vida sin que vayamos a buscarlas! —manifestó Agustina con entusiasmo.

—Ya lo creo que sí. Todos tenemos problemas, más o menos graves o dolorosos, pero también hay mucha gente dispuesta a ayudarnos a subsanarlos —respondió Matilde.

—Hablando de problemas, recuerdo que Mariana experimentaba un gran consuelo tan pronto como percibía la atención del grupo hacia el caso tan especial que la tocó vivir, así como con las muestras de cariño que obtenía, de aquel cariño que tanto necesitaba y que fue imposible encontrarlo en su hogar —dijo Agustina recordando con ternura a la muchacha.

—Mariana era otra chica del mismo grupo que nos has mencionado, ¿verdad, Agustina? —preguntó Luisa.

—Sí, así es y también contaba en su haber con un caso muy delicado. Mariana anhelaba ser madre, pero sin tener la obligación de casarse ni cohabitar con un hombre. En su opinión, una cosa no implicaba necesariamente la otra y, con sus ventajas y desventajas, apostaba por vivir la maternidad en solitario, una opción que, en aquellos años, era muy poco habitual.

—¡Qué valiente y decidida! Seguro que la señalarían con el dedo —manifestó Luisa.

—A pesar de su convicción de que residía en una sociedad y en una época donde solo existía un único modelo de familia y que no se correspondía precisamente con su deseo, estaba segura de que todo era cuestión de criterio y que lo que hoy está mal mañana puede estar bien. Ella se ocuparía de la crianza y de la educación de la criatura.

—Y, ¿fue bien acogida la idea dentro de su entorno, Agustina?

—La primera oposición a esa postura la encontró en sus padres, quienes desaprobaron con total rotundidad su aspiración. Ella, no obstante, hizo caso omiso de su punto de vista. Era una mujer muy trabajadora, gozaba de una formación académica aceptable e intuía que no tendría ningún obstáculo para disfrutar de un nivel económico pasable y que su hijo y ella podrían vivir con cierto desahogo. El tema no tenía vuelta atrás y solo quedaba la elección del padre.

—Y, ¿cómo lo hizo?, porque de entrada no parece fácil, ¿verdad? —preguntó Luisa un tanto sorprendida.

—Habló con toda naturalidad, tal y como es ella, es decir, sin tapujos ni engaños, con un íntimo amigo, un chico sano física y mentalmente y con hábitos saludables. El muchacho entendía perfectamente su posicionamiento y no mostró ningún tipo de desacuerdo —afirmó Agustina.

—Resulta meritoria, en aquella sociedad tan cerrada, la postura del muchacho, ¿verdad?

—Sus padres no admitieron su decisión y, en el mismo momento que se enteraron de su gestación, literalmente "la echaron de casa". Argumentaron que si ella tenía derecho a hacer su voluntad, también los demás contaban con la libertad de no pasar por el aro y sentirse obligados a estar en boca de todo el pueblo porque ella quisiera. La muchacha no se achantó.

—Y, ¿dónde fue? Porque es de suponer que todo tiene su planificación, ¿verdad? —interpeló Luisa.

—Sí, así es, pero Mariana es muy resuelta y no se agobió. Se trasladó a Madrid por ser un sitio grande, fácil de pasar desapercibida y con más posibilidades de empleo. Allí dio a luz a un niño precioso, pero nunca volvió a casa de sus progenitores. Desgraciadamente, ellos tampoco mostraron ningún interés por conocer al nieto o por ver cómo se encontraba la hija. Sí recibían frecuentes visitas de su amigo, es decir, del padre de su hijo, que manifestaba un gran amor —declaró Agustina mostrando ternura.

A medida que crecía el grado de confianza y aumentaba la exteriorización de las vivencias de cada una de las chicas, el problema parecía pesar menos y la liberación de la carga conllevaba, automáticamente, una disminución del dolor.

Era tal la empatía que mostraban al hablar y escucharse entre ellas, que la vergüenza daba paso a la naturalidad y a no tratar de reprimirse. El llamar a las cosas por su nombre ampliaba su potencial psicológico y hasta se sentían afortunadas al poder expresar con claridad cómo se encontraban, sin tener que sentirse culpables. Incluso, no pocas veces, ponían un toque de humor en las narraciones, un aspecto que siempre era bien recibido, ya que el humor suele ayudar a mantener las expectativas positivas.

Todas tenían sus problemas y debían aprender a convivir con ellos, a tratarlos con franqueza y a no intentar ocultarlos. Revelar abiertamente sus emociones servía de unión con las demás y con ellas mismas y quitar el miedo ayudaba a mejorar su vida social. El mirarse entre sí con atención; el sonreír; el utilizar la suavidad; las puntualizaciones oportunas; la discreción a la hora de elaborar las preguntas; el silencio; el pensar favorablemente… eran componentes que impulsaban a revelar una mentalidad nítida y flexible.

—Habíamos llegado a la conclusión de que vivir con la diversidad y aprender más de las diferencias que de las igualdades nos impulsaba a crecer —dijo Agustina mostrando una abierta sonrisa de conformidad.

—Lo que me encanta es saber que llegasteis a alcanzar ese grado de familiaridad que os condujo a eliminar el tupido velo con el que se suele cubrir todo aquello que creemos necesario ocultar —expuso Luisa, quizá pensando en ella misma.

—Sí, es verdad, concretamente, ese era el caso de Isabel. Confesaba que antes de tratar con el grupo y ver la espontaneidad y la franqueza que reinaba, se había sentido tan avergonzada de su ingenuidad, que no había podido contar su incidente a nadie —alegó Agustina.

—Estamos deseando escuchar ese nuevo relato, Agustina. ¿Verdad, Matilde? —preguntó Luisa.

—Ya lo creo que sí. Somos todo oídos —respondió Matilde con una complaciente sonrisa.

—La historia de Isabel también resultaba peculiar. Su mundo cambió cuando una de las mejores amigas de la cuadrilla de matrimonios tuvo un problema conyugal y, de la noche a la mañana, el marido pidió el divorcio. Ante tal situación, la mujer se quedó desolada. En la creencia de que debía de hacer lo que le hubiera gustado que hicieran con ella, Isabel se compadeció y abrió de par en par las puertas de su casa.

—Muy loable por su parte, ¿verdad? —manifestó Luisa.

—Sí. Dentro de su forma de entender las cosas, ella creía que una de las labores de los amigos era ayudar a curar los dolores del corazón, pero nunca pensó que una obra hecha con tanto amor pudiera ser correspondida con ese pago.

—¿Quieres decir que la cosa se torció, Agustina? —preguntó Matilde.

—Sí, eso es lo que ocurrió. Al principio, tanto su esposo como Isabel procuraban que no estuviera demasiado tiempo sola, con el fin de que no diera muchas vueltas a la cabeza, pero muy pronto, esa acción hecha con buena voluntad pareció convertirse en una obligación y, no precisamente por requerimiento de ella, sino por exigencia de su marido. Hasta tal punto disfrutaban el cónyuge y la amiga de su mutua compañía, que comenzaron a verse en secreto y, al final, confesaron su enamoramiento y su intención de iniciar una vida los dos juntos.

—¡Qué fuerte! —dijo con énfasis Luisa.

—El desencanto fue horrible. Por una parte, Isabel pensaba que su matrimonio estaba basado en una relación firme; tenían un hijo y una hija y nada hacía presagiar que llegaban nubes de color gris. Por otra, se sentía traicionada por ambos lados. Perder al marido y a una íntima amiga era mucho más de lo que podía imaginar.

—Ya sé que puede resultar un poco exagerada la expresión, pero, a veces, "por la caridad entra la peste" —dijo con firmeza Matilde.

—Sí, ¿por qué tenía que haberse fijado en el esposo de una buena amiga, con todos los hombres que había en el mundo? Isabel se quedó a cargo de sus hijos —terminó diciendo Agustina.

—Es cierto que el compromiso con Isabel lo tenía establecido el marido, pero si la amiga estaba tan desolada, ¿por qué provocó una situación tan difícil a alguien que tuvo la delicadeza de acogerla en su casa? Me parece injusto —dijo Luisa.

—A medida que pasaba el tiempo, yo me sentía mejor de salud y aceptando la realidad que se me presentaba. Había aprendido que la vida es un camino con muchos baches y el éxito consiste en saber sortearlos. El niño, Ernesto, ganaba peso poco a poco y el médico me decía que no tenía ningún riesgo mayor al de cualquier criatura de su edad, por lo que creía que era el momento oportuno de volver a casa de mi madre, es decir, al único hogar que conocía. Ya no me sentía una carga para ella. Trabajaría fuera y dentro de casa y, por lo menos, compensaría una pequeña parte de los inconvenientes causados porque, aunque la preocupación de enviar las cantidades que disponía para la manutención de mi hijo era constante, hay cosas que no se pagan con dinero. Pero, en cualquier caso, sabía que me recibiría con los brazos abiertos y que no me recriminaría nada —dijo con total confianza Agustina.

—¡Qué alegría tan inmensa tenías que experimentar pensando en tu regreso! —comentó emocionada Luisa.

—En la vida llega un momento en que las decepciones dejan de doler y nos hacen más precavidos y ese momento había llegado para mí. Era consciente de que me había equivocado, pero disponía de muchos días para poder debutar. Tenía auténticas ganas de abrazar a mi familia y, de manera especial, a mi hijo. Una de mis preocupaciones y también de mis ilusiones era pensar cómo recibiría David a su hermano Ernesto —comentó emocionada mostrando un brillo especial en los ojos.

Agustina se despidió del grupo de amigas que conoció en Madrid agradeciendo la aportación que tanto beneficio había supuesto para la recuperación de su autoestima y de cara a aceptar la realidad. Se veía reflejada en cada una de ellas, admitía su fragilidad, pero apostaba por dejar de lado el papel de víctima y adquirir el compromiso de avanzar hacia un horizonte que le hablaba de renovadas esperanzas, a la vez que las invitaba a todas a hacer lo propio.

—Siempre os llevaré en mi corazón, chicas. Me habéis ayudado a levantarme cuando me sentía quebrantada. Os dejo mi dirección y, para lo que queráis, ya sabéis que podéis contar conmigo. Si deseáis cambiar de lugar de residencia, Bizkaia es un buen sitio para vivir; la gente es acogedora y seréis muy bien recibidas. Recordad que el pasado no muere, pero tampoco vuelve, así que nuestras experiencias deben servirnos para reflexionar sobre todo lo positivo que nos han podido aportar y para plantearnos la orientación que queremos dar a nuestras vidas —dijo Agustina con su cálido talante humano y exteriorizando el cariño que las tenía.

Ahora, que se sentían fortalecidas, debían poner en práctica pensamientos constructivos que las transformasen y las renovasen por dentro y por fuera porque, como argumenta Borges: "Todo lo que nos sucede, incluso nuestras humillaciones, nuestras desgracias, nuestras vergüenzas, todo nos es dado como materia prima, como barro, para que podamos dar forma a nuestro arte".

La madre y el niño subieron al tren dispuestos a emprender el viaje a Bilbao. En el mismo departamento se hallaba una pareja de edad madura que, al verla con el chiquillo, no dudó en ayudarla a colocar las pocas pertenencias que transportaba consigo.

Agustina se encontraba cansada por el trabajo y como consecuencia de los últimos preparativos que suponía el desplazamiento, pero ya estaba en la recta final y como la criatura permanecía dormida, intuía que también ella podría echar una media cabezadita. Sin embargo, la preocupación por el pequeño no se lo permitía; en cuanto se quedaba un poco adormilada, se despertaba sobresaltada.

—Parece que necesitas descansar y cuando tienes un hijo en brazos, lo sé por experiencia, es imposible. Si quieres, lo tengo yo y así, puedes dormir con total tranquilidad. Además, me encantan los críos. Por cierto, me llamo Elena —dijo la mujer.

—¡Qué amable es usted, señora! ¿De verdad no es una molestia? Francamente, me vendría muy bien. Yo me llamo Agustina —manifestó con una sonrisa.

La mujer cogió al niño y la madre concilió el sueño, con tanto relajo, que permaneció reposando durante una hora y media. Se despertó como nueva, aunque asustada por el tiempo que había transcurrido.

—Discúlpeme, señora; qué bien me encuentro, pero creo que ha sido un abuso dejarla tanto rato a cargo de mi pequeño.

—Puedes estar muy tranquila. El chiquillo no nos ha dado ninguna guerra y hemos disfrutado con él, ¿verdad, Alberto? Nuestros hijos ya son mayores, así que nos ha venido estupendamente para recordar aquella etapa de cuando eran chiquitos. Además, te veíamos tan a gusto dormida… Ha sido gratificante poder echarte una mano; yo también conozco lo que es cansancio, preocupaciones y noches en vela. Ahora, es bueno que comas algo. Hemos venido a visitar a nuestra hija, que vive en Madrid, y nos ha puesto comida para el viaje de regreso.

—¡No saben cómo agradezco toda su atención!

—¡Lo bien repartido, bien sabe! Es más, pienso que se disfruta mucho más de las cosas cuando se comparten —dijo Elena, mientras Alberto asentía con la cabeza.

—Bueno, ya hemos hecho una parte importante del recorrido, a ver cómo nos recibe el tiempo en el *botxo*, aunque, si es con lluvia, tampoco nos vamos a asustar porque es lo nuestro —comentó Alberto.

—¿Vives en Bilbao o en algún pueblo, Agustina? —se interesó la señora.

—En Bilbao, en el Casco Viejo, en casa de mi madre. He estado una temporada fuera y, ahora, me dedicaré a buscar trabajo aquí.

—¿En qué te gustaría trabajar? ¿Tienes alguna idea? Nosotros regentamos un bar-restaurante y, si quieres, de forma fija o hasta que encuentres otra cosa que te convenga más, te daríamos un empleo. Te lo piensas y, si te interesa, en diez días podrías comenzar. No sé tu disponibilidad de horario con el niño, pero como es un negocio amplio, no tendrías ningún problema para conciliar tu vida laboral y familiar. Somos conscientes de que las mujeres siempre mantenemos varios frentes abiertos que nos impiden avanzar al ritmo que desearíamos, así que intentamos colaborar en la medida de lo posible. "Nosotros tenemos que ser el cambio que queremos ver en el mundo", decía Gandhi, por lo que tratamos de poner nuestro granito de arena. Además, hay muy buen ambiente y creo que estarías contenta. ¿Conoces algo del gremio de hostelería? —preguntó la mujer.

—Señores, en qué momento tan oportuno he coincidido con ustedes. Esto parece un milagro. No sé si mi experiencia cubrirá sus expectativas, pero he estado trabajando como auxiliar de cocina y de comedor en una residencia.

—Estupendo. Por un lado, considero que es suficiente y, por otro, creo que lo más importante en la vida es tener ganas de aprender y ser amable; el resto es práctica. Mira, te dejamos nuestra tarjeta; puedes venir a casa cuando quieras y hablamos —manifestó la mujer con cordialidad.

Agustina se encontraba perpleja; las cosas tenían visos de salir mucho mejor de lo que había imaginado. Por su parte, estaba segura de que aceptaría el ofrecimiento, aunque, antes de comprometerse a nada, precisaba planificar y organizar todo con su madre.

El tren se iba aproximando a la villa, el cielo estaba muy gris y llovía, pero en su interior brillaba un sol radiante. Tras despedirse del matrimonio, se dirigió a su casa.

Mercadillo al aire libre en la Plaza de los Auxiliadores, actual Plaza Miguel de Unamuno, de Bilbao. Vistas de la Estación de Ferrocarril de Lezama y Calzadas de Mallona. Década 1930.
ARCHIVO MUNICIPAL DE BILBAO.
Fondo: Ayuntamiento de Bilbao.
Autor: Elorza Arrieta, Germán.

DE NUEVO, AL CALOR DEL HOGAR

Los días anteriores a su regreso, Agustina tenía la sensación de que estaba de vuelta de un largo y escabroso viaje, en el que las inclemencias del tiempo le habían proporcionado todo tipo de experiencias. Sentirse amada, decepcionada, desdichada y, últimamente, aceptada, comprendida y muy querida. La impagable recompensa que había recibido a cambio era el niño que tenía entre sus brazos.

Cuando miraba en su interior, no dejaba de percibir un sentimiento de culpa. Su apresurada huída sonaba en sus oídos como una especie de abandono de las que deberían haber sido sus prioridades y unas expectativas no satisfechas retumbaban con eco de fracaso. Pero no quería atormentarse y deseaba emprender el inicio de otro viaje más apacible. Enmendaría, de manera generosa, las carencias y perjuicios que hubiera podido producir. Como expresaba Dickens: "Nunca es tarde para el arrepentimiento y la reparación".

Al llegar a casa, le esperaba su madre con la sonrisa y la naturalidad habitual que le acompañaban en su caminar por la vida y dispuesta a ofrecer, como de costumbre, el amor intenso que derrochaba. En su dulce mirada no había espacio para el reproche y, aunque no con esas mismas palabras, parecía que le decía: "siempre serás mi hija; tu vida ilumina mi vida".

—¡Qué guapa estás, hija mía, y qué ganas tenía de verte! —manifestaba con una gran emoción mientras se fundían en un abrazo. Una vez más, se confirmaba que la concatenación de una madre con sus hijos es tan profunda, que pase lo que pase, es inalterable.

—No sabes cómo os he echado de menos y cuánto deseaba regresar. Estar a vuestro lado, me produce paz y serenidad. A menudo, lo que creemos hacer por amor suele estar más allá del bien y del mal y me equivoqué. Ya no volveremos a separarnos —respondía ella con los ojos brillantes y llena de felicidad.

—Agustina, una madre y una hija nunca están separadas; a pesar de la distancia física, jamás has salido de mi corazón. No olvides que te quiero —manifestó quitando hierro a la situación.

—Gracias por ser como eres, madre, todo un ejemplo a seguir. Tu amor y tu generosidad no conocen límites.

—Deja que vea al niño. Siento tanta necesidad de cogerlo y de estrecharlo contra mi pecho… Es precioso, parece un angelito —expresaba la abuela con un dulce tono de voz.

—¿Cómo crees que reaccionará David al verlo? Estoy un poco preocupada.

—Seguro que muy bien. Desde que me diste la noticia de tu alumbramiento, todos los días le hablo de él y, ¡no te puedes imaginar la ilusión que le hace saber que tiene un hermano pequeñito! Hoy, como si fuera un día más y, a pesar de que me ha preguntado cien veces a ver cuándo llegabais, para que no esté demasiado inquieto con la espera lo he llevado a la escuela. Lo ha recogido una vecina y está en su casa jugando con su niño, pero vendrá en unos minutos. Justo, mira, están llamando. Ya llega —dijo la mujer con la seguridad que da el tenerlo todo controlado.

Agustina percibía una emoción indescriptible. Había anhelado tanto tiempo aquel momento, que la realidad le parecía un sueño.

El chiquillo entró como un torbellino, alegre y mostrando cara de curiosidad.

—¡Cómo has crecido, hijo mío, y cuánto te he extrañado! Tú, ¿te has acordado de mí? —preguntó Agustina enternecida y un poco temblorosa esperando la respuesta.

—Sí, *ama*. Todos los días me hablaba la abuela de ti. Sabía que ibas a venir para quedarte y tenía muchas ganas de verte y, también de conocer al bebé.

—Pues mira, este es tu hermano Ernesto. Dale un abrazo y, aunque no sabe hablar todavía, verás qué contento se pone.

—¡Qué bonito y qué chiquitín es! Yo lo cuidaré; le pondré el chupete cuando se le caiga; si llora, le contaré cuentos para que se entretenga y, para que se duerma, le cantaré las canciones que he aprendido en la escuela; me sé muchas y la abuela dice que canto muy bien. También le puedo cambiar el pañal, porque mi amigo Enriquito tiene un hermanito pequeño y le he visto a su *ama* cómo lo hace. Enseguida, será grande como yo —pronunciaba el niño al mismo tiempo que cogía su manita.

—¡Qué bien me encuentro! Siento que me he reconciliado conmigo misma —pensó Agustina aliviada.

—Hija, mañana, como supongo que te hará ilusión, puedes llevar a David a la escuela y, después, te das una vuelta, sin prisa, por las calles del Casco Viejo. Siempre resulta novedoso ese ir y venir de la gente y ver a cada persona con su cometido da alegría. Para completar el recorrido, entra en la catedral. Sé que es un lugar muy querido para ti y donde encuentras una inmensa paz. Vete sin ninguna preocupación y sonríe a la vida. Yo me quedaré a cargo de Ernesto; te aseguro que no he olvidado cómo se cuida a los bebés —insinuó la madre de Agustina sonriendo y deseosa de seguir siendo de utilidad para su hija.

—Gracias, madre, por todo tu apoyo y por sentir tu calor. No puedo imaginarme qué haría sin ti. Sí, tienes razón. La catedral, su entorno y la historia me atraen de una manera especial.

Para su sorpresa, justo al llegar a la catedral dio comienzo una visita guiada y Agustina pudo beneficiarse de una valiosa información.

Según la divulgación transmitida, se confirma que la carta puebla firmada el 15 de junio de 1300, por la que don Diego López de Haro fundaba la villa de Bilbao, ya menciona la iglesia de Santiago, que alrededor de una pequeña iglesia se fue formando la incipiente villa y que, al alcanzar esta más relevancia, las autoridades y los habitantes quisieron dar muestra de su prosperidad levantando un nuevo templo más acorde con su economía, prestigio y categoría urbana. Estamos hablando de una época en que la religión era el eje de la sociedad, así que nada mejor que construir una gran iglesia de estilo gótico; estilo que la mayoría de las ciudades importantes usaban habitualmente para sus grandes edificios emblemáticos.

Como se ha comentado con anterioridad, el asentamiento primitivo de Bilbao y su puerto estuvo en Bilbao la Vieja, sobre la margen izquierda, cerca de las minas y donde llegaban los caminos de Burgos y Vitoria. Más tarde, pasó a la otra orilla, porque el puerto estaba más resguardado de las aguas violentas del Nervión. Se da por supuesto que estaría formado por tres calles, que mediado el siglo XV, pasarían a ser siete. La tercera de ellas, hoy llamada Tendería, se denominaba calle de Santiago, porque desembocaba en la iglesia de este nombre.

En 1483, Isabel la Católica, reina de Castilla y señora de Vizcaya, vestida a la usanza vizcaína visitó la provincia para jurar los Fueros. Terminado el juramento, se organizó el cortejo hasta la iglesia de Santiago donde se cantó el solemne Te Deum, finalizando así la trascendental ceremonia.

Isabel la Católica autorizó el derribo de la muralla para agregar otras calles, con lo cual, la iglesia de Santiago se encontró en el centro de la villa. Así, se daba respuesta a la necesidad de viviendas de la población que crecía, no solo por la fuerte natalidad, mayor que las defunciones, sino por la llegada de habitantes de la llamada "Tierra Llana" y de comerciantes extranjeros atraídos por la posibilidad de negocio.

El avance económico conllevó diferencias sociales; las clases populares se vieron relegadas a los lugares más oscuros de la villa y fuera de sus muros se establecieron varios suburbios. La exclusión no solo afectaba al aspecto económico y social, también al político y urbanístico.

La villa y sus síndicos consideraron que el pequeño templo del Apóstol no respondía ni a las necesidades de una población cada vez más numerosa ni a los aires de prestigio de un villazgo ferrón y marinero, con una vida comercial de día en día más intensa y donde corría el dinero con abundancia y no escaseaban los detalles de lujo.

Era la época dorada de las catedrales, los edificios emblemáticos por excelencia, y el pequeño Bilbao quiso tener también una iglesia espléndida, representativa de su fe y devoción al Apóstol y de su prestigio y categoría urbana. Así surgió la iglesia de Santiago, hoy catedral de Bilbao. La financiación del templo contó con rentas de varias casas, con los réditos de los derechos de averías de cargazón de navíos, el derecho de azogue, de pesos y, sobre todo, con el aumento de limosnas de los feligreses.

No se conoce el nombre del arquitecto que dirigió las obras y al que se debe el trazado complicado del templo. Es probable que fuera francés, por el parecido que guarda con templos normandos y de otras regiones francesas. Además, Bilbao, que mantenía ya un intenso comercio con los puertos de Normandía y de Flandes no solo importaba paños finos y tejidos delicados, sino trazas arquitectónicas.

Los burgueses y menestrales de la villa veían con orgullo el levantamiento de los muros de piedra de sillería de más de un metro de espesor que iban dominando con su altura todas las casas de las siete calles. Hasta la demanda de sepulturas era un aliciente más para apresurar la terminación de la iglesia. Allí querían dar cabida no solo a los notables y clérigos, sino a todos los villanos.

La iglesia de Santiago fue adquiriendo un nuevo valor social. Se celebraban con regularidad absoluta los actos sociales más relevantes de la villa, desde misas, bodas y primeras misas, hasta los actos públicos del Concejo de la Villa, a la vez que tuvo mucha vinculación con el comercio. Hubo momentos en que, en los soportales de la iglesia se hacían las ferias cuando la lluvia no permitía hacerlas en la plaza Vieja, hoy mercado de la Ribera.

Hacia el año 1500 existía ya la plazuela de Santiago, donde estaban ubicadas varias casas-torre, la mayoría de las cuales desaparecieron como consecuencia de incendios e inundaciones.

En 1511, Bilbao dispuso de un Consulado, Casa de Contratación y Juzgado de los hombres de negocio del mar, tierra y Universidad de Bilbao (unión de mercantes y mercaderes), por Carta Real obtenida de doña Juana la Loca en Sevilla, quien desde su origen designó como patrono del gremio de mareantes y pescadores a Santiago, lo que conllevó una notable presencia de la institución consular en el templo.

El Consulado de Bilbao, cuyo escudo declaraba: "Los pueblos donde se da libertad son los que prevalecen", va unido a la singularidad de la villa. Además, esa conexión era antigua, ya que hubo una especie de cofradía o Hermandad de mareantes y pescadores puesta bajo la advocación de Santiago que de común acuerdo con el Concejo de la Villa, estableció ciertos gravámenes sobre el comercio y destinó parte de esos ingresos a "Dinero de Dios", esto es, a la Iglesia, que lo pagaban no solo los lugareños, sino todos los que usaban el puerto. La Cámara de Comercio es la sucesora del Consulado de Bilbao.

El 19 de diciembre de 1643, se reunió el Concejo de la Villa de Bilbao bajo la presidencia de su alcalde, D. Fernando de Taborga, tomando el acuerdo de nombrar patrón al glorioso Santiago, cuyo día y fiesta es el 25 de julio. De esa manera, se daba cumplimiento a lo establecido por el Papa Urbano VIII, que mediante la Bula correspondiente dirigida a toda la cristiandad, determinaba que todos los pueblos y ciudades designaran su Patrón principal.

La Catedral Basílica de Santiago es de una belleza artística sorprendente, en la que destaca la armonía de sus dimensiones. Es el monumento más venerable de la villa, construido en su mayor parte en el último cuarto del siglo XIV, el siglo fundacional de Bilbao y su exterior muestra influencias neogóticas, como producto de la profunda reconstrucción de la fachada y la torre en el siglo XIX. La catedral fue declarada Patrimonio Histórico y Artístico de España en 1931 y es considerada una de las mejores manifestaciones góticas del País Vasco.

Durante su larga vida, ha ido sufriendo los avatares que repetidas veces han asolado la villa de Bilbao, como son, incendios e inundaciones, pero gracias a las obras de restauración que se han ido realizando, permanece hoy en excelente estado de conservación.

Con respecto al edificio, la iglesia tiene tres naves, en unas proporciones y equilibrio perfectos; las dos laterales, un tercio más bajas que la central, propio de la época más clásica del estilo gótico.

El ábside rodeado de una girola de traza ciertamente original, alternando trapecios y triángulos, con siete capillas sepulcrales.

Las quince capillas alojadas entre los contrafuertes alcanzan menos altura que las naves bajas, excepto las cinco del centro de la girola, planificadas desde el principio y construidas a la vez que la cabecera, ya que fueron financiadas por feligreses adinerados para colocar sus sepulturas. El recorrido de las capillas comienza por la de la Virgen del Pilar, para ir girando por toda la iglesia, siguiendo la dirección de las agujas del reloj.

Las naves están separadas por siete pilares baquetonados que sostienen sobrias ojivas coronados por un triforio que recorre toda la nave central y ábside, cubierto con bóveda de crucería simple. Iluminadas por quince ventanales de tracería gótica y con hermosos rosetones en los hastiales del crucero y en la fachada principal.

La portada sur es una auténtica joya artística, con arquivoltas y coronada por el escudo de Bilbao, construida en el siglo XV, da a un pórtico monumental con columnas toscanas y arcos grandiosos de medio punto.

En la parte norte de la iglesia se construyó el claustro gótico isabelino, con hermosos ventanales de tracería flamígera, bóvedas ojivales y cerrado con crestería y gárgolas. Es un cuadrilátero íntimo en el que hay hermosos sepulcros.

El claustro tiene una magnífica puerta llamada del Ángel, con un leve y fino abocinado, con el parteluz prolongado en pináculo. Abre sus dos puertas con arcos carpaneles enmarcados con un tímpano en un gran arco conopial rematado en un florón.

Con relación a la fachada, la principal se levantó en 1650, dentro del gusto artístico de la época, con cuatro colosales columnas dóricas y, en el siglo XVIII, se le añadió un campanil, que era tan alto, que decidieron quitarlo por temor a un derrumbamiento.

Posteriormente, se acometió la reforma de la fachada y de la torre, de estilo neogótico, realizada por el prestigioso arquitecto de la villa, D. Severino Achúcarro, que encaja tan perfectamente con el interior, que parece de la misma época.

A la izquierda, se construyó la hermosa torre que domina todo el Casco Viejo. De su levantamiento se hizo eco el periódico de la villa, "El Noticiero Bilbaíno", en su edición del 4 de diciembre de 1887.

—¡Cómo me puedo sentir así de bien! —pensó Agustina.

Tras su deambular por el Casco Viejo, Agustina volvió a casa pletórica. Estaba con ilusiones y energías renovadas para comenzar una nueva etapa, para soñar, para atreverse y para creer en ella misma. Presentía que se le abría una puerta que daba entrada a una fase que le proporcionaría la paz, la estabilidad interior que precisaba y la seguridad en sí misma, que no pocas veces, la había perdido.

Consciente de todo ello, lo primero que debía hacer era hablar con su madre sobre la propuesta de trabajo que le ofreció Elena, la señora con la que coincidió en el tren y que se sintiera con total libertad para expresar su parecer. No quería tirar de la manta demasiado, que bastante lo había hecho ya.

A nivel personal, estaba encantada de aceptarla; sin embargo y, aunque Elena se lo había puesto todo muy fácil, quedaban bastantes cabos por atar. Por ejemplo, ignoraba si debía asistir a su empleo los domingos y festivos y en qué horario. De ser así, al estar los niños en casa, la situación se complicaba y tenía que recurrir, de nuevo, sí o sí, a su madre. Necesitaban dinero para vivir, sin duda alguna, pero ella continuaba trabajando fuera de casa y se merecía, más que nadie, el poder disponer de tiempo para descansar y no seguir, incluso los fines de semana, con demasiadas obligaciones.

—No te preocupes por mí para nada, hija. Por lo que me has contado, parece una buena mujer la que ha aparecido en tu camino. Habla con ella y acomódate lo máximo posible a lo que requiera. No dejes escapar la oportunidad porque, a pesar de que no será una labor fácil, ninguna lo es, tengo la sensación de que sí bastante menos dura que ir al lavadero y cargar con tanto peso de trabajo como el que tenías anteriormente —dijo sintiéndose un poco abatida por el esfuerzo realizado por su hija.

—Madre, ¿cómo puedes ser tan paciente y expresar tanta comprensión? —pronunció emocionada Agustina.

—No, hija, no exageres. Además, tampoco hay ningún problema los domingos y días de fiesta, ya que algunos de tus hermanos permanecen todavía en casa y, estoy segura, porque lo hacen siempre, de que no les va a importar colaborar —manifestó la madre llena de entusiasmo y mostrando, una vez más, su mejor disposición.

Agustina sentía que las lágrimas asomaban a sus ojos, pero las dejaba brotar libremente y las recibía como lo que realmente significaban: reconocimiento, alegría y amor.

—Gracias, madre, por demostrarme tu inmensa ternura y ofrecerme en cada momento el apoyo que necesito. Noto que ya ha pasado la época de los sinsabores, percibo un cúmulo de buenas vibraciones y tengo la impresión de que hoy es el primer día de otra vida que empieza. Iré a casa de la señora y le contaré mi decisión, que es la tuya, madre. ¡Qué bien me siento! Creo que, de aquí en adelante, todo lo que me suceda va a ser bueno.

Salió a la calle, permaneció durante unos instantes mirando al cielo y, recordando a su marido, su verdadero amor, sonrió y musitó:

—Te quiero. Sé que estás aquí y que caminas junto a mí.

Seguidamente, se dirigió gustosa a casa de Elena, mientras valoraba la nueva oportunidad que se le presentaba.

La señora la recibió en su domicilio con el mismo cariño que le había demostrado durante el viaje.

—Me alegro mucho de volver a verte, Agustina. Confiaba en que ibas a venir y celebro haber acertado. ¿Has encontrado bien a tu familia? —expresó con un tono cordial.

—Muchas gracias, señora. Yo también estoy muy contenta de que me haya dado la posibilidad de contactar con usted. Ha sido una suerte haberlos conocido. Sí, afortunadamente, en casa están todos muy bien —respondió rebosante de alegría.

—Me complace escucharte, porque qué importante es la familia, ¿verdad? Tener la satisfacción de saber que en las situaciones difíciles, siempre vas a estar protegido por los tuyos, no tiene precio. El no sentirnos indefensos, el contar con alguien a tu lado te permite enfrentarte a todo sin temor.

—Ya lo creo que sí, señora. ¡Qué razón tiene! En este momento, para mí es fundamental la seguridad que me brinda la familia. Además, no sé si todavía seguirá en pie su ofrecimiento, pero si a eso añadimos el que pueda obtener con su ayuda el empleo que me comentó, sería todo completo; es lo que necesito —expuso Agustina, un tanto nerviosa, deseando escuchar una respuesta afirmativa.

—Por supuesto que sigue en firme mi propuesta. Por una parte, me hace muy feliz que formes parte del equipo del negocio que pusimos con tantas ganas mi marido y yo, y, por otra, creo que va a ser una buena oportunidad para ti. En definitiva, estoy convencida de que nos va a reportar un beneficio a ambas partes.

Al escuchar las palabras de la señora confirmando su ofrecimiento de trabajo, Agustina no pudo por menos de decir:

—¡Qué buenas personas son ustedes! No es habitual encontrar tanta humanidad en la gente. Muy agradecida.

Elena se quedó un momento en silencio y fijó sus ojos en un punto concreto, como si deseara detenerse en algún aspecto determinado de su vida y hallar los términos adecuados para tratar de expresar con toda sinceridad lo que sentía.

—Nunca podré olvidar la inmensa ayuda que recibí en una circunstancia muy difícil de mi existencia, en la que me encontraba sin recursos y precisaba los servicios de un abogado. Concretamente, Ignacio, que así se llamaba, fue quien me socorrió. Un prestigioso profesional que auxiliaba a todo aquel que lo necesitaba y, de manera especial, a las mujeres, que hemos sido las más vulnerables y las que más desprotegidas nos hemos visto. Precisamente, ¡cuánto bien hizo en nuestro negocio, qué seguridad transmitía y de qué forma tan espontánea y natural! Él siempre decía que nunca debemos prescindir de dos cosas en la vida: "de la verdad y de la bondad, porque desprenderse de ellas era como introducirnos en un mundo donde nada tiene valor o en el que todo vale". —Tras apoyar las palabras de su bienhechor, la mujer suspiró profundamente.

—¡Qué alentador es encontrar una mano tendida en situaciones críticas! —confirmó Agustina.

—Ignacio tenía una esposa maravillosa. Contaba con su apoyo y acompañamiento en todo lo que hacía. Después, enviudó y se volvió a casar con una amiga de la infancia; otra excelente mujer que permanecía a su lado de forma incondicional —afirmó con entusiasmo y, como si no quisiera olvidarse de reconocer el mérito de otras personas que le sirvieron de ayuda a lo largo de su viaje por este mundo.

—¡Cómo me emociona percibir el amor incondicional y el apoyo constante dentro de las parejas!

—Tras el fallecimiento de aquel hombre, todos los que tuvimos la suerte de compartir una parte de nuestra existencia con él nos sentimos un poco huérfanos. Parecía que en el trabajo faltaba la brújula que nos orientaba en el rumbo que debíamos seguir día a día. Afortunadamente, no pasó mucho tiempo cuando su hijo se ofreció para ocupar el lugar que había dejado vacante el padre. "De tal palo, tal astilla". Desde el primer instante se convirtió en un faro de referencia. ¡Qué persona tan maravillosa y cuánto le debemos! —pronunció con agradecimiento la mujer.

Ignacio fue un hombre que no tenía ninguna vinculación con Elena, altruista donde los haya, quien se solidarizó y solventó su situación, así que como correspondencia, ella creía que debía de hacer lo mismo en la medida de sus posibilidades. Además, siempre tenía presente un proverbio africano, que lo escuchó en algún lugar, no importa dónde: "Si quieres ir rápido ve solo, si quieres llegar lejos ve acompañado".

Poder ofrecer trabajo y soporte no solo es gratificante para uno mismo, sino que también proporciona riqueza y bienestar para todos y, en el negocio que habían montado, en el que imperaba la labor de equipo, una de las prioridades fundamentales era buscar un objetivo común y tratar de resolver los problemas que pudieran surgir.

Los espléndidos profesionales y su buen hacer, el esfuerzo en la indagación de nuevas ideas, la magnífica comunicación y el compañerismo, más allá de crear un ambiente extraordinario entre la propia plantilla, producía un espacio muy acogedor y cercano para las personas que les honraban con su visita, lo que, independientemente de satisfacer una necesidad humana, hacía que ya muchas de ellas se hubieran convertido en sus amigos y se sintieran como en casa.

Panorámica de los tejados del Casco Viejo de Bilbao. En el centro, la torre de la Catedral de Santiago. 1904.
ARCHIVO MUNICIPAL DE BILBAO.

Fondo: Ayuntamiento de Bilbao.

Autor: Librería Elcano.

SE ACERCABA UN CAMBIO PROMETEDOR

Luisa y Matilde estaban entusiasmadas escuchando aquellos interesantes relatos, en los que ambas parecían haber encontrado una posible coincidencia.

—Agustina, ahora que te vas a incorporar con nosotros y gozas de mi confianza, te haré una confidencia. Los clientes que se acercan a nuestro establecimiento, en un porcentaje elevado, disponen de un nivel económico alto, cuentan con negocios propios, están muy relacionados dentro del mundo empresarial y, algo muy importante, tienen una buena conciencia social; así que no te haces ni idea de la cantidad de favores que les pedimos para que faciliten trabajo a quienes lo necesitan —mencionaba lentamente Elena, como si al mismo tiempo que pronunciaba sus palabras, quisiera recordar el semblante de cada una de esas personas.

—¡Qué maravilla! Su testimonio es muy esperanzador dentro de este mundo que cada vez parece más individualista —dijo con entusiasmo Agustina.

Es un grupo estupendo y muy preocupado por ofrecer una actividad digna; nunca nos fallan. ¿Qué quiero decir con actividad digna? Que sus salarios son justos, que respetan los derechos por encima de todo y, una cosa que hoy en día, por desgracia, no es muy habitual, que garantizan la igualdad de hombres y mujeres. Por otra parte, como contrapartida, ellos también suelen sentirse muy satisfechos y correspondidos, ya que nuestros recomendados son personas muy cumplidoras y les proporcionan un trabajo de extraordinaria calidad.

—Espero y deseo que por mi comportamiento pueda estar encuadrada dentro de ese grupo de empleados y que no tenga que arrepentirse de su ofrecimiento. De la misma manera, y de acuerdo con la descripción que me hace, presiento que voy a lograr, además de una buena productividad, encontrarme feliz, dos cosas que creo totalmente compatibles.

—Por cierto, Agustina, y hablando de mujeres, entre las muchas valiosas y meritorias que han desarrollado una excelente tarea en diversas actividades a lo largo de la historia, ¿conoces la labor tan bonita que realizó Rafaela de Ybarra?

—No, he oído mencionar su nombre, pero desconozco totalmente cómo se desarrolló su vida —respondió Agustina un poco incómoda al tener que dar esa respuesta tan tajante.

—Pienso que fue una persona extraordinaria porque, alguien que lo tiene todo y que muestra esa preocupación por las carencias de los demás y que ofrece esa entrega, me parece muy loable. Dejó patente la relevancia que, por encima de todo, tenía para ella ser madre, esposa y solidaria. Sin embargo, cuántas veces las virtudes del mundo femenino se han mantenido en un segundo plano o, lo que es peor todavía, han sido criticadas; pero eso no nos debe hacer desistir de nuestros sueños, porque los sueños de hoy son las realidades de mañana —dijo Elena con una sonrisa.

—Sí, creo que a las mujeres, a pesar de que siempre han tenido un papel fundamental en la sociedad, no se las ha incluido en los ámbitos de la vida pública y privada. Tradicionalmente, han estado posicionadas por detrás de los hombres y con dificultades para realizar otras tareas que se salieran de las comprendidas en su rol histórico. Afortunadamente, poco a poco se van visualizando avances, pero falta mucho por lograr —dijo Agustina satisfecha de poder expresar su opinión.

Rafaela de Ybarra y Arambarri nació en 1843 en Bilbao, en el seno de una familia católica, referente de muchos valores y perteneciente a la burguesía de la villa. Hija de Gabriel Ybarra y Rosario Arambarri, sería la primera de siete hermanos.

Su padre fue el prototipo de hombre de negocios de aquellos años de transformación inigualable, en ferrerías, minas, paquebotes, maniobras políticas y, además, con don de gentes. Su madre mostraba una actitud reposada. Ella, educada al estilo francés, gozaba de una personalidad valiente que la demostró desde pequeña y que la siguió manifestando con el paso del tiempo.

Muy pronto, contó con la experiencia de padecer una lamentable pérdida dentro de su propia familia, ya que dos de sus hermanas murieron de cólera en 1855. También ella se vio aquejada por el tifus mientras estaba estudiando en Bayona, aunque logró superar la enfermedad tras un prolongado período de convalecencia.

No fue mucho el tiempo que transcurrió hasta decidir su boda, a la edad de 18 años, con José Vilallonga y Gipuló, nacido en Figueras, en el seno de una familia emprendedora y relacionada con los Ybarra; ingeniero de profesión y muy buena persona. A pesar de que se llevaban 20 años, la madurez de la muchacha atenuó esa diferencia de edad.

En el año 1869 se desplazaron a la finca de Deusto, situada en el lugar conocido como la Cava. En ese emplazamiento se siguen conservando dos palacetes que guardan muchos hechos históricos, pero uno muy importante es el de la vida y obra de la Beata.

En aquel espacio, sobrellevaron los efectos de la última guerra carlista, que no fue para la villa menos penosa que los dos sitios llevados a cabo con anteriordad. Pasaron tres años en Santander.

Rafaela tenía seis hijos, pero también se hizo cargo de los cinco retoños de su hermana, tras fallecer a los 28 años. En 1879, a la edad de 36 años tuvo a su hijo Pepín. Al parecer, no había finalizado la mala racha, ya que padeció parálisis infantil a los 2 años.

La espiritualidad cristiana y la fe, que siempre le acompañaron, las puso en práctica de forma valiente y comprometida. Su determinación evidenció un ímpetu extraordinario al no mirar a otra parte ante un drama social que se hacía visible a todas luces.

En la década de los ochenta, la industria siderúrgica creció, Bilbao se convirtió en un foco de atracción, el número de obreros aumentó de manera considerable y los efectos sociales fueron cuantiosos y variados. Era evidente el peligro que corría la juventud que llegó a la villa buscando una mejor calidad de vida y se encontró con explotación, miseria y alienación. Se expresaron las protestas de los trabajadores y el criterio de apostolado requería la diversificación de acciones.

Desde los 18 años, había acudido a hospitales, protegido a necesitados, faenado en el refugio de Begoña para jóvenes y conectado con las prostitutas; unas tareas que las realzó durante la época del bienestar y del dinero, afrontando su objetivo y desoyendo la falsedad social existente, mientras expresaba su oposición a los efectos bochornosos de la riqueza. Con 42 años, hizo el voto de pobreza.

Nuevamente, le tocó enfrentarse a la muerte de una forma un tanto especial. De regreso a Bilbao, en un desplazamiento que realizaron a Francia en su intento por subsanar la enfermedad de su hijo, súbitamente, falleció su madre en la estación de París.

Desde 1890, su anhelo de superación y su deseo de avanzar progresivamente en su vida de perfección, le pidieron una mayor atención a la causa por la que se había decantado: favorecer a jóvenes y niñas damnificadas por el abandono y la pobreza; de esa manera, fundó la Congregación Religiosa de los Ángeles Custodios.

Fue recriminada y le tocó resistir agravios de diferentes frentes sociales, incluso hasta recibir alguna intimidación de muerte. Debió admitir humillaciones y su obra fue incomprendida, aunque el tiempo se encargó de reconocer su labor.

Escribió de forma continua sobre su experiencia y rehusó las alabanzas y los placeres. Visitó cárceles; recogió a madres solteras y huérfanos; intervino para que se creara la Maternidad de Bilbao; promocionó centros educativos: primaria, talleres y edificó el Colegio Residencia que lidera la Congregación Religiosa de las Hermanas de los Ángeles Custodios. Esta tarea se extendió, a través del tiempo, hasta Latinoamérica.

Su muerte aconteció el 23 de febrero de 1900 y su beatificación se llevó a cabo el 30 de septiembre de 1984, día en el que Juan Pablo II pronunció en su mensaje: *Jarraitu egizuez beata berriaren ikasbideak* - Seguid los ejemplos de la nueva beata. A partir de entonces, su fiesta en el calendario litúrgico se conmemora el 23 de febrero.

—Una mujer interesante y pionera, ¿no te parece, Agustina? —dijo Elena ensalzando su buen hacer.

155

—Ya lo creo que sí. Tremendamente meritoria y digna de elogio —corroboró Agustina.

—Dentro del mundo femenino, también me viene a la cabeza la Pasionaria, una mujer que ha pisado fuerte en su caminar por la vida y ha peleado con intensidad dentro del entorno político-social y cultural —afirmó Elena.

—De ella, tal vez por ser más cercana en el tiempo, he escuchado hablar —respondió Agustina.

—Fue la primera secretaria general de un partido político de izquierda, una efigie política del siglo XX, una persona muy cuestionada, pero de gran relevancia, que mostró una actitud positiva a la reconciliación nacional y de la que, como suele ocurrir frecuentemente, intereses a favor y en contra han aportado discursos tergiversados —dijo Elena reflejando un total convencimiento.

—Con este sentimiento la recordaba y la valoraba el poeta Rafael Alberti —manifestó con emoción Agustina.

Y era siempre, en todo momento, "La Pasionaria", por su aire de Dolorosa española, que hablaba con honda y estremecida voz, como si se arrancase los puñales que le atravesaban el pecho. Porque la pasión de Dolores era la pasión de todo el pueblo español que gritaba con ella, que se hacía más profunda en su garganta de madre, de mujer, siempre abierta al abrazo o al grito y al estruendo de la lucha. No ha existido heroína popular más amada en el mundo, más admirada y cantada por los poetas, grandes, medianos, chicos y simples, en todos los idiomas.

Dolores Ibárruri Gómez, conocida como Pasionaria, nació en Gallarta, en la provincia de Bizkaia en 1895, en el entorno de una familia minera y murió en Madrid en 1989.

Su padre, Antonio Ibárruri, fue un obrero de ideología carlista, nacido expósito en la anteiglesia de Ibárruri, en Bizkaia y su madre, Juliana Gómez Pardo, procedía de Castilruiz, en la provincia de Soria.

En 1910, obligada por las condiciones económicas que rodeaban su entorno, abandonó sus sueños de cursar estudios de Magisterio y comenzó a trabajar como costurera y sirvienta.

En 1916, contrajo matrimonio por la Iglesia, con Julián Ruiz Gabiña, un minero socialista con quien estuvo casada diecisiete años y, más tarde, se divorció. Tuvo seis hijos.

Amante de la lectura y utilizando la condición de líder minero socialista de su marido, empezó a adquirir conocimientos de marxismo que pusieron en tela de juicio su educación tradicionalista y católica. Dolores Ibárruri admitió la doctrina marxista como un instrumento ideológico adecuado para luchar en pro de la "liberación de la clase obrera".

Tomó parte con su marido en la huelga general de 1917. Incorporada en la agrupación socialista de Somorrostro, participó en la escisión comunista del PSOE en 1919. En 1920, intervino en la fundación del Partido Comunista Español, adentrándose en el Comité Provincial de Vizcaya que, al siguiente año formaría, junto al Partido Comunista Obrero Español, el Partido Comunista de España.

Fue en 1918 cuando utilizó por primera vez el seudónimo de la Pasionaria en un artículo publicado en la prensa obrera con el título "El minero vizcaíno".

Formó parte de su Comité Central en 1930 y, al siguiente año, se presentó a las elecciones a Cortes Constituyentes y su candidatura fue derrotada.

En 1931, se trasladó a Madrid para trabajar en la redacción del periódico del Partido, "Mundo Obrero".

En 1933, fue presidenta de la Unión de Mujeres Antifascistas.

Como consecuencia de sus punzantes discursos y de su activa militancia en las manifestaciones comunistas, no se libró de permanecer encarcelada en varias ocasiones.

Desde su fundación, caminó como miembro del Partido Comunista de España y salió seleccionada como diputada en las elecciones de febrero de 1936, las últimas que se celebraron durante la Segunda República.

Figura relevante durante la guerra civil y elegida vicepresidenta de las Cortes en 1937, en ese período pasó a ser un mito para una parte del Estado por sus disertaciones a favor de la República.

Al terminar la guerra civil, se exilió a la Unión Soviética y fue nombrada secretaria general de su partido al producirse el fallecimiento de José Díaz en 1942. En 1960, presentó su dimisión, le sustituyó Santiago Carrillo y ocupó el cargo de presidenta del PCE.

Tras finalizar la dictadura franquista y, durante la Transición, concretamente, en 1977, regresó al Estado español y ejerció de nuevo de diputada en la Legislatura Constituyente de España entre 1977 y 1979. A su acción política, unió la lucha por los derechos de las mujeres.

En resumen, a la Pasionaria, con sus aciertos y desaciertos, se le puede ver localizada en las minas, en la Casa del Pueblo, en la huelga, escribiendo en prensa, elaborando "Mundo Obrero" en Madrid, participando en debates del Partido Comunista, en campañas electorales, ejerciendo como propagandística, parlamentaria, dirigente de la resistencia al estallar la guerra civil, dando mítines, en el exilio, planificando al partido como secretaria general y, después, en su

Presidencia, relacionándose con personajes de la esfera internacional, aprobando la reconciliación nacional, deseando y esperando que la mujer obtuviera el lugar que le correspondía…

En sus últimos años, se produjo un acercamiento al catolicismo. Tras su muerte en Madrid, fue enterrada en el recinto civil del Cementerio de la Almudena.

—Es bonito conocer y recordar las acciones de tantas mujeres que, con sus triunfos y equivocaciones, han sabido pelear y defender sus ideas de cara a lograr un permanente avance en el reconocimiento de los derechos —manifestó Elena.

—Ya lo creo que sí. Además, a lo largo de la historia, son muchas las mujeres que han preservado sus pensamientos y han tratado de ponerlos en práctica, buscando la consolidación y el crecimiento de los derechos, hasta llegar a los que hoy en día disfrutamos.

Elena y Agustina continuaron hablando sobre la evolución de las mujeres; de los logros conseguidos y de todos aquellos que, en su opinión, todavía faltaban por alcanzar.

—¡Qué charla más interesante! Como nos dejen a nosotras, arreglamos la situación rápidamente —expuso Elena tras una sonora carcajada.

—Yo creo que la mitad, ya la tenemos solucionada, lo malo es que no ha escuchado nadie nuestros razonamientos —manifestó Agustina mostrando su alegría.

—Bueno, ahora, vamos al tema principal que nos ocupa.

—De acuerdo —dijo Agustina un tanto nerviosa.

—Si quieres, tomamos un cafecito, mientras hablamos tranquilamente del puesto de trabajo que preferirías ocupar, del horario que necesitas y demás.

—Me parece estupendo, señora, pero de ningún modo me gustaría ocasionar molestias.

—No solo no son molestias, sino que estoy muy contenta de poder compartir este rato de descanso contigo.

—¡Qué confianza y qué seguridad me transmite con sus palabras, señora!

—Gracias, Agustina. Además, siempre es bonito intercambiar impresiones sobre las aspiraciones que perseguimos y las preocupaciones que rodean nuestra existencia.

—Sinceramente, ahora mismo no creo que debo de centrarme en aspiraciones, pero sí necesito solventar preocupaciones.

—Ya entiendo lo que quieres decir, pero es primordial que elijas con libertad para que puedas sentirte a gusto en tu puesto y, así, la calidad de lo que hagas será mejor.

—Ciertamente, estoy impactada, señora.

—Bueno, no exageres, que tampoco es para tanto. ¡Ah!, y no me llames señora. Para todo el mundo soy Elena.

—Gracias, Elena, por la confianza que me ofrece.

—¿Te apetece un café o prefieres alguna otra cosa?

—Pues, ya que me brinda la oportunidad de elegir, el café me encanta y me da vida.

La mujer salió de la habitación en la que se encontraban y, pasados unos minutos, volvió con el café, la leche y una bandeja que contenía diversos dulces.

—Mira, como has estado un tiempo fuera y sé que en otros sitios no los hacen, he pensado que, quizá, preferirías comer nuestros productos tradicionales, por lo que he preparado: carolinas, bollos con mantequilla, pasteles de arroz y jesuitas. A mí todos me resultan deliciosos. ¡Soy muy golosa!

—Gracias, Elena, ¡qué detallista es usted! Me encantan los dulces y, si le soy sincera, no me acuerdo cuándo fue la última vez que comí algo de esto.

—Luego, te pondré algunos más para que los lleves a casa. Pasado un tiempo, se echan en falta estas cosas, ¿verdad?

—¡Qué delicadeza la de Elena para desarrollar esa capacidad de observar, entender y compartir con los demás! Es decir, de salir de su individualidad y colocarse en otro plano —pensó Agustina.

Eso dejaba al descubierto una riqueza interior, visualizaba el ambiente de la sociedad a la que estaba incorporada y el deseo de fomentar una comunicación afectiva entre sujetos, porque de sobra se notaba que la muchacha, estuviera fuera o en Bilbao, pocos recursos podría destinar a comprar ese tipo de productos.

En principio, hablaron de forma general del empleo, pero sin puntualizar demasiado en el puesto concreto a desempeñar. Por una parte, Agustina entendía que no le correspondía a ella mostrar ningún tipo de preferencia y que debía de adaptarse a lo que le ofreciesen y, por otra, la intención de Elena era facilitar al máximo la labor que mejor se ajustase a las necesidades y posibilidades de la que iba a ser la nueva empleada. Tenía muy claro que los negocios no se ponían para perder dinero, pero también sabía que existía eso que se llama buena voluntad y que servía para propiciar diferentes formas de conciliación.

—Quiero que te sientas con total libertad y confianza para que me digas, porque para eso te lo he preguntado, qué trabajo prefieres hacer. Me gusta reflexionar y poner en práctica esa frase de Kant que argumenta: "Trata a las personas como un fin, nunca como un medio para un fin". Si estás en duda sobre la opción que debes de elegir y consideras que te puede venir bien mi opinión, encantada de dártela.

—Se la agradecería enormemente. Veo una mano tendida en cada uno de sus gestos y la seguridad absoluta de que me va a orientar pensando en lo que es mejor para mí —respondió contenta de que su consejo le sirviera para tomar una decisión.

—Me pareces una persona muy adecuada para el servicio de comedor. Por una parte, eres amable, prudente y, al mismo tiempo, de fácil comunicación y eso, como es innato, te facilitará el oficio. Además, los clientes valoran ese tipo de carácter. —Elena hizo una pausa, que Agustina aprovechó para responder.

—Gracias. Me da mucha alegría que me vea así y espero no defraudarla.

—Por otra parte, como tienes dos niños pequeños, el horario más tardío de entrada para las comidas y las cenas, a pesar de que, a veces, suponga la obligación de tolerar sobremesas largas, creo que te dará la posibilidad de compaginar con más tranquilidad las actividades que tengas que realizar en tu hogar. Como sabes, los empleados que están en el servicio de cocina deben incorporarse con mayor antelación a sus puestos, aunque también es cierto que se marchan antes.

—Elena, ya veo que piensa usted en todo lo que me viene mejor y, como bien dice, ese puesto y ese horario son fantásticos.

—De todas formas, tomes la decisión que tomes, no te agobies si necesitas hacer algún cambio por diversas emergencias del día a día. Contamos con una plantilla lo suficientemente amplia como para poder paliar cualquier contratiempo y verás qué gente tan maravillosa la compone —comentó Elena sabiendo de qué estaba hablando y sin miedo a equivocarse.

Más tarde, Agustina tuvo la oportunidad de comprobar que casi todas las personas habían llegado buscando un trabajo en circunstancias más o menos difíciles y se ponían, sin ningún problema, en la piel del resto cuando hacía falta.

—Comenta con tu madre lo que hemos hablado; valora su parecer sobre tu decisión, que seguro que le hará ilusión y te espero mañana por el restaurante. Dejo para entonces la sorpresa de decirte cuál será tu sueldo, que estoy convencida de que te resultará estupendo; te presentaré a los demás y, en un par de días, será un placer tenerte de forma activa con nosotros.

—Muchas gracias por todo su apoyo, Elena. Aunque me resulta muy difícil expresar con palabras lo que siente mi corazón en estos instantes, nunca podré olvidar su acción. Como le he dicho anteriormente, espero cumplir sus expectativas, no defraudarla y estar a la altura de ese equipo humano tan valioso que van a ser mis compañeros.

—Estoy convencida de que así será y, no te preocupes, porque nuestros actos siempre hablan más alto y más claro que nuestras palabras.

Ya estaban en la puerta, a punto de despedirse, cuando Elena se dio cuenta de que había dejado algo pendiente de hacer.

—Un momento, Agustina, que se me olvidaban los dulces. Como suele decirse en estos casos: "Prometer y no dar, no pierde la casa" —afirmó mostrando una amplia sonrisa.

—Muy agradecida una vez más, Elena. Es usted una gran mujer —dijo con los ojos humedecidos.

Casa de la Cava situada en Avenida Universidades nº 10 de Bilbao. Década 1950.
ARCHIVO MUNICIPAL DE BILBAO.
Fondo: La Gaceta del Norte.
Autor: Cecilio Fernandez Echevarría.

MÁS QUE UN LUGAR DE TRABAJO

Agustina se encontraba entre nerviosa y emocionada ante aquel nuevo día que se le presentaba. Sin embargo, muy pronto se percató de que no tenía ningún motivo para inquietarse. Todo salió a pedir de boca y, lo que todavía era mejor, a la magnífica sensación de su primer contacto le precedieron jornadas que no hacían más que confirmar que no era humo lo que le había ofrecido Elena, sino un intenso fuego humano que lo impregnaba todo y que no presentaba ninguna muestra de apagarse.

Al buen sueldo, que ni en sueños hubiera podido imaginárselo, le acompañaba un excelente ambiente de trabajo. Fue acogida con brazos abiertos y se sentía como hacía mucho tiempo que no lo hacía. ¡Qué sorpresas, para bien y para mal, concede la vida y de qué forma tan inesperada!

La plantilla estaba formada por personas autóctonas y por otras que habían llegado de fuera. No corrían tiempos fáciles y la subsistencia podía mostrar la cara más amarga a unos y otros; esto es, no sabía de lugares de procedencia, pero tampoco ellos entendían de derrotas y sí de iniciar cada jornada como lo que era, un auténtico regalo. Creían que tenían derecho a soñar, a esperar unos resultados favorables y con ese convencimiento se levantaban contentos cada día.

La familiaridad que reinaba entre todos ellos rápidamente la hicieron extensiva a la nueva empleada. No tenían nada que ocultar ni de qué avergonzarse; simplemente, una gran parte era gente humilde que había aceptado ayuda en un momento de necesidad y que estaba cumpliendo con el cometido asignado, por supuesto, a plena satisfacción de los dueños del negocio. Es decir, casi todos los componentes se habían incorporado mediante la cooperación de personas que mostraron solidaridad y empatía.

Agustina enseguida conoció muchas de las experiencias y de los problemas que salpicaron a los integrantes del grupo y puso de manifiesto, con total naturalidad, los suyos. De esa manera, por ejemplo, se informó más a fondo del mundo de las chabolas, donde habitaron varios de sus compañeros.

Fueron muchas las personas que llegaron a Bilbao y ocuparon una chabola de aquellas que se levantaron, en su mayoría, en las laderas de los montes y que se construyeron, en una gran parte y de forma trepidante, por los propios moradores y sus vecinos, impulsados por el aliciente que representaba poder disponer de un techo bajo el que cobijarse.

Otra parte de los inmigrantes que decidieron desplazarse a la villa se establecieron en subarriendos informales. Pero, a pesar de que estos alojamientos acogieron a numerosos trabajadores llegados de otras partes del Estado, también sirvieron de refugio a una cifra elevada de vizcaínos y bilbaínos. En cualquier caso, todos ellos se instalaron empujados por la supervivencia y seducidos por una villa que, a primera vista y gracias a su crecimiento, parecía prometer una mejor calidad de vida, aunque no todo era un jardín de rosas.

Aparte de eso, hay que tener en cuenta a los que huyeron como consecuencia del mal ambiente social que se generó en diversos lugares y que afectó, de manera especial, a muchos perdedores de la guerra. Fue aquel tiempo de posguerra el que se aprecia, de marcada crisis económica y dentro de un régimen de autarquía en el que se mezclaban la escasez de alimentos y la pobreza, quedando sentenciado un gran número de habitantes a la indigencia, lo que hizo que se produjeran impetuosos cambios tanto sociales como espaciales.

El importante aumento demográfico que se produjo conllevó que, en poco tiempo, el paisaje natural variara. Se crearon barrios en zonas tradicionalmente agrícolas y desapareció una buena parte de los caseríos existentes.

Además de en las laderas de los montes, algunos pocos barrios se construyeron dentro del espacio urbano de la villa, como es el céntrico lugar de la Campa de los Ingleses, donde existió un barrio de chabolas en la década de los cincuenta del siglo XX, aunque esta particularidad, hoy, raramente se menciona.

Concretamente, en esta ubicación existían 63 viviendas pobres en el año 1959, que acogían a 282 habitantes y, en el conjunto de Bilbao, eran más de 26.000 personas las que se asentaban en chabolas.

La mayor parte de los alojamientos de la Campa de los Ingleses estaba hecha con ladrillo y una minoría con madera. Todas las viviendas disponían de luz eléctrica, pero no de red de saneamiento. La basura se acumulaba junto a los domicilios, ya que el servicio municipal no contemplaba la recogida en ese barrio y el agua la cogían de una fuente que estaba situada bajo el puente de La Salve.

No cabe duda de que existían casas sin habitar, muchas de las cuales estaban ubicadas en el ensanche y, aunque la economía iba reactivándose, era impensable que la clase obrera pudiera contar con el privilegio de disponer de ellas.

A pesar de que las chabolas se hicieron en todo tipo de terreno, como se ha mencionado con anterioridad, la mayoría estaban localizadas en las laderas de los montes que rodean la villa; es decir, no fueron producto de una programación, sino algo que servía para paliar una situación de emergencia. Las inclemencias del tiempo atacaban sin compasión y causaban estragos como, por ejemplo, desprendimientos de tierra que, a veces, destruían algunos de aquellos hogares.

Unos terrenos eran de propiedad municipal y otros pertenecían a personas particulares, en cuyo caso, se pagaba la renta que estipulaba el propietario.

Normalmente, las chabolas las hacían de noche, ya que según una creencia popular y no confirmada por escrito, si durante el día la construcción disponía de un techo, la Policía Municipal no podía demolerlas. Estas viviendas, levantadas en suelo rústico, eran ilegales, pero es de suponer que ante el problema existente, las autoridades locales las respetaban para impedir enfrentamientos.

Fuc dc esa manera como se construyeron más de 5.000 hogares en poco más de diez años, dentro de lo que podía considerarse un tipo de poblado humano marginal, donde abundaban las personas excluidas socialmente. Lo habitual a la hora de instalarse era que se agruparan los familiares y la gente del mismo pueblo en una zona concreta. Los tipos de chabolas eran diferentes.

Algunas viviendas, muy frágiles y humildes, hechas con los elementos que tenían a su alcance; otras eran pequeñas, pero consistentes, levantadas con piedra y ladrillo. Las más sencillas tenían unos dieciocho metros cuadrados, con una altura aproximada de dos metros. Aunque la distribución interior variaba, lo más normal era que en la misma habitación estuvieran los dormitorios y la cocina. Sin embargo, una cosa compartían todas ellas: la pobreza en las condiciones de vida.

Esos barrios no se parecían en nada al ensanche acomodado de la villa. No existían calles perpendiculares, ni red de saneamiento ni aceras. No disponían de luz eléctrica en muchas calles y tampoco en numerosas casas, en cuyo caso, para su iluminación se servían de lámparas de carburo y de velas. El suministro de agua potable escaseaba en la mayoría de los barrios, lo que obligaba a las mujeres a emplear un tiempo importante para salvar la distancia que separaba los hogares de las fuentes y los lavaderos. En ocasiones, se encargaban de preparar unos pequeños huertos y también criaban animales junto a las chabolas.

Los moradores de las chabolas padecieron el aislamiento y la estigmatización de una parte de los ciudadanos, pero esa desidia la compensaron refugiándose en su propio mundo; formaron una colectividad basada en la unión y en la participación comunitaria. Las puertas de las viviendas permanecían abiertas y los vecinos, especialmente las mujeres, que eran las que más tiempo pasaban en el hogar, iban de una chabola a otra en busca de conversación y también prestándose la colaboración necesaria. En esa ayuda, no debe olvidarse el papel de matronas que realizaron muchas de ellas dentro del barrio.

La mayoría de las personas que llegaron a trabajar no esperaban encontrarse con el inconveniente del alojamiento. Habían vendido las reducidas posesiones que tenían, con la ilusión de adquirir una vivienda con el dinero conseguido, pero la realidad fue otra y no faltaron los especuladores y estafadores que sacaron partido de su emergencia y se lucraron con la construcción y traspaso de las chabolas y de otras edificaciones ilegales. Es decir, no escasearon los que, ante tantas personas desprovistas de protección y apoyo, ignoraron la difícil situación en la que se encontraban, no tuvieron el más mínimo prejuicio y optaron por priorizar su propio beneficio; en una palabra, los que escogieron "hacer leña del árbol caído".

Muchos se vieron obligados a alquilar una habitación con derecho a cocina; sin embargo, cuando los ocupantes constituían una familia entera, el tema se complicaba. Aun así, frente a la necesidad real que se les presentaba, era muy normal la visualización de más de una familia compartiendo el mismo techo, lo que, a menudo, produjo importantes problemas tanto de convivencia como de salubridad.

Fueron, no pocas veces, las confrontaciones y molestias de unos y otros, así como los desajustes que se originaban, los desencadenantes que empujaron a plantearse si el cambio de residir en una vivienda compartida frente a habitar en una chabola familiar, podía contemplarse como todo un avance.

Algunos chabolistas, cuando tenían la oportunidad de mudarse a una vivienda más digna, no procedían a la demolición de la chabola, sino que la vendían o alquilaban.

Durante la primera fase, un lugar en el que se construyeron numerosas chabolas fue el Paseo de los Caños, situado en las afueras de la villa, pero, a la vez, cerca de Atxuri y del Casco Viejo. Otros espacios muy ocupados hacían referencia a los montes Artxanda y Cabras. Así, poco a poco y ante la falta de soluciones, las chabolas se fueron esparciendo por Bilbao, hasta cercar la villa casi por completo.

El 12 de marzo de 1954, el periódico "La Gaceta del Norte" calculaba que en Bilbao había 450 chabolas, el uno por ciento del total de las viviendas. El periodista que daba a conocer la noticia referida al "mayor barrio de chabolas de Bilbao", ubicado en las faldas del monte Arraiz: Uretamendi, mencionaba unas 100 chabolas y algo más de 400 habitantes.

Las barriadas que se fueron formando a partir de aquellas chabolas de los primeros años de la posguerra, en 1955 podían observarse desde cualquier lugar de la villa y estaban ubicadas en:

Enekuri (Monte Cabras); Elorrieta (Monte Banderas); Miramar (Bajada cementerio de Deusto); Camino Berriz; Buenavista; Camino Ugasko; Camino Molino de Viento; Vía vieja de Lezama; Artxanda (Cantera); Otxarkoaga; Paseo de los Caños; Sagarminaga; Castrejana; San Ignacio; Kobeta; Masustegi; Monte Caramelo; Betolaza; Uretamendi; Camino Armotxa; Barrio de los doce amigos; Peñascal; San Antonio; Larraskitu; Echevarria; Basurto (Estación); Entrambasaguas; Olabeaga (Túnel); Luis Briñas (Tren); Puente Generalísimo; Campa de los Ingleses (Abandoibarra); Torre Urizar; Ciudad Jardín.

Cuando las chabolas eran construidas en el centro de Bilbao o en espacios urbanos y entraban en conflicto con intereses privados o del propio Ayuntamiento, se derribaban.

Por lo que respecta a la ocupación laboral, se constata que los hombres encontraban trabajo con mucha facilidad, por lo que el paro, muy inferior a la media del Estado, no suponía una dificultad añadida. Con relación a la categoría, la proporción más elevada, con diferencia, correspondía a peones sin cualificar.

Con referencia a los sectores donde encontraban empleo, el mayor porcentaje se encuadraba en la construcción, seguido de la siderurgia. La participación en otras ocupaciones, como la minería y el comercio, era muy reducida.

Generalmente, los contratos eran temporales y más de la mitad de los habitantes de las chabolas desempeñaban un segundo trabajo que les permitía aumentar sus ingresos y enfrentarse, de forma más desahogada, a las limitaciones cotidianas.

La mayoría tenían jornadas laborales de ocho a diez horas. Si a este dato se añade el desplazamiento que debían realizar desde la chabola al lugar de empleo, el tiempo que les quedaba libre era muy escaso y lo empleaban, en un tanto por ciento muy elevado, en los bares.

Con respecto a la situación de las mujeres en estos barrios de chabolas se percibe que, entre las casadas, y siguiendo las pautas establecidas tras la guerra civil de consolidar el papel de buenas madres y abnegadas esposas dedicadas a las labores del hogar, no eran muchas las que trabajaban fuera de casa.

Sin embargo, y dado que el empleo del mundo femenino estaba muy invisibilizado, los datos estadísticos aportados por el registro oficial no pueden considerarse como una información muy fiable, ya que se confirma que no fueron pocas las que contribuyeron con su participación económica a paliar las necesidades familiares.

Las que lo hacían eran viudas, solteras o aquellas cuyos maridos estaban en paradero desconocido o internados por temas psiquiátricos. Otras mujeres trabajadoras constituían las hermanas o hermanas políticas, solteras, así como algunas hijas del cabeza de familia encuadradas en ese mismo estado civil.

Frecuentemente se visualizaba la presencia de un alto número de mujeres viudas en las chabolas de Bilbao, ya que la vida se hacía tremendamente difícil cuando se encontraban desprovistas de los salarios de los maridos. Con el escaso dinero que podían obtener ellas y con el salario que sus hijos e hijas aportaban en casa, era prácticamente imposible lograr el alquiler de una vivienda, incluso de una habitación.

El período de la infancia en las chabolas estaba muy relacionado con la naturaleza; era un mundo feliz y cargado de infinidad de posibilidades el que se les mostraba a aquellos chavales y chavalas, que suponían una mayoría en el entorno.

Un montón de amigos corrían despreocupados por los caminos embarrados e invadían las laderas de los montes, dedicados a sus juegos preferidos; los chicos a unos y las chicas a otros. Se sentían libres y sin que les pesara la escasez que embargaba el ambiente. Sin embargo, la niñez finalizaba pronto y enseguida comenzaban a trabajar para apoyar, en la medida de lo posible, a la economía de la familia.

Una de las mayores insuficiencias que experimentaron los niños y niñas en los barrios de las chabolas estaba relacionada con la carencia escolar. Únicamente había escuelas en diez de ellos y aun así, no podían dar una respuesta efectiva a sus propias necesidades.

Para paliar esa deficiencia, muchos críos y crías se desplazaban a Bilbao y, además de instruirse en los estudios correspondientes, también aprendían a convivir con el rechazo que percibían de compañeros y profesores; otros chavales y chavalas se quedaban sin estudiar.

Según los datos consultados para el curso 1958-59, los alumnos sin matricular eran un total de 1.361, que representaban el 24,8% del colectivo infantil de la villa.

Hay que tener en cuenta que este déficit no podía ser cubierto por sus progenitores, ya que muchos de ellos eran analfabetos o escasamente sabían leer y escribir.

Los integrantes de las chabolas se sentían seguros dentro de su territorio y bajaban al centro de la villa esporádicamente, lo cual tenía su explicación: la incompatibilidad y menosprecio que apreciaban en su calidad de chabolistas y la escasa empatía que solo percibían en contadas ocasiones, no les invitaba a ello.

A menudo, les atribuían calificativos que no se ajustaban a su comportamiento y una parte de la sociedad se mostraba racista. En definitiva, no solo faltaba la conexión necesaria para poder establecerse una convivencia entre los dos mundos, sino que, además, aparecía un muro que se mostraba como una frontera casi infranqueable.

Poco a poco, con la creación de asociaciones vecinales, la cooperación de organizaciones y el acercamiento de bilbaínos que llegaban con la intención de ayudar y ejercer una justicia social entre aquellas personas desprovistas de sus derechos fundamentales, se fue estableciendo una parte de los servicios y reformas elementales que requerían los barrios y que eran reclamados por los vecinos, pero cuya única respuesta solía ser el silencio de las instituciones.

Las autoridades determinaron destruir las chabolas que existían en la villa; para ello, planearon edificar un barrio en Otxarkoaga, un nuevo "suburbio" de la villa, un lugar situado a tres kilómetros del núcleo urbano al que trasladar a sus habitantes y dar por zanjado el asunto del chabolismo de forma oficial. Así, en 1959, se iniciaba la promoción de Otxarkoaga, un impulso que, además de acabar con el chabolismo, respondía a una decisión propagandística del régimen.

En el año 1960, el periódico "La Gaceta del Norte" dio a conocer que en Bilbao existían 4.987 chabolas, en las que habitaban 26.314 personas.

En 1961, demolieron la mayor parte de las casas y con ellas, su recuerdo parecía haber corrido la misma suerte. Se trataba de olvidar un pasado doloroso y cargado de miserias. Una situación semejante, por esos motivos y otros diferentes, se dio al finalizar la guerra civil; la gente intentaba abandonar aquellas desgarradoras heridas, pese a que estaban aún sin cicatrizar.

El renunciar a las chabolas, sin embargo, no fue fácil ni voluntario para muchas personas, ya que, a pesar de la precariedad, había vínculos familiares, solidaridad y sentimientos de comunidad que aportaban calor y eran difíciles de romper; pero, aun en contra de la resistencia mostrada por los vecinos, se produjo el desalojo.

Los primeros que llegaron al barrio se encontraron con un panorama distinto al deseado y esperado porque, aunque las condiciones mejoraron, las insuficiencias fueron muchas e importantes. Carecían de edificios comunitarios, aceras, carreteras, transporte público, iluminación artificial y tampoco disponían de escuelas, de ambulatorio o de negocios.

Al mismo tiempo, la utilización de materiales baratos se hizo notar en la calidad de los edificios y pronto aparecieron diversos contratiempos como, por ejemplo y por citar algunos, humedades y grietas.

La recogida de agua se presentaba oculta, lo que imposibilitó una visión de la situación de los canalones y favoreció los embolsamientos y rebosamientos de agua de lluvia. Así mismo, las carpinterías metálicas sufrieron un desperfecto de oxidación y corrosión, lo que facilitó la entrada de agua al interior de las casas. Tampoco hay que dejar de lado las cámaras de aire sin aislamiento térmico tanto en fachadas como en cubiertas y bajocubiertas, etc.

Por añadidura, otra cosa muy importante ocurrió como consecuencia del sistema empleado en la adjudicación de los pisos.

Al no tener en cuenta la estructura social de los barrios, se originó un quebrantamiento de los lazos personales que se habían ido tejiendo a lo largo del tiempo, lo que dio paso a problemas de adaptación.

Nuevamente fueron los vecinos y asociaciones los que tuvieron que tratar de solventar la complicada coyuntura y, a lo largo de los años, las manifestaciones y demandas se sucedieron en busca de reformas y soluciones a los obstáculos existentes.

Chabolas del barrio Uretamendi de Bilbao. 1959.
ARCHIVO MUNICIPAL DE BILBAO.
Fondo: Ayuntamiento de Bilbao.
Autor: Desconocido.

CRECIERON EN UN AMBIENTE MARGINADO

Dentro del grupo de trabajo de Agustina, si alguien conocía las entrañas del mundo relegado era Eloisa, una buena narradora, siempre dispuesta a ofrecer sus testimonios y una excelente compañera, lo que pronto hizo que ambas se convirtieran en grandes amigas. Agustina, deseosa de ampliar conocimientos, a menudo buscaba su compañía, así que pasaban largas horas de conversación.

—¡Cuánto tiempo empleamos en nuestras tertulias! ¡Qué amena es y cómo enriquece! Además, no sabe de cortapisas, por lo que me siento con licencia para preguntar todo aquello que me llama la atención y actuar como si fuera una entrevistadora profesional ante una entrevistada de lujo. Mirad qué historia tan interesante la suya; por otro lado, qué bonito me parece conocer los sentimientos y las revelaciones de boca de la interesada —dijo Agustina.

—Estamos encantadas escuchándote; bueno, hablo por mí, pero estoy segura de que mi amiga, que ahora también es la tuya, corrobora lo que digo —afirmó Luisa, a la vez que Matilde asentía con una sonrisa.

Hija de padres extremeños, a la edad de cuatro años y, como tantos niños y niñas más, Eloisa llegó a la villa acompañada de su madre y dos hermanos más. Los tres chavales habían nacido en el pueblo de sus progenitores y, posteriormente, dos hermanos más vieron sus primeros rayos de luz en Bilbao; concretamente, un chico nació en una chabola ubicada en Monte Banderas y una chica, en el barrio de Otxarkoaga.

Los motivos que impulsaron a la familia a coger su maleta de cartón y abandonar su lugar de residencia fueron tan fundamentales como fáciles de entender: trataban de buscar unas condiciones de vida mejores que las que habían disfrutado hasta entonces. Para ello, junto a su equipaje debían poner una buena dosis de energía y valor.

La primera proeza para llegar al *botxo*, es decir, a lo que para ellos parecía un mundo por descubrir, constituyó el propio viaje que realizaron una mañana en aquel tren lento de madera y la salida por la ventana en el transbordo que tenía que realizarse en Medina del Campo. Sí, sí, tal cual, como suena y es que todo atesora su explicación.

El margen de tiempo entre el tren que debían abandonar y el que tenían que coger era tan escaso, que a la madre no le quedó más remedio que emplear la estrategia más efectiva para solventar el problema y no quedarse todos en el andén viendo como su siguiente medio de transporte iniciaba su salida sin ellos.

La decisión de desplazarse a Bizkaia fue aprobada por los dos componentes del matrimonio, animados por la confesión de un familiar que llegó con anterioridad y que había elegido San Ignacio como lugar para vivir. El padre de Eloisa recaló unos meses antes que su mujer y la prole y, tras encontrar trabajo en una fábrica, vio que era el momento oportuno para que se incorporara el resto.

—Mi tío les dijo que se ganaba bien y lo que para él suponía la mayor ventaja: poder disponer de un salario fijo. Eso contrastaba con lo que sucedía en el campo, donde todo era imprevisible y dependían de la cosecha. Cuando el año les sorprendía con poca lluvia o les compensaba con una mala recolección, se acrecentaban los inconvenientes para poder salir adelante. De todas maneras, y, por lo que me contaba mi madre, qué vida tan dura les tocó en suerte tanto a ella como a mi padre —solía argumentar con cierta melancolía Eloisa.

Su madre, la única chica en un grupo de cinco hijos, desde pequeña parecía haber estado sentenciada a llevar una existencia muy complicada.

Los abuelos de Eloisa eran campesinos y se dio la penosa circunstancia de que su abuela, es decir, la madre de su madre bebía, así que su niñez duró poco tiempo; solo fue a la escuela desde los seis a los nueve años, que es a la edad que salió para dedicarse a hacer las tareas de casa y trabajar en el campo o donde fuese necesario.

A ella le gustaba mucho coser y llegó a aprender las cuatro reglas y también sabía leer. Siempre afirmaba que quería haber estudiado, pero sus pretensiones fueron inútiles, no estaban a su alcance, ni tampoco para multitud de chicas, ya que no pocas jóvenes de Extremadura se desplazaron, a edades muy tempranas, a trabajar a casas de Madrid, a lo que se denominaba servicio.

Llegó la guerra y la madre de Eloisa contaba que, apenas tenían nada para alimentarse y sí mucha hambre, así que para paliarla en la medida de lo posible, comían gatos, lagartos y casi todo lo que pillaran que fuera razonablemente comestible.

Tampoco para el padre de Eloisa la situación se presentaba muy favorable. Él era el mayor de cuatro hermanos y, desde niño, por cuestiones de salud de su progenitor, que estaba incapacitado para realizar trabajos de labranza, le tocó hacerse cargo de bastantes de las tareas que correspondían al mundo adulto a una edad tan temprana como los cuatro años. Quizá, las circunstancias de su infancia no le permitieron ser feliz y le impregnaron de la tristeza que fue su compañera a lo largo de la vida.

Concretamente, el abuelo de Eloisa padecía ataques epilépticos y, de una u otra manera, repercutía en el resto de los componentes de la familia. La epilepsia es una alteración neurológica producida por el aumento de la actividad eléctrica de las neuronas en alguna parte del cerebro y la persona que la padece puede sufrir, de forma repetitiva, convulsiones o movimientos corporales no controlados.

Se desencadenó la guerra y aquel mundo sin sentido donde todo tenía cabida. Recordamos un fragmento del poema que dedicó Antonio Machado a Federico García Lorca después de haber sido asesinado: "Mataron a Federico cuando la luz asomaba. El pelotón de verdugos no osó mirarle la cara". Tras la guerra, la posguerra y con ella, les tocó padecer aquel ambiente tan enrarecido, tan desconcertante que se respiraba por muchas partes, en el que la desconfianza era moneda de uso común.

A pesar de que la familia de Eloisa, por ninguno de los dos lados estuvo implicada en temas políticos y en ese sentido no tenía nada que temer, no en todos los hogares ocurría lo mismo. En su casa se contaba de un señor que permaneció encerrado en su hogar, por miedo a salir a la calle, durante un montón de años.

Muertes, heridos, lágrimas, dolor, miedo, hambre, sed…, nadie gana en una guerra. Como dice el poeta Miguel Hernández: "Tristes guerras si no es amor la empresa. Tristes. Tristes. Tristes armas si no son las palabras. Tristes. Tristes. Tristes hombres si no mueren de amores. Tristes. Tristes".

Fue una penosa época en la que no faltaron las venganzas y denuncias a gente que no había apoyado al bando ganador o, simplemente, que era progresista, con la clara intención de beneficiarse y quedarse con sus tierras; informes negativos, chivatazos y argumentaciones, unas ciertas y otras falsas, dependiendo de que hubieran estado en un bando o en otro, abundaban por doquier.

—Mis padres se casaron y como tenían muy pocas tierras, por mucho que se esforzaban, el camino seguía siendo muy estrecho y oscuro; en su horizonte no se divisaba una luz de esperanza que invitara a continuar en su pueblo —solía comentar Eloisa con una muestra de tristeza en los ojos.

Una vez en Bilbao y, a pesar de que el padre era una persona curtida en el trabajo, la tarea profesional que realizaba no era sencilla. Su labor la desempeñaba en los hornos y, no pocas veces, llegaba a casa con la cara quemada, ya que hacían la limpieza de cobre sin ningún tipo de protección. A esa circunstancia, habría de añadirse los tres turnos a los que debía acomodarse.

De entrada, con la satisfacción que les suponía poder disponer de una vivienda, compraron y habitaron en una chabola ubicada en Monte Banderas, por la que pagaron veinte mil pesetas, una cantidad nada desdeñable para aquella época. Aunque la casa, por llamarla de alguna manera, era pequeña y dormían prácticamente todos juntos, en ocasiones, tuvieron a otras personas, de fuera de la familia, conviviendo con ellos.

—No teníamos agua y me ha quedado grabada la imagen de mi madre yendo al lavadero, que estaba situado en una cuesta, embarazada y con los barreños en la cabeza. Recuerdo que yo jugaba con barro y, durante una temporada, tuve lombrices, que es la forma popular con la que se conoce la infección del intestino por un gusano conocido como *oxiuros* y que, al parecer, está asociada con la mala higiene, con el hacinamiento, con vivir en barrios muy poblados… y de un jarabe rosa que tomaba para combatirla —contaba Eloisa.

Tras la demolición de las chabolas, su familia fue una de las primeras que se incorporó al recién creado barrio de Otxarkoaga, concretamente, el año 1961.

La casa que ocupaban tenía 45 metros cuadrados y en ella, normalmente, habitaban siete personas, es decir, los padres y los cinco hijos, aunque, en ocasiones y dependiendo de las coincidencias, podían vivir ocho o nueve como, por ejemplo, cuando les visitaban los abuelos o si llegaba algún familiar con el objetivo de encontrar trabajo.

—Había tres dormitorios y, a veces, mi hermana y yo dormíamos con mi abuela; en circunstancias especiales, justamente, si venía alguien del pueblo, a nosotras nos tocaba acostarnos en un sofá plegable que teníamos en la sala; para mis tres hermanos había literas. Con relativa frecuencia, colocábamos una banqueta en el cuarto de baño y allí hacíamos los deberes, porque era el único lugar que quedaba libre en la casa.

El nuevo hogar tenía sus ventajas: contaba con agua corriente, disponía de chapa…, pero las casas se hicieron con materiales de muy mala calidad y no pasó mucho tiempo sin que saltaran las alarmas y la mayoría de la gente tuviera que hacer obras. Uno de los inconvenientes más frecuentes suponía el atasco de tuberías.

Al llegar al barrio, entre las principales dificultades que tuvieron que solventar Eloisa y su familia estaba el tema de relacionarse con personas a las que no conocían; es decir, no existía esa amistad tan aconsejable que se crea durante la niñez; significaba volver a empezar como de recién llegados y comenzar a convivir con gente extraña.

Inicialmente, en Otxarkoaga se apreciaba un vacío importante de los elementos básicos con los que debía contar un barrio, lo que denotaba la rapidez y la falta de una buena programación con la que se había hecho. Por citar alguno a modo de ejemplo, no había iglesia, tampoco servicios comunitarios y carecían de escuelas; el primer lugar para la formación académica de los niños y niñas fue un piso y los primeros que se ocuparon de dar clase, monjas y curas.

—Qué recuerdo tan entrañable conservo de aquella excursión que realizamos con los curas de Otxarkoaga. Fuimos un montón de chicos y chicas en tren a Plentzia; suponía nuestra primera estancia en la playa. Todo un acontecimiento —revivió con cariño en una ocasión Eloisa.

Además, viajar al centro de Bilbao en aquellos autobuses rojos de dos pisos era para ellos muy emocionante y novedoso porque, prácticamente, no bajaban para nada. No existía Txurdinaga como tal y, por esa zona, solían ir a coger juncos. En fin, estaba claro que tenían su lugar.

—¡Cómo me encanta todo lo que estás contando, Eloisa! Ya sabes que mi familia también vino de fuera y pasamos por ese período de integración. Me gustaría saber qué tal fue la adaptación en el nuevo barrio —le preguntó en una ocasión con afecto Agustina.

—Pues mira, querida amiga, poco a poco fueron llegando los habitantes de los distintos barrios de chabolas y eso dio como resultado una mezcla de culturas y problemáticas diferentes —respondió tras recapacitar durante unos segundos.

En Otxarkoaga se juntaron varias circunstancias. Primero, no es fácil convivir cuando no tienes una estructura o te incorporas a un pueblo donde se carece de un alcalde y de unas normas. Segundo, allí había alcoholismo, drogadicción, malos tratos... Eloisa contaba con la experiencia de haberse relacionado con una vecina que bebía bastante y que lo hacía a escondidas; recordaba que la mandaba a ella o a cualquiera de sus hermanos a por vino. Tampoco había olvidado a aquella otra mujer que tenía un marido borracho y que la maltrataba.

—Al principio, los gitanos llevaban los burros a las casas. Bueno, ya sé que no es lo mismo que un burro, pero, a veces, también mi madre tenía en la terraza de nuestro piso, hasta que los mataba, los conejos y las gallinas que traía del pueblo —se rió un día Eloisa al rememorar la imagen.

Pasado un tiempo, las cosas fueron mejorando y, una parte de los servicios necesarios y de los reajustes elementales que precisaba el barrio se fueron integrando y, cuando estuvo todo más decente y ya se habían construido las escuelas nacionales, llegó Franco para llevar a cabo la inauguración de Otxarkoaga.

—Por cierto, hablando de la escuela, aunque soy consciente de que hoy puede sonar a paternalismo, rememoro con una mezcla de cariño y nostalgia, los vasos de leche y las vienas de pan blanco que nos repartían para que estuviéramos mejor alimentados. —Al mismo tiempo que mencionaba las viandas, parecía como si todavía estuviera disfrutando de su sabor por efecto de la morriña que deja el recuerdo.

También se fue intensificando de manera importante el tema social. Se crearon grupos recreativos muy interesantes y una asociación de vecinos que trabajó con tesón; con el apoyo de todos, el ambiente mejoró de manera sustancial.

—Eloisa, siento mucha curiosidad por conocer si el hecho de ser de fuera o de vivir en Otxarkoaga os hizo sentiros estigmatizados en algún momento —preguntó una vez Agustina.

—Me alegro de que me hagas esa pregunta y, como te considero mi amiga y percibo tu afecto, te respondo encantada. Por ser de fuera, no, pero la estigmatización se notó muy pronto. En la escuela, no había ningún problema, porque casi todos vivíamos en el barrio, éramos todos iguales, hijos de inmigrantes; sin embargo, sí se observó claramente cuando me incorporé a las monjas, al Colegio de la Vera Cruz, que se construyó arriba de Otxarkoaga, donde iban chicas de Begoña, de Indautxu, en definitiva, de Bilbao. A ese colegio fui a estudiar bachiller y sacaba buenas notas; quería haber sido profesora, pero todo se cruzó y luego no llegué. A la más mínima bronca, rápidamente salían a la palestra frases como: "tú eres de Otxarkoaga, no me extraña que me pegues, porque eres navajera, porque lleváis la navaja a todos los lados". —Afortunadamente, con el paso del tiempo, el hecho solo constituía un recuerdo para ella y no un motivo de dolor.

Así mismo, cuando llegaban a ocupar algún puesto de trabajo, revelar que vivían en Otxarkoaga era como abrir la caja de los truenos y que los miraran de manera diferente. Enseguida salía al escenario la palabra chabolista. Más tarde, con la llegada de los gitanos, la imagen empeoró considerablemente.

—Pero, ¿realmente el ambiente era tan malo en Otxarkoaga, Eloisa? —preguntó Agustina tratando de averiguar el alcance.

—Pues ya sabes cómo suelen ser esas cosas, estimada compañera. Es lo que pasa siempre; se da una noticia y, a pesar de que sea mentira o contada exageradamente, como luego no se desmiente, ahí queda plasmado el relato de manera tergiversada —respondió con tranquilidad.

El hecho concreto a que se refería hacía alusión a que, en una ocasión, hubo un enfrentamiento entre dos mujeres como consecuencia de una pelea de hijos y salió en todos los periódicos. Más tarde, una vez que se encontraba Eloisa en Amurrio, tras bajar del monte con un grupo de compañeros de montaña, oyeron comentar: "Sí, como en Otxarkoaga, que las mujeres se matan unas a otras".

—Yo me decía a mí misma, "pero si no ha habido muertes, simplemente, fue una pelea" —pronunciaba Eloisa todavía sorprendida.

Además, en Otxarkoaga hubo una época en la que mucha gente subía a comprar droga, aunque fuera de Plentzia, de Neguri o del sitio más exquisito, lo que creó una imagen fatal del barrio. Pero en ese caso, ¿es solo un problema del que vende o también del que compra?

—Eloisa, no quisiera molestarte con mis preguntas, pero me resulta tan interesante todo lo que me estás contando, que me gustaría hacer hincapié en algún punto más. ¿Me lo permites? —argumentó Agustina.

—Por supuesto que sí, con total confianza. No tenemos que abochornarnos de nuestro pasado. Por una parte, vivimos lo que nos tocó en suerte y, por otra, hicimos en cada momento, con nuestros aciertos y equivocaciones, porque nadie es perfecto, lo que creíamos que debíamos hacer.

—Gracias, Eloisa. Entonces, prosigo. ¿Tú crees que tus padres estaban contentos aquí o que añoraban volver a su pueblo?

—Mira, tengo mis dudas y, sinceramente, entiendo que no es una pregunta que se pueda responder fácilmente. Te voy a argumentar cuál es el motivo por el que te digo esto. Por un lado, es difícil dejar la tierra donde tienes tus raíces y más, cuando es por necesidad. Por otro, es cierto que realizaron muchos viajes al pueblo y, muy a gusto, pero siempre fueron de ida y de vuelta, es decir, te confirmo que los dos murieron en Bilbao; mi padre con setenta y dos años y mi madre con noventa y dos. —De ahí que Eloisa no se sintiera con un convencimiento total para contestar de forma afirmativa o negativa, sin miedo a equivocarse.

Sin embargo, y, a pesar de lo dicho, inicialmente, su madre se vio muy sola; sus padres estaban lejos y, como bien expresa el poeta Bécquer: "La soledad es muy hermosa… cuando se tiene alguien a quien decírselo". No contó con ninguna ayuda familiar y, cuando se necesita trabajar, es difícil poder compaginar todo y sacar un poco de tiempo para una misma, para llevar una vida medianamente sosegada; aun así, ella supo disfrutar algo más que su padre. Fue muy pocas veces al cine y, más tarde, sí se apuntó a gimnasia para la tercera edad.

—Cómo la recuerdo en las ocasiones en las que se ataviaba de una sonrisa y nos cantaba el romance de "El crimen de Don Benito" y el de "El conde Niño". Yo creo que mi madre sí añoraba el pueblo; de hecho, en el momento en que se hizo mayor y la niebla que empañaba su memoria le concedía algún pequeño resquicio, ella retornaba a su lugar de nacimiento —dijo en una ocasión, Eloisa, entornando los ojos y dejándose llevar por la emoción.

Al mismo tiempo que evocaba con nostalgia aquellos instantes, la mente de Eloisa volvía a la época estival en que solían acudir a Extremadura. Rememoraba, con cariño, cuando su abuelo la llevaba en el burro a por agua; el tremendo calor que hacía; las higueras… Su madre conservó la casa del pueblo hasta cinco años antes de fallecer, que fue cuando la tuvieron que vender para pagar parte del cuidado que requería, dado que contrataron a una persona que la asistía por las noches. Las hijas e hijos se ocupaban de ella los fines de semana. Unos sentimientos que permanecerán para siempre en su corazón y que hacen que aflore un profundo reconocimiento.

—Mi padre, por ejemplo, jamás acudió a ver ninguna película, no se permitió ni una jornada de disfrute y, cuando volvía de la fábrica, además de que los turnos requieren una adaptación, estaba tan cansado que no nos hacía caso. Nunca cogió una baja y le llamaban la atención porque trabajaba más horas que los demás y a mayor ritmo. Hablando en un sentido físico, a mi padre se le podría considerar un bruto del trabajo —afirmó Eloisa mostrando un gran pesar.

En una ocasión, le comentó un psiquiatra a Eloisa, que a las personas que han tenido infancias complicadas les cuesta mucho poder permitirse ratos de ocio y de placer. Para ellas, la obligación y el deber están por encima de todo y les resulta difícil vivir fuera de ese molde.

—Yo crecí con mi madre y con mis hermanos. Mi padre siempre estuvo aparte. Fue un hombre muy triste, solitario, de pocas palabras, rencoroso, que te echaba en cara que viajaras y que intentaras ser feliz. En ese sentido, no representaba mi patrón; no quise ser como mi padre. Creo que a él le costó dejar su tierra más que a mi madre. Sí. Cuando nos llevaba al pueblo, quería enseñarme las pocas tierras que tenían, los campos de colores que añoraba, que eran parte de su vida y a los que yo sé que recordó de forma especial hasta en sus últimos respiros —mencionó Eloisa con un tono de abatimiento.

Agustina escuchaba con suma atención y sin hacer ningún tipo de interrupción.

—Comprendía mejor la forma de ser de mi madre, aunque no compartía el componente de resignación, de sacrificio y de sumisión que ella tenía bien asumido. Sin embargo y, sin querer, incorporé el rencor de mi padre y la resignación y la sumisión de mi madre. Son los ejemplos que fui viendo desde niña y que luego me di cuenta de que los llevaba conmigo, algo que, por otra parte, es bastante habitual, porque siempre tendemos a repetir, incluso sin desear y hasta rechazando, los modelos de las personas con las que convivimos; unos modelos que no pocas veces los desapruebas porque los tienes interiorizados y te hacen de espejo. Es como si, inconsciente e involuntariamente, se tejiera una especie de lealtad familiar a la que estás unido, a pesar de que te dañe y conlleve efectos negativos —dijo Eloisa con total convencimiento.

En Extremadura, las casas eran muy grandes y sus padres poseían animales y disfrutaban, con sus ventajas y desventajas, de una forma de existencia distinta. En su vivienda, la parte de abajo, que la utilizaban en una época del año, tenía losas de granito y, al fondo, estaba el corral con los animales que no olían: el burro, la yegua, las gallinas y los conejos. El cerdo permanecía en el campo. La siguiente planta, donde se hacía la vida en invierno, era de ladrillo y, más arriba, estaba situado el lugar para guardar los cereales, el grano que se mantenía durante el año, y los productos que debían secarse, por ejemplo, los higos.

Evidentemente, no parece que tuvo que ser fácil para unas personas que estaban familiarizadas con aquel tipo de casa y de ambiente el tener que desplazarse fuera de su entorno, a una chabola o a un piso de 45 metros cuadrados. Además, para un hombre acostumbrado a hacer la vida en el campo, permanecer en una fábrica, en jornadas de muchas horas y a turnos…

—Me viene a la mente un poema de Rafael Alberti: "Entré en el patio que un día fuera una fuente con agua. Aunque no estaba la fuente, la fuente siempre sonaba. Y el agua que no corría volvió para darme agua".

—De todas formas y, lo digo por experiencia familiar, en Bilbao también había que trabajar duro para salir adelante, ¿verdad, Eloisa? —comentó Agustina sabiendo de lo que hablaba.

—Ya lo creo que sí, amiga. ¡Qué razón tienes! Pero no nos vamos a engañar, la vida en cualquier lugar es dura para los pobres.

—"Más vale riqueza de corazón que tristeza de posesión". Nos quedaremos con ese refrán, Eloisa —comentó Agustina.

—Tanto mi padre como mi madre trabajaban lo que fuera necesario para sacar a la familia adelante porque, a pesar de que mi padre realizaba toda la labor que podía en la fábrica, el sueldo que percibía no era tan alto como el que estaba estipulado en Altos Hornos y, claro, tenían muchas bocas que mantener. Por ese motivo, mi madre, a la faena de casa, al cuidado de los cinco hijos, con las pocas comodidades que había, sin lavadora, con lo que nos manchábamos de barro porque jugábamos en la calle, unía un par de tareas más que llevaba a cabo fuera.

—La verdad que tenía que ser un esfuerzo ímprobo, añadió Agustina.

—Sí, lo era. Se levantaba al alba, era joven y con muy buena correa para trajinar, pero eso no restaba ningún mérito, ya que, en ocho años, habíamos nacido los cinco hijos. Lo cierto es que nunca la veías parada; no tenía tiempo para eso.

El primer trabajo de la madre de Eloisa fue limpiar las escuelas y como no contaba con alguien para dejar a los hijos, los llevaba a todos con ella y les tocaba colaborar. A Eloisa esa situación le daba vergüenza y, además, no podía jugar, porque era salir de una escuela y meterse en otra, pero a limpiar.

—¡Cómo pesaban los pupitres y aquellas escobas! y, qué decir de la primera vez que tuve que meter la mano para higienizar el inodoro —recordaba entre risas y un poco de rabia también.

Su hermano, el mayor, movía los bancos, pero determinadas tareas, su madre se las mandaba a ella. A veces, lo pasaban bien, porque eran niños y jugaban, aunque una cosa era tener que ir un día a la escuela a trabajar con su madre y otra, de lunes a sábado. Había días que se tiraban hasta las nueve de la noche; en cualquier caso, dos o tres horas diarias sí estaban ocupados en esa labor.

—En ocasiones, digo que he tenido poca relación de amigas, porque la etapa de hacer compañeras, que es durante la niñez y la adolescencia, no disponía de mucho tiempo libre y, cuando tuve oportunidad, no me resultaba muy fácil, yo creo que por falta de hábito

—Sí, hacer amigos en la infancia es mucho más sencillo. Además, los sentimientos negativos que acompañan a los adultos no encuentran espacio en la mente de los niños o, por lo menos, no con la misma intensidad —afirmó Agustina.

—Encima, al ser chica y la mayor de las hermanas, en casa siempre me tocaba hacer más labores. Yo me rebelaba y me quejaba. —La dolorosa— me llamaban.

—O sea que, por añadidura, con guasa.

—¿Por qué no le mandas a él que es mayor?, —solía decir refiriéndose a su hermano— y, así, yo podría jugar más rato en la calle; pero, ¡qué va!, tenía que volver antes, a pesar de que intentaba rapiñar todo el tiempo posible. Con el paso de los años, aquella rabia se convirtió en morriña —afirmó Eloisa.

—Pero, bueno, era lo habitual y lo normal en una chica que debía desempeñar, el día de mañana, las tareas que correspondían a lo que se entendía como una buena mujer de su casa —dijo Agustina con un tono irónico.

El segundo trabajo de su madre consistía en preparar la comida a los curas y seminaristas; una ocupación que resultaba más llevadera. Pero, a pesar de que estuvo realizando esa labor durante un montón de años, no estuvo asegurada y fue una pena porque, de haber sido así, hubiera podido cobrar una pequeña pensión.

En casa de Eloisa, aunque todos los hijos comenzaron a trabajar siendo muy jóvenes y aportaban un salario, no sabían de vicios. Tomaban sopa de tomate o migas para desayunar, para comer y para cenar, porque era la manera de aprovechar el pan que quedaba. No se tiraba nada.

—¡Qué economía doméstica! Terminé saturada y no he vuelto a probar las migas desde aquellos años —afirmó Eloisa.

La fruta y la carne no se veían mucho en su casa y, el pescado, menos todavía. De hecho, ella tuvo problemas de anemia.

—Quizá por asociación de ideas, qué oportuno recordar al poeta Blas de Otero: "Si he sufrido la sed, el hambre, todo lo que era mío y resultó ser nada, si he segado las sombras en silencio, me queda la palabra" —pronunció Eloisa impregnada del amor que le producía el mundo de la poesía.

—Con lo bueno y con lo malo, es hermoso rememorar las vivencias.

—Me acuerdo de mi primer abrigo y de los primeros zapatos bonitos que tuve. Cómo olvidar, tampoco, los cartones que nos poníamos en el calzado cuando teníamos agujeros para hacerlo durar más. Inclusive, de lo que heredábamos o nos pasábamos de unos a otros. También recuerdo muy bien todos mis juegos de la infancia: la goma, el hinque, el escondite, el aro, las canicas… y aquel robarle tiempo al espacio que nos quedaba entre las dos escuelas. —Tras terminar la última frase, Eloisa suspiró y sonrió.

Los domingos o cualquier otro día, si disponía de un rato libre, Eloisa solía escribir. La escritura le sirvió como terapia y el simple hecho de poner en un papel muchas de las cosas que llegaban a su cabeza, significó para ella una especie de liberación del alma y le hizo más consciente.

También le encantaba leer. En su adolescencia, disfrutaba mucho con García Lorca y recordaba su frase: "¡Libros! ¡Libros! Hace aquí una palabra mágica que equivale a decir: "amor, amor", y que debían los pueblos pedir como piden pan o como anhelan la lluvia para sus sementeras". Así mismo, gozaba con Miguel Hernández, con Machado, con Alberti… Se rodeó de poesía en aquellos años; era una ayuda para entender las penas, para estimular la manifestación de sentimientos y para acrecentar la creatividad.

Traslado de las chabolas del barrio Uretamendi de Bilbao por los propios vecinos con motivo de la construcción de nuevas viviendas, con la presencia del padre Jesuita David Armentia. Vistas de la Iglesia Nuestra Señora de Belén, ya desaparecida. 1960.
ARCHIVO MUNICIPAL DE BILBAO.
Fondo: Ayuntamiento de Bilbao.
Autor: Desconocido.

AVATARES DE LA VIDA

Luisa y Matilde continuaban muy a gusto escuchando las vivencias que constituía el mundo de Eloisa. Aun así y, por prudencia, antes de continuar con su relato, Agustina preguntó:

—¿Queréis que os siga contando la historia de mi compañera de trabajo y, al mismo tiempo, gran amiga? Yo sé que no estoy revelando secretos que ella no desea que se sepan y que los testimonios que me ha ido desgranando, a la vez que no hay ningún reparo para que los haga extensivos, son interesantes y pueden enriquecer. Ha tenido equivocaciones y aciertos. Opino que, en ocasiones, ha sido excesivamente tolerante, aunque también ha demostrado ser valiente, ha sabido cortar, con mucho esfuerzo, con situaciones que no la llevaban a ninguna parte y ha dejado al descubierto una buena disposición para dirigir las riendas de su vida, pero vosotras me diréis si queréis que prosiga.

—Por supuesto que sí, Agustina, ya te habrás dado cuenta de que estamos sin pestañear —afirmaron Luisa y Matilde.

—De acuerdo; entonces, continuaré. Esta otra parte es totalmente distinta. La verdad es que Eloisa no ha tenido ningún problema en relatarme con todo detalle cualquier información que a mí me haya podido interesar, así que siempre he podido preguntar con toda tranquilidad y ella me ha respondido gustosa —dijo con la certeza de saber que gozaba de la confianza de su amiga.

A la edad de 15 años, Eloisa se incorporó a Comunidades Cristianas de Base en Bilbao; así, se impregnaba de esa parte más progresista de la Iglesia. Se reunían en un piso muy grande situado en la calle Solokoetxe. Hacían excursiones al monte y, algunas veces, iban de colonias.

A la edad de 17 años, comenzó a desempeñar su profesión laboral y, al mismo tiempo, hacía bachiller superior por la noche. Cuando estaba en COU, vivió una experiencia muy desagradable que cambió el rumbo de su vida: sufrió un acoso sexual en el trabajo. Ello conllevó que pasara de tener notables y sobresalientes en el primer trimestre, a sacar muy malas notas, hasta que optó por dejar de estudiar.

—Empezó el acoso de un hombre y un período de mi existencia de aquella época está como borroso. Sufrí un *shock* emocional muy importante. No podía comprender el mensaje que predicaba en su vida diaria y, a pesar de que era capaz de entender su deseo sexual, no admitía esa imposición cuando la otra persona no le había dado su consentimiento, con el agravante de que, como no accedía a sus deseos, me dejaba bien claro que era una frígida y que no haría feliz a nadie.

—Qué etapa tan desagradable tuvo que pasar y él, qué canalla —dijo Luisa, a la vez que Matilde asentía con la cabeza.

—Fue un tiempo muy complicado. Intenté explicarlo y pedir ayuda, pero tuve que sufrir la humillación de escuchar que era yo la que había provocado esa situación. Además, era muy difícil que me lo admitieran, porque si uno tiene poder, su credibilidad suele estar a buen recaudo. Lo hablé con mi madre, pero no obtuve ninguna solución a mi problema; con el paso del tiempo, pude entender que le sobrepasó, pero en aquel momento, sí esperaba que le hubiera dicho algo a aquella persona. Respecto a mi padre, no sé qué puedo añadir porque, en aquella época, las cosas familiares a los hombres no les afectaban mucho; iban a trabajar y punto —confesó un día Eloisa.

—Entonces, amiga, ¿crees que tu madre, en esa ocasión, no fue el soporte que esperabas o que necesitabas?

—Así es, Agustina. No recibí ningún apoyo; es más, al revés, me presionó para que siguiera trabajando porque, de lo contrario, mi padre le iba a reñir a ella. Se necesitaba el dinero en casa. Entonces, yo opté por coger una excedencia y empecé a prestar mis servicios en otro sitio.

—Muy bien, una buena decisión; cortaste por lo sano.

—Al mismo tiempo, comencé a militar en partidos políticos y estuve en las Juventudes de Izquierda Comunista. Solía repartir panfletos cuando era joven. Los llevaba a casa, los escondía y mi padre me los tiraba. Después, a los 21 años, me fui de casa y viví en diferentes pisos de la margen izquierda, hasta que me compré una buhardilla en Bilbao. Sufrí las vivencias de los estados de excepción, las manifestaciones y aquellos años tan oscuros y difíciles, pero a mí la rebelión me supuso una manera de pronunciarme no solo contra el sistema, sino contra mi historia familiar también.

Eloisa permaneció callada durante unos segundos y prosiguió con una puntualización.

—Coincidiendo con aquella época, a uno de mis hermanos le diagnosticaron esquizofrenia, un trastorno mental grave que afecta al pensamiento, al comportamiento y al mundo de las emociones y que influye en la actividad del día a día hasta poder mostrar una deficiencia que imposibilita la facultad de vivir con normalidad. Las personas con esa patología pueden retraerse de los amigos, de los familiares y, de la sociedad en general, no sentir placer, tener un humor irritable o depresivo, padecer alteraciones en el sueño y adolecer de motivación.

—Eloisa, ¿y tu hermano se encontraba bien hasta entonces? —preguntó Agustina mostrando un punto de sorpresa ante su desconocimiento de la enfermedad.

—Sí, así es. De hecho, no había instituto en Otxarkoaga y él bajaba al instituto de Bertendona cuando los exámenes eran a distancia. Sacaba muy buenas notas, pero hubo algo que hizo *crack* en su cabeza. La relación con mi padre no fue beneficiosa y la mili tampoco; de allí, vino hundido y empezaron las complicaciones. Aprobó una pequeña oposición y comenzó a trabajar y, gracias a esa actividad, de vez en cuando, podía tener períodos buenos —dijo en un tono de voz que ponía al descubierto un sentimiento de tristeza.

Tuvieron la gran suerte de conocer a una psiquiatra a la que la familia debe un montón de favores. Por ejemplo, en la empresa en la que trabajaba, quisieron que firmara la excedencia y ella mostró su clara oposición, argumentando que, mientras estuviera en su mano, le daría todas las bajas que fueran necesarias, dado que, si tenía períodos aceptables de trabajo, a él le venían muy bien porque era importante que saliera y que no se encerrara, que es lo que luego pasó.

Concretamente, al cabo de ocho años, le dieron la incapacidad y es cuando se tiró diez años recluido en casa. Como dice el poeta Juan Ramón Jiménez: "Mis únicas dos armas: tiempo y silencio". Para la familia y, especialmente para la pareja, convivir con alguien que tiene una enfermedad mental no es fácil, porque no sabes qué hacer. Hoy en día, hay centros y asociaciones que te ayudan, pero en aquellos años, la gente estaba mucho más desprotegida.

La madre permanecía cantidad de noches sin dormir cuidando al hijo enfermo. En una ocasión, el chico se tiró por la ventana. Se cayó sentado, no se hizo gran avería, pero no fueron a urgencias. Recordaba Eloisa que, cuando se enteró, le dijo a su madre que debían haber acudido al hospital y todo lo que obtuvo por respuesta fue: "he estado las veinticuatro horas del día con él para ver si no le pasaba nada". Se daba una dependencia muy grande entre la madre y el hijo; ciertamente, es muy difícil cuidar a un enfermo y amarlo. Bueno, todas las personas que tienen un familiar con un trastorno mental saben que eso no es fácil, así que cuando lo necesitaba, era Eloisa la persona que lo ingresaba.

—Qué duro y qué penoso tiene que ser para una madre ver a un hijo joven y con la vida marcada de forma tan negativa —dijo Agustina.

La vida de Eloisa iba cambiando, hasta que dio un giro total. Conoció al que fue su primer amor y su primer dolor.

A raíz de las insinuaciones del acosador de denominarla frígida e incapaz de hacer feliz a nadie, se planteó el reto de estar con un hombre. Hasta entonces, no había tenido relaciones sexuales con nadie y, cuando estaba a punto de cumplir 19 años, comenzó su idilio con un chico que era médico. Estuvieron juntos casi doce años; no se casaron, no cohabitaron, pero sí eran pareja.

De su relación con él, tuvo tres abortos provocados; el primero, a los 20 años, debido a un embarazo originado por un descuido. Como en el Estado español esa actividad era ilegal, la solución consistía en desplazarse a Francia, concretamente, a Burdeos, para deshacerse del hijo que llevaba en sus entrañas. Cuando Eloisa contaba la edad de 25 años, quería tener un hijo, cayó embarazada por segunda vez y él, inicialmente, accedió gustoso a que se produjera el nacimiento del niño y a que formaran juntos una familia, pero pasó poco tiempo, se hizo con una amante y le pidió de rodillas que abortara. Ella cedió y volvió a trasladarse al país vecino para lograr el objetivo perseguido por el novio. El tercer aborto fue como consecuencia de un embarazo no deseado y que resultó por el fallo de un condón.

Una de las cosas de las que más se lamenta Eloisa es de no haber tenido el hijo del segundo embarazo. Eso le hizo mucho daño. Confiesa que, aquel hombre significaba todo para ella y lo amaba tanto, que le consintió hasta tener amantes. A veces, le decían en el barrio: "mira, que está saliendo con fulanita". No se lo podía creer, hasta que un día lo persiguió y los vio, pero con tal de que la quisiera, hizo cosas de las que se ha arrepentido, pero bueno, las hizo y punto. Eso lo comenta Eloisa con el convencimiento de que, como las cosas del pasado no se pueden borrar, no tiene ningún sentido que le sigan atormentando eternamente.

En un momento determinado, su vida tomó un nuevo rumbo. Sus pasos se dirigieron hacia Nicaragua y Cuba con unos amigos del partido en el que estaba militando. Siempre había experimentado la necesidad de viajar a otros países por dos motivos fundamentales: por una parte, para extender el cristianismo, aunque esa aspiración de seguir sintiéndose cristiana hacía tiempo que ya la había abandonado y, por otra, porque era una persona hambrienta de curiosidad y de conocer mundo. En Nicaragua, además, había ganado el Frente Sandinista, que es un grupo de izquierdas y quería ver cómo se transformaba la sociedad.

La primera vez que se desplazó a esos dos lugares descubrió unos países exóticos, luminosos, llenos de colorido, sensuales, todo lo opuesto a Bilbao y a la vida que ella había conocido hasta entonces. Tan impactada quedó de su viaje, que decidió volver en otra ocasión.

Pasó un tiempo y se apuntó a unos comités internacionalistas que hacían intercambios de voluntariado con Nicaragua. Había sacado el título de auxiliar de clínica y le propuso a su novio que, al ser médico encajaba muy bien con el plan que ella perseguía, trasladarse juntos. Él rechazó su iniciativa y ella emprendió el viaje sola. Cogió excedencia, alquiló la casa en la que habitaba en el Casco Viejo de Bilbao y con ese dinero, vivió un año en Managua, es decir, en la capital de Nicaragua.

—¡Qué capaz y qué valiente fui! No sé cómo pude hacerlo. Tenía muy poca experiencia como auxiliar de clínica y allí me enseñaron un montón de cosas. ¡Qué bien que me marché! Hay mucha gente que se le llena la boca hablando de lo que damos al tercer mundo; yo valoro lo que nos dan ellos. Les ofrecemos lo que no queremos y nos corresponden con lecciones de humildad. El primer año, que estuve en el ministerio de salud, se me cayó el alma a los pies. Conocí a personas que, todavía en aquella época, parían en cuclillas en Nicaragua.

Más tarde, permaneció en la costa atlántica. Iba con una ONG, aunque, a decir verdad, el proyecto que llevaban entre manos no salió bien, pero en aquellos tres meses, sí tuvo ocasión de tratar más a fondo con los negros. Después, se trasladó a una zona del interior de Nicaragua a colaborar con una ONG sanitaria y montaron una clínica con métodos anticonceptivos y con el objetivo de que la gente pudiera operarse y hacerse ligaduras de trompas, porque uno de los muchos problemas era la paternidad responsable, es decir, los hombres procreaban hijos con las diferentes mujeres porque, a veces, tenían comadres, pero no querían hacerse cargo de los hijos que habían engendrado con la anterior.

Eloisa suele confirmar que Nicaragua le vino fenomenal para lograr uno de los propósitos que perseguía: distanciarse de su vida familiar y amorosa y, de esa manera, alcanzar un mayor bienestar emocional y mental. Sabía que no disfrutaba de una relación de pareja sana, que posturas que no deberían de parecerle normales las había normalizado, que precisaba separarse de aquel novio al que era consciente de que no podía cambiar, que iba a continuar siendo igual y que, por consiguiente, ella tenía que modificar su posición; aunque lo quería mucho, necesitaba dejarlo. Esos tres años le sirvieron para sacar fuerzas y alejarse de toda la historia de su existencia un tanto borrascosa.

Cuando regresó a Bilbao, estuvo con él un fin de semana y se dio cuenta de que ya no sentía lo mismo y, a pesar de que lo quería, aun cuando a veces no sabía si confundía el amor con la dependencia, con la costumbre o con el miedo a perderlo, la cosa no tenía visos de continuidad.

Su novio nunca pretendió dejarla y siempre le pedía que volviesen. Deseaba tener amantes, pero también necesitaba estar con ella; valoraba lo que hablaban, lo que Eloisa escribía, los temas políticos que trataban, porque, pese a que no tenía estudios superiores, era una mujer muy curiosa y había leído mucho. Pero ella no quería eso en su relación y, al final, le dijo que no. Para entonces, él ya tenía un hijo con una mujer ecuatoriana.

Por añadidura, a Eloisa le afectaron dos circunstancias especiales: por una parte, no tenía plaza en el trabajo anterior, así que se dedicó a cuidar enfermos; por otra, como consecuencia de las inundaciones que asolaron la villa en 1983, la casa que había comprado en el Casco Viejo se vio seriamente dañada, lo que le impidió vivir en ella y, como resultado, volvió a casa de sus progenitores.

—Los dos años que conviví con ellos me parecieron muy dolorosos y fui consciente de que, algunas cosas que criticaba de mi padre y de mi madre, por ejemplo, el rencor o el no sacar la rabia, las tenía yo. Algo muy importante creo que es el percatarse de que estás reproduciendo unos determinados patrones, porque de esa manera es cuando puedes intentar cambiar tu forma de sentir y de actuar —dijo en una ocasión Eloisa.

Compaginando con su trabajo, comenzó a estudiar Enfermería, aunque su objetivo no lo pudo terminar en su totalidad, ya que la etapa no se presentaba halagüeña y esa época coincidió con dos intentos de suicidio de su hermano. Su madre llevaba diez años sin ingresarlo y sin descansar muchas noches porque, en ocasiones, él no tomaba las pastillas y se levantaba, así que no dormían ninguno de los dos. Para sus padres, todo aquello era muy difícil y se hizo cargo más a fondo del cometido de su hermano. Cada vez que había que ingresarlo o hablar con algún psiquiatra, iba ella y, algunas veces, no resultaba una tarea sencilla.

En un momento determinado, al de diez días de estar su hermano ingresado, una psiquiatra, sin el menor atisbo de sensibilidad, les comentó que lo iba a mandar a su domicilio porque ya lo veía un poco mejor. Tuvo que enfrentarse a ella y decirle que eso no era posible porque no estaba estabilizado. A continuación, en presencia del muchacho, preguntó a la madre a ver si lo quería llevar a casa.

—Pedí a mi madre que saliera y procedí a hablar con aquella profesional. Por un lado, le sugerí que nunca preguntase a una madre o a un padre, a ver si quiere que ingresen o que den de alta a su hijo, estando él delante. Por otro, le recomendé que leyera el historial de un enfermo que llevaba diez años sin ingresar —dijo Eloisa con un tono de voz que denotaba la incomodidad que sintió en aquel momento.

—Es que lo traen aquí para descansar ustedes —respondió la psiquiatra.

—Eso no es así, pero, aunque fuera verdad, ¿sabe usted lo que supone tener un hijo enfermo durante veinte años y que no haya estado ingresado en tanto tiempo? —argumentó Eloisa.

A veces, se encontraban con personas que eran como tener enfrente un muro infranqueable.

—En otro momento concreto, le dije a un psiquiatra del Hospital de Basurto, que entendía que no debían limitarse a recetar pastillas a los enfermos, sin adquirir ningún compromiso adicional por su parte y que tuvieran que ser las familias las que se ocupasen de dárselas y de apañarse como o cuando pudieran. En nuestro caso particular, le propuse llegar a un acuerdo firmando un contrato. Él lo haría como médico, mi hermano, como afectado y yo, como familiar.

Aceptó la idea y firmaron los tres.

—De esa manera, el ingreso dependía del médico y no de los familiares que solíamos tener que pedirlo cuando le veíamos mal. Mi hermano se comprometía a tomar la medicación, que era la forma de que se mantuviera bastante estable, porque el problema de esos enfermos es que, en ocasiones, no la toman o la tiran porque tiene efectos secundarios, pero claro, al mismo tiempo, los normaliza. También adquiría el deber de no hacer levantarse a mi madre durante la noche para que le diera cigarros. El planteamiento sirvió para mejorar la situación —argumentó Eloisa con una sonrisa que reflejaba la alegría del logro conseguido.

A nivel general, aquellos años fueron difíciles en todos los sentidos. Eloisa nunca ha estado a favor de la lucha armada, pero siempre ha permanecido en la pelea social. Tras su regreso de Nicaragua, participó en las primeras asambleas de mujeres de Bizkaia; en el tema de los abortos; en una ocasión, estuvo encerrada con un grupo de personas que sumaban cuarenta, en la comisaría de Indautxu; fue delegada sindical; presidenta de la asociación de padres y madres donde estudió su hijo y lograron que cambiase el trayecto del tranvía que rodeaba la escuela. De esa manera, consiguieron un patio que estaba situado en la parte de atrás y los niños dispusieron de un espacio para jugar.

—Recuerdo una anécdota con Azkuna. Ya sabes el humor socarrón que tenía. Me llamó "mosca cojonera". Estábamos en la inauguración del patio la directora de la escuela, otras dos personas y yo. La verdad es que nos costó años de pelea el asunto. La directora me presentó como la presidenta y una de las que había estado en la lucha por lograr aquel espacio.

—Bueno, has sido un poco mosca cojonera —me dijo el alcalde.

—Pues me lo voy a tomar como un piropo, porque ya ha costado que nos lo dierais.

¡Cómo se reían las dos! Eloisa recordándolo y Agustina imaginándose la situación.

La parte social, la intención de cambiar aspectos de la sociedad, quizá por lo que le había tocado vivir, siempre estaba en el pensamiento de Eloisa, pero ya no apostaba con la misma intensidad por los partidos políticos, porque en Nicaragua se le cayeron muchos esquemas y estructuras de control. Considera que es muy fácil juzgar las cosas si no estás viviendo lo mismo que las personas a las que estás dictaminando, es decir, las afectadas. Cuando perdió el frente sandinista, había una guerra en Nicaragua, de baja intensidad, pero era una guerra. Mandaban a sus hijos a luchar, a veces, no tenían para comer y la única grasa que les llegaba era la de soja, que la enviaban los cubanos o los rusos. Eloisa recordaba que ella y su grupo podían ir a la tienda diplomática, pero los nicaragüenses no.

—Yo apostaba porque la ideología política, de unos y de otros, estuviera fuera de la escuela. Cuando fui a ver la película Maixabel, a cuya presentación también acudió ella, tras finalizar, pudimos hablar y le felicité por el camino que había construido al perdonar a los que mataron a su marido y por la actitud que demostró para dar vuelta a la historia. ¡Qué años tan turbulentos para todos! —rememoraba Eloisa.

—Pues sí que has tenido una vida activa, amiga mía.

—Espera, Agustina, que estoy recordando la sorpresa que nos llevamos una vez que entraron paramilitares en mi casa. Trata de poner toda tu imaginación en funcionamiento para percibir el ambiente —dijo enfatizando Eloisa.

En la misma calle en la que vivía ella estaba, por aquel entonces, la sede de Euskadiko Ezkerra y el hecho acaecido coincidió con la celebración de las fiestas de Bilbao, por lo que había muy poca gente en el edificio. Además, no hay que dejar de lado que antes, en el Casco Viejo, que era territorio comanche, algunos drogadictos iban a pincharse al portal.

Su piso disponía de unas ventanas en el techo y, de repente, a través de ellas entraron dos individuos. Las dos chicas y los dos chicos que se encontraban en la casa se quedaron sobrecogidos. Uno de los recién llegados les tiró del pelo y los lanzó para la pared y el otro los fue cogiendo uno a uno. Les dijeron que los conocían, que eran de Otxarkoaga y que tenían sus datos. Eloisa se orinó.

Su vecino era militante del Partido Comunista y uno de los primeros que salieron con la amnistía. Tras escuchar ruidos, abrió la puerta y en ese momento lo prendieron y añadieron: "Sabemos que tú has sido amnistiado, que eres del PC".

Eloisa no olvida un cuchillo en el cuello y la canción de Violeta Parra que llegó a su mente y que habla de que las personas, hasta las más duras o las más agresivas, tienen un punto de vulnerabilidad, así que puso en práctica su estrategia y empezó a llorar de manera consciente, claro.

—Estábamos en sus manos, nos podían violar o hacer lo que quisieran. Finalmente, nos aconsejaron que no denunciáramos porque, de lo contrario, irían a por nosotros; que no saliéramos de casa hasta que pasaran veinte minutos o media hora y, tras darnos esas órdenes, se fueron. Pusimos la denuncia, pero nunca nos llamaron para declarar y, más tarde, nos enteramos de que ese mismo día habían asaltado paramilitares la sede de Euskadiko Ezkerra. Entonces, pensamos que fueron los mismos. Imagínate, Agustina, el impacto que pudo suponer para nosotros el hecho; tanto es así, que mi amiga no quiso nunca más volver a mi casa.

—Estoy sobrecogida. ¡Qué fuerte me resultan algunas de las cosas a las que has tenido que enfrentarte!

—Sí, Agustina, tienes razón, en la vida siempre pasan cosas; supongo que unas son buscadas y otras que llegan por añadidura, pero, en cualquier caso, no hay más remedio que tratar de solventarlas —respondió Eloisa con el aplomo que muestran las personas que se sienten curtidas por las batallas disputadas.

—Y, ¿qué fue de tu novio, volvisteis a estar juntos como pareja, tienes algún tipo de relación ahora?

—No, no volvimos. Al poco tiempo de mi regreso hice algún curso de medicinas alternativas con él, que es a lo que mayormente se dedicaba. Nos distanciamos bastante porque sufrí por muchas cosas que fueron ocurriendo y el que no haya reconocido el daño causado me cuesta digerirlo. Además, en el tema de cuestiones sociales, que a mí me ha motivado y en el que he encontrado un aliciente de trabajo, él no se ha movido —expresó con poco entusiasmo.

En su momento, Eloisa le había dedicado un poema en el que sugería que rompiera cordones umbilicales, porque era una postura muy egoísta y muy cómoda vivir en casa de su madre, poder estudiar gracias a que su padre era empleado de Altos Hornos y contaba con un buen sueldo y, encima, tener una novia que estaba trabajando y dispuesta a pagarle todo lo que quisiera. Posteriormente, en un encuentro casual y tras haber estado debatiendo sobre las vacunas, él comentó: "Cómo te hacía de menos cuando tú escribías mejor que yo".

—Le confesé que lo quise tanto, que había aguantado cosas que no se las debería haber permitido y que me arrepentía de multitud de temas, aunque ya no podía borrar el pasado. Pero, así de ciego suele ser el enamoramiento. Como afirma el poeta Bécquer: "El amor es un misterio. Todo en él son fenómenos a cual más inexplicable; todo en él es ilógico, todo en él es vaguedad y absurdo". Ahora, siempre que me ve, me dice: "Si quieres alguna consulta, si necesitas algo, ya sabes".

Eloisa, tras aceptar el pasado, llegó al convencimiento de que, para superarlo, debía obtener una enseñanza de lo vivido y construir un presente que le motivara.

—Me siento orgullosa al pensar que he podido salir sin él. Tengo que reconocer que estuve un tiempo que me costó mucho sacarlo de mi corazón; era consciente de que lo quería, pero sabía que no era posible continuar, que aquella situación no me llevaba a ninguna parte —manifestó con total seguridad.

No era cuestión de arrepentirse, de llorar, de lamentarse o de permanecer sumida en el ayer, sino de meditar con serenidad y buscar una solución que le permitiera caminar hacia delante

—Cuando oigo a alguna persona que dice que sigue amando a su pareja y que por eso tolera hasta lo inimaginable, reflexiono y siempre llego a la conclusión de que, por mucho que quieras a alguien, si tú sabes que no va a cambiar y que proseguirá haciéndote daño, tienes que romper. Como bien expresa la frase de Dolores Ibárruri - La Pasionaria: "Aveces hay que darle vuelta a la hoja y comenzar de nuevo AUN QUE CUESTE O DUELA…".

—Eloisa, ¿cómo sigue tu hermano ahora, está tranquilo y feliz?

—Se muestra contento, Agustina. Vive en una pequeña residencia que hay en Otxarkoaga, en la que residen diez personas. Nos parecía que era importante que continuara en su barrio, que viera a los amigos de toda la vida, que pudiera estar con mi madre con asiduidad; en definitiva, que no saliera del entorno que conoce porque, sacar a un enfermo mental del ambiente en el que se siente protegido es como dejarlo desnudo, por eso conviene que permanezca en ese espacio. Además, las aglomeraciones y las ciudades grandes le dan miedo. Inicialmente, intentamos que estuviera en un piso, pero él necesita otro tipo de estructura en el día a día; por ejemplo, indicarle que tiene que bañarse, relacionarse, sacar la basura o ayudar en la cocina. Van de vacaciones quince días al año y hacen algunas excursiones. Ya tiene 70 años —pronunció mostrando cariño.

—¡Cuánto me alegro de que esa elección, tan bien razonada por vosotros, haya resultado acertada para él!

—Antes, la Diputación tenía estipulado que, al cumplir 65 años, automáticamente los mandaran a una residencia normal. Pero ¿qué puede suponer para un enfermo mental, que lleva años tratando con gente joven, esa nueva situación? Él tiene hermanos, estamos cerca y vamos a visitarlo; no obstante, si lo desplazaran a un pueblo un poco lejano, aunque haya tren, las visitas siempre se reducirían. En el caso de personas que no tienen familia ese traslado los desarmaría totalmente; allí, además de solos, también estarían perdidos después de tanta lucha por estabilizarlos. Cuando llegue el momento que no pueda valerse por sí mismo irá a una residencia, pero, entre tanto, está muy integrado en su vida diaria —expresó convencida y satisfecha.

—Sí, creo que tienes razón y el día a día os marcará las pautas de actuación.

—Mi hermano, al cabo de los años, me dio las gracias por haberle ayudado a ocupar una plaza en el lugar en el que actualmente reside. Me acuerdo de una psicóloga que me dijo: "Eloisa, tú, ahora, dedícate solo a quererlo, no a cuidarlo, que cuando tienes que hacer las dos cosas a la vez es complicado" y creo que tenía razón.

—¿Y tu madre, Eloisa?

—Mi madre siguió viviendo en su piso de Otxarkoaga hasta que necesitó utilizar silla de ruedas; entonces, como la posibilidad de contratación de varias personas para su cuidado no era fácil, la ingresamos en una residencia. Falleció poco antes de que la Covid nos visitara —dijo con una señal inequívoca de nostalgia.

—Eloisa, ya que me ofreces la oportunidad de hacerte las preguntas que considere de interés, me gustaría saber si te casaste más tarde.

—Sí, me casé con un chico estupendo, con el que llevo ya muchos años; tengo un hijo maravilloso que me da muchas satisfacciones; cuento con este trabajo, que es muy gratificante y, ahora, a mi lista de amigos y amigas te añado a ti, que eres extraordinaria, Agustina.

—¡Cómo me alegro de que tu historia haya continuado así de bien, Eloisa! y gracias por brindarme la oportunidad de contar con tu amistad, que ya sabes que la correspondo encantada y sin ningún tipo de limitación.

Tras concluir la narración de Eloisa, Agustina miró a Luisa y Matilde y puntualizó:

—Cuántas vueltas damos en nuestro caminar y cuántas experiencias adquirimos en esta escuela que es la vida, ¿verdad, chicas? A veces, parece que estamos al borde del precipicio, al término de nuestras fuerzas, que ya no podemos más, pero es impresionante la capacidad que tiene la mente para no permitirnos que permanezcamos sumidos en el abatimiento del pasado para siempre; que después de superar un fracaso o una lucha perdida, nos da la posibilidad de volver a mirar al futuro con esperanza, pensando que el mañana existe y, lo que es muy importante, recobrando la libertad malograda como consecuencia de la derrota y dándonos la oportunidad de recuperar la confianza en las personas.

—¡Qué razón tienes, Agustina! Algo sabemos, también, Matilde y yo del tema. Pero, qué bonito es compartir nuestras experiencias. Además, es cierto que las alegrías nos han proporcionado momentos muy felices, si bien, así mismo, las penas nos han dado un bagaje, una destreza y nos han enriquecido. Nos hemos equivocado, algo que es muy humano, a pesar de lo cual, somos mujeres valientes; no permanecemos acobardadas; caminamos con paso seguro y trabajamos firmemente, con convencimiento y acción, para construir un mundo mejor. Me encantan las palabras de la literata bilbaína, Ángela Figuera: "No quiero que el labriego trabaje sin agua, que el marino navegue sin brújula, que en la fábrica no haya azucenas, que en la mina no vean la aurora, que en la escuela no ría el maestro" —señaló Luisa.

—Es precioso ese poema y, aunque ya os iba a contar mi relación con Iñaki, por asociación de ideas, es en este momento cuando me viene a la cabeza un gran compañero de trabajo y, al mismo tiempo, el hombre que creo que podrá ocupar, sin miedo a equivocarme, el puesto que dejó vacante Mateo. ¡Qué buena persona es con todo el mundo y cuánto me ha ayudado! —dijo Agustina con una cálida sonrisa.

—¡Qué ilusión tan grande me producen tus palabras! Celebro que hayas encontrado la persona que te hace feliz y que te compensa de todos los sinsabores padecidos. Además, en cualquier circunstancia, el verdadero amor siempre nos alienta, nos protege y nos invita a dar lo mejor de nosotros mismos —dijo Luisa alegrándose por la noticia de su amiga y, tal vez, pensando en aquel hombre al que tanto quiso y que se quedó en la tierra extremeña que le vio nacer.

—A partir de ahora, y, tras nuestro reencuentro, será un placer que podamos quedar con frecuencia, Luisa. Así mismo, me complace mucho haberte conocido, Matilde y estaré encantada de que nos veamos las tres. Os contaré cómo es Iñaki y mi relación con él, cuánto me acompañó durante la enfermedad de mi madre y la situación de mi hijo Ernesto, que me preocupa. ¡Ah!, venid con ganas de ponerme al día de cómo os van las cosas a vosotras, porque estoy ansiosa de conocer vuestra trayectoria, que espero y deseo que sea estupenda —dijo emocionada.

Después de despedirse de Agustina con un efusivo abrazo, Luisa y Matilde se dirigieron a coger el tren que las llevaría a Sestao.

—Matilde, ¿tú crees que el Ignacio que mencionó Elena durante la visita de Agustina a su casa, tendrá algo que ver con el niño del carrito, es decir, con el amigo de doña Soledad?

—No lo sé, pero es curioso, porque a mí me ha venido la misma idea a la cabeza.

—Sería mucha casualidad, pero el mundo es tan pequeño, que todo es posible y, si quieres que te diga la verdad, me gustaría que no falle nuestra intuición, porque eso significaría que doña Soledad e Ignacio, al final, se casaron. Pero, debemos tener un poco de paciencia y esperar a que sea la señora la que complete la historia de su vida.

LA ANSIADA SEGUNDA CITA

El buen sabor de boca del inesperado encuentro de Agustina y Luisa y la amena conversación en la que también participó Matilde, pronto dio paso a una nueva reunión. Eran tantas las confidencias que todavía quedaban por narrar y por escuchar, que las tres contaban los días que faltaban para proseguir con sus historias de vida.

En esta ocasión, eligieron como punto de comunicación el emblemático café "La Concordia", situado en los bajos de la Sociedad Bilbaína, concretamente, en la denominada por aquella época calle de La Bolsa, que fue inaugurado en 1912 y cerró sus puertas en 1995. El local, muy espacioso, decorado con buen estilo y gran lujo, a lo largo de su existencia fue un marco privilegiado de conspiraciones, cotilleos, encuentros clandestinos, negocios, tertulias literarias, historias de amor, etc. Durante sus muchos años de vida, en sus mesas de mármol se escribieron artículos y páginas literarias, gacetillas y versos. Hasta allí llegaron artistas, bolsistas, cantantes, escritores, estudiantes con libros y apuntes que buscaban la quietud del local, intelectuales, políticos, toreros y numerosos bilbaínos de diferentes estratos sociales; era un espacio entrañable en el que todo el mundo tenía cabida y se sentía a gusto gracias a la sonrisa, a la exquisita educación que dispensaba su propietario, Elías Segovia y al buen hacer de los empleados. En La Concordia se sentaron reconocidas personas; entre otras: el Marqués de Arriluce de Ybarra, Miguel de Unamuno y su hermano, Gabriel Aresti, Gabriel Celaya, Luis de Castresana, los hermanos Arrúe y Gustavo de Maeztu; tertulianos como el alcalde Joaquín Zuazagoitia, Indalecio Prieto, Blas de Otero, Vidal de Nicolás, Emiliano Serna, Ángel M. Ortiz Alfau o Alfonso Irigoyen.

En el momento oportuno, fue Luisa quien tomó la iniciativa e invitó a Agustina a que continuara relatando una etapa de su existencia que, afortunadamente, parecía haber adquirido estabilidad, lo que permitía solventar una parte de sus problemas y también dejar de lado algunos de los errores cometidos.

—Estamos llenas de curiosidad por saber cómo siguió aquel trabajo que, así son las casualidades de la vida, te surgió de una manera tan inesperada y, qué decir, de las ganas que tenemos de que nos hables de Iñaki, ese hombre que ha vuelto a llenar tu corazón de ilusión.

—Sí, Luisa, os describiré todo con mucho gusto. Qué bonito es saber que, cuando todo parece que se ha desmoronado, hay un hilo conductor que nos habla de esperanza, que nos induce a continuar avanzando con libertad, que nos indica que no estamos solos y que existe una luz al final de un camino escabroso; en definitiva, que te da la posibilidad de abandonar antiguos pensamientos, de volver a tomar el timón que dirige la nueva travesía elegida y que te permite dejar que la vida prosiga sorprendiéndote —dijo Agustina mostrando un brillo especial en los ojos.

Siguiendo la sugerencia de Elena, la nueva empleada aceptó encantada el puesto de trabajo que la colocaba en el comedor bajo la dirección de Iñaki y, tras superar el inicial nerviosismo, enseguida se percató de que era capaz de cumplir perfectamente con su cometido. Disfrutaba con su labor y pronto empezó a recibir los parabienes de los clientes.

—Iñaki, realmente, no solo estaba al frente del comedor; así mismo, controlaba la cocina, era el jefe de personal, se encargaba de solventar los cambios y los ajustes que precisaba en cada momento la plantilla y, en definitiva, se puede decir que lideraba absolutamente todo. No se necesitaba hacer mucho esfuerzo para darse cuenta de que era el hombre en el que los dueños habían depositado su confianza con la seguridad de que salía airoso ante los obstáculos que pudieran surgir y que los trabajadores siempre encontraban en él empatía y apoyo.

—¡Qué joya! ¡Qué polivalencia! —dijo Luisa sorprendida tras escuchar a Agustina.

—Ante la ausencia imprevista de cualquier empleado o empleada, él mismo podía cubrir su puesto con toda normalidad y cuando esa coincidencia afectaba a más de una persona, rápidamente lo solucionaba con personal que contrataba para la ocasión, pero jamás negaba ningún permiso a quien lo requiriera. Desprendía alegría por doquier y rara vez desaparecía la sonrisa de su semblante. Ciertamente, se me hace imposible poder explicaros con palabras hasta dónde llegaba y llega su honestidad y su grandeza.

—O sea, que diste justo en la diana al aceptar ese trabajo —comentó Matilde.

—El bienestar colectivo es una premisa que nunca la ha dejado de lado y el hecho de ser autóctono le posibilita contar con un amplio círculo de amigos y conocidos a los que puede recurrir con total confianza para pedir favores y, no precisamente para él; eso sí, manteniendo en todo momento la prudencia que debe existir en las acciones recíprocas que nos ofrece la vida y por las que las personas llegamos a establecer acuerdos.

—Bueno, ese hombre sí que es todo un ejemplo a seguir —dijo Luisa con una sonrisa.

—A simple vista se apreciaba que gozaba de una cultura muy amplia, tanto es así que, a veces, y no quiero menospreciar ningún puesto de trabajo porque todos son muy dignos y necesarios, me llamaba la atención que permaneciera en esa ocupación; es decir, creía que podría desempeñar una actividad en un nivel intelectual superior.

—Agustina, el lugar del que nos estás hablando y, supongo que más allá de que tampoco dejaran a un lado sus intereses, desprende altruismo, ¿verdad? Cómo me conmueve saber que existe en algunos negocios, al margen del puro mercantilismo, esa conducta humana que denota preocupación por los empleados y por proporcionar ese excelente ambiente de trabajo. Al mismo tiempo y, como respuesta a ese comportamiento, supongo que la reacción de los trabajadores habrá estado encaminada hacia una colaboración absoluta —pronunció emocionada Luisa.

—Dices bien; es como una gran familia y todo hablaba y habla de buena disposición y formidable acogida. Aunque no conozco en profundidad las bases del inicio del establecimiento, porque se fundó unos cuantos años antes de que yo entrara, según tengo entendido, ese fue uno de los objetivos por el que nació. Debía estar presente el sentimiento de ayuda a incrementar, en todos los sentidos, el beneficio a favor de la sociedad en una época en que la carencia estaba muy presente en numerosos hogares. Además, y, por aquel entonces, comentan que ya se hablaba de la conciliación familiar y laboral de las mujeres.

—Es decir, que ya se creó con un claro objetivo, ¿verdad? —señaló Matilde.

—Eso es. Aparte de a Elena, he oído nombrar en repetidas ocasiones a un hombre llamado Ignacio, considerado como una magnífica persona por todos los que tuvieron el gusto de coincidir con él; al parecer, era un abogado muy solidario, con grandes ideas y que debió de aportar una labor inmensamente valiosa desde el inicio —terminó afirmando Agustina.

—Y, por la descripción que haces de Iñaki, ¡vaya tesoro, también! —dijo Luisa.

—Ya lo creo —afirmó Matilde.

—Sí, ciertamente, lo es. Rápidamente asume la responsabilidad de intervenir y de hacerse cargo de cualquier situación que se presente y que requiera apoyo. "No dejéis de pedir cualquier tipo de ayuda cuando la necesitéis. No estáis solos", recuerda constantemente. Es muy amante de esta tierra, que como os he dicho es la suya y la defiende a ultranza y de la que cree que deben disfrutar, por igual, todos aquellos que la habitan y que la trabajan, sean nativos o llegados de fuera —dijo Agustina mostrando complacencia ante su postura.

—Chicos, no debemos olvidar jamás el hermoso poema de Gabriel Aresti —suele decir Iñaki a menudo.

Defenderé la casa de mi padre. Contra los lobos, contra la sequía, contra la usura, contra la justicia, defenderé la casa de mi padre. Perderé los ganados, los huertos, los pinares; perderé los intereses, las rentas, los dividendos, pero defenderé la casa de mi padre. Me quitarán las armas y con las manos defenderé la casa de mi padre; me cortarán las manos y con los brazos defenderé la casa de mi padre; me dejarán sin brazos, sin hombros y sin pechos, y con el alma defenderé la casa de mi padre. Me moriré, se perderá mi alma, se perderá mi prole, pero la casa de mi padre seguirá en pie.

—La primera vez que lo escuché, me quedé confusa y sin saber muy bien cómo interpretarlo. Él se dio cuenta de mi perplejidad y se apresuró a aclarar lo que, tras su análisis, entendía que era el contenido del mensaje —dijo Agustina mostrando una sonrisa.

—Más allá de que cada uno tiene libertad para hacer su propia deducción y valoración de lo que escucha y de lo que lee, "la casa de mi padre" yo la asocio con el territorio que ocupa cada persona, con esa parcela que nos corresponde defender, tal y como lo hicieron y nos enseñaron a hacerlo nuestros ascendientes, con el fin de que nuestras herencias, esas que debemos cuidar, pasen sin deterioros a nuestros descendientes. Estamos llamados a construir un mundo justo, donde no se permita que los derechos colectivos se conviertan en una regresión, sino que sean un patrimonio que prevalezca sobre los individuales, donde se protejan los intereses y las identidades, donde todos tengamos cabida, donde se respeten las diferencias y no se desprecie ni humille a nadie ni exista la marginación. Debemos estar vigilantes para que las manipulaciones y mentiras, que no pocas veces nos acechan disfrazadas de verdad, no nos arrastren y nos instiguen a despojarnos de la ternura de nuestras almas —afirmó Iñaki manifestando un profundo sentimiento.

—Realmente, y, por lo que nos has contado, emociona pensar que existen personas que muestran ese reconocimiento tan exquisito hacia los demás —dijo Luisa, mientras Matilde asentía con la cabeza.

—Sí, es un jefe-compañero, con el que nos es muy fácil trabajar a todos. Además, nuestra relación de amistad con él no se limita exclusivamente al entorno laboral; dependiendo de los horarios de trabajo, de los días de descanso o de vacaciones, muchas veces comparte con nosotros esos espacios de tiempo que tenemos libres. Es muy divertido y, habitualmente, prepara informaciones interesantes que nos enriquecen, pero siempre manteniendo esa forma sencilla y cercana de contar. Recuerdo una ocasión en la que me invitó a la celebración de la propiedad de la isla de Izaro, que se celebra el 22 de julio —argumentaba Agustina, a la vez que rememoraba las palabras de Iñaki y el disfrute de aquel espléndido día.

—Ya sabes cómo me gustan las tradiciones y la "ceremonia de la teja de Izaro", que se celebra el día de Santa María Magdalena y que incluye una procesión marítima, es muy alegre. Ese día, los bermeanos lanzan una teja a las aguas de la isla y reivindican que Izaro les pertenece. La conmemoración incluye, así mismo, una visita de cortesía de una comitiva de Bermeo a los puertos de Elantxobe y Mundaka, donde el alcalde de Bermeo recibe la vara de mando de sus autoridades y ostenta la máxima autoridad civil durante su estancia en las respectivas localidades. A la ceremonia de la Teja asiste un gran número de pesqueros, lanchas y yates.

—¡Qué costumbre tan curiosa! Nunca había oído hablar de esa fiesta. Debe de ser muy bonita y más, teniendo en cuenta que el paisaje de la zona es precioso y en esta época del año los días son largos y con buena temperatura. ¿Sabes de dónde viene esa tradición, Iñaki?

—Según una leyenda popular, ya sabes que las leyendas son solo leyendas, es decir, no puede afirmarse que esto que se cuenta sea cierto, hace muchos años, los municipios vizcaínos de Mundaka y Bermeo se batieron en duelo para hacerse con la posesión de la isla, un peñón de 675 metros de largo y 150 metros de ancho, que actualmente es el refugio de una colonia de aves marinas, localizado en la costa cantábrica de Urdaibai y que queda frente a ambos pueblos —narraba Iñaki que es un apasionado del lugar.

—Sean verdad o no, cuánto aportan las leyendas y qué empuje dan a las celebraciones de todas las fiestas. ¡Me encantan!

—Los residentes acordaron que, al sonar el primer canto del gallo, efectuarían una regata de traineras, con Elantxobe, que se había retirado de la competición, como juez, y que el primero en arribar a la isla se la quedaría para siempre. Según cuentan, fueron los bermeanos los ganadores y, consiguientemente, quienes pasaron a convertirse en propietarios de Izaro. Al parecer, en Mundaka no faltaron voces acusando a sus vecinos de encender hogueras para hacer que su gallo cantara antes e, incluso, de haberse hecho pasar por amigos la noche anterior para emborrachar a los mundakeses. En cualquier caso, la victoria no se refutó —añadió Iñaki con una gran sonrisa.

—Y, ¿por qué se lanza una teja y no otra cosa? —preguntó Agustina con curiosidad.

—Muy buena pregunta. Mira, dentro de la tradición y de la mitología vasca, la teja es un símbolo muy importante, ya que se dice que "hasta donde llega el tejado, llega la casa o la propiedad". De ahí que se emplee como elemento para definir un territorio. De igual manera, ese mismo ritual se efectúa en agosto en San Juan de Gaztelugatxe, día en que los bermeanos lanzan una teja cerca del islote para recordar a sus vecinos, en este caso de Bakio, hasta dónde llega su frontera.

—¡Cuánto sabes, Iñaki! ¡Eres un guía perfecto!

—No exageres, Agustina, que no es para tanto; pero sí es cierto que disfruto leyendo lo que se cuenta sobre nuestro territorio y me gusta visitar todos los rincones del entorno. Ese día, tengo intención de acudir a la fiesta y, aunque sé que es tu jornada de descanso, no sé cómo andarás de tiempo por el tema de los niños y demás obligaciones de casa, pero si quieres y te viene bien, podemos compartir esa celebración.

—El plan que me propones me parece estupendo, Iñaki, pero debo hablar con mi madre antes de darte mi respuesta, porque para poder llevarlo a cabo, ya sabes que necesito su ayuda. La verdad es que, con tal de verme alegre y feliz, hace lo indecible. "¡Cuánto has sufrido, hija mía!", me suele decir.

—Sí, qué fuerza y qué generosidad tienen las madres y qué seguridad nos aportan. En cualquier caso, para que no se le haga demasiado pesado y también ella tenga tiempo para descansar, podíamos volver nada más comer; si lo planificamos bien, nos da margen para todo.

Salieron por la mañana bastante temprano. El cielo estaba completamente azul y el día se presentaba maravilloso, como así resultó ser. Agustina sentía una emoción positiva, la felicidad la percibía en ella misma, en su interior, se veía con energía y era muy consciente de que tenía muchas cosas que valorar. Además, la compañía y la relación afectiva de Iñaki proporcionaban relajo y bienestar. Los nubarrones del pasado habían quedado anclados allí, en el pasado.

A lo largo del recorrido que efectuaron por distintos lugares, le llamaba poderosamente la atención la cantidad de personas de otros países que habían acudido a conocer y disfrutar de una cultura diferente a la propia y así se lo hizo saber a su compañero.

—Iñaki, ¿te has dado cuenta de la cantidad de *guiris* que hay? Es increíble cómo se enteran hasta de los sitios más recónditos.

—Cuando dices *guiris*, ¿te estás refiriendo a las personas de fuera del Estado español? —respondió el amigo.

—Sí. ¿No es con ese nombre como también se los conoce?

—Así es. Últimamente, y, a pesar de que puede parecer muy moderno, se utiliza la palabra *guiri* para referirse en el lenguaje coloquial a los turistas extranjeros, aunque el término *guiri* es de origen vasco y está relacionado con las guerras carlistas. Se llamó guerras carlistas, a los enfrentamientos que tuvieron lugar en nuestro país, a lo largo del siglo XIX, por la sucesión al trono tras la muerte del rey Fernando VII. La ley decía que solo podían reinar en España los varones. Al morir el rey Fernando VII sin dejar descendiente varón, el trono debía pasar a su hermano, el infante don Carlos. Sin embargo, Fernando VII, antes de su muerte, ya había modificado la ley para que su hija, Isabel II, se convirtiera en reina de España, con tan solo tres años. La corta edad de la niña requirió que su madre, María Cristina de Borbón, fuera nombrada reina regente.

—¿Qué me estás contando? No tenía ni idea del origen de la palabra. La verdad es que, nunca dejas de sorprenderme, Iñaki. —A la vez que pronunciaba esas palabras, mostraba su interés por conocer esa parte de la historia.

La primera guerra carlista se llevó a cabo en España, desde 1833 a 1840, entre los carlistas, partidarios del infante Carlos María Isidro de Borbón, hermano del difunto rey Fernando VII, y de un régimen absolutista, y los isabelinos o cristinos, defensores de Isabel II y de la regente María Cristina de Borbón, cuyo gobierno fue originalmente absolutista moderado y acabó convirtiéndose en liberal. Aunque la causa primera de la guerra fue el hecho de que el infante se consideraba el verdadero sucesor a la corona, en el fondo había una cuestión política.

Los carlistas, defensores a toda costa del tradicionalismo y el Antiguo Régimen, contradecían los valores del liberalismo que representaba aquella reina, que todavía era una niña. De hecho, María Cristina, su madre y regente se había visto forzada a apoyarse en los liberales para garantizar la continuidad de su hija en el trono.

El País Vasco y Navarra, de donde procede el término, desde un principio pasaron a ser la fortaleza del carlismo. Inducidos por el clero local y, con el anhelo de custodiar sus fueros, los carlistas vascos pronto se convirtieron en la inquietud de los soldados de Isabel II. Es entonces cuando aparece por vez primera el término *guiri*, que procede de un acortamiento de *guiristino*, una adaptación al vasco de la palabra *cristino*, que en ese idioma se pronunciaba como *guiristino*. Así, en sus inicios, era una denominación despectiva, ya que, en el contexto de una guerra, se utilizaba para referirse a los "otros". *Guiri* no solo era un soldado isabelino, sino también un foráneo, un extranjero.

—Y, a propósito del vasco. La gente dice que es muy difícil. ¿Es verdad, Iñaki?

—El euskera es mi lengua materna, Agustina, así que la respuesta que yo te pueda dar, no sé si se corresponde mucho con la apreciación de otras personas que no la conocen desde niños, en ocasiones, como consecuencia de las no pocas trabas que han puesto para que así sea. Pero sí te diré que es un idioma muy lógico y que ofrece un bonito contraste entre sus sonidos fuertes y el dulce significado de las palabras. ¿Quieres que te diga el origen etimológico de unas cuantas, a ver qué te parece?

—Estaré encantada escuchándote. Intentaré quedarme con alguna y, de esa manera, poco a poco, iré aprendiendo.

—Fenomenal. Esa es una buena actitud. Te describo la equivalencia de castellano a euskera. Cuando hacemos referencia al verbo parir, empleamos *erditu*, algo así como "dividirse por la mitad"; a las abuelas las llamamos *amonak*, es decir, "buenas madres"; para el término enamorado, empleamos *maitemindua*, "herido por amor"; al este lo denominamos *ekialde*, que es como "el lado del sol"; para nosotros los corazones son *bihotzak*, o lo que es lo mismo, "dos sonidos"; las brujas son *zorginak*, más o menos, "creadoras"; el mes de febrero equivale a *otsaila*, "el mes de los lobos"; a la luna la nombramos *ilargia,* esto es, "la luz de los muertos"; para decir gratis, utilizamos *muxutruk,* "a cambio de un beso"; al desierto lo identificamos como *basamortu*, "bosque muerto"; bombero equivale a *suhiltzaile*, "asesino del fuego"; a*l* horizonte lo nominamos *ortzemuga*, "el límite del cielo"… Es curioso de qué forma las lenguas transmiten culturas únicas.

Leí una vez que, por ejemplo, en la cheroqui no disponen de una palabra para despedirse, solo, "te volveré a ver".

—¡Qué intimidad denotan y, a la vez, qué intensas me parecen las traducciones de las palabras que has descrito! Tengo mucho interés en continuar aprendiendo —dijo Agustina con un dulce tono de voz.

—Me encantará que así sea. El euskera es la única lengua que existe en la península con más de dos mil años de antigüedad y, probablemente, una de las más antiguas de Europa y del mundo. Hay que valorarla, practicarla y trabajar para que no se pierda porque, un idioma que no se utiliza comienza a perder agilidad y fluidez, incluso en la mente del que lo posee, y, de esa manera, va muriendo. No son pocas las personas que sienten la pérdida de su lengua como algo totalmente personal. Si quieres, yo me comprometo a ayudarte en su aprendizaje —expuso Iñaki con una manifiesta emoción.

—Dicen que el número de lenguas en peligro de extinción a lo largo y ancho del mundo es alarmante y que cada año desaparece una cantidad importante de ellas. ¿Cuál crees que puede ser la principal causa de que ocurra esto?

—Yo creo que hay diferentes motivos. Los idiomas minoritarios suelen sentirse amenazados por otros dominantes y con mayor influencia en el campo político y económico. De ahí que, muchas personas prefieran adaptarse a estos últimos y abandonen el propio, ante la creencia de que obtendrán más oportunidades en el mundo laboral y mejores puestos de trabajo.

—Ya, pero se puede aprender un idioma nuevo y no abandonar el de uno, ¿verdad?

—Así es, pero, tampoco debemos olvidar las largas persecuciones a las que se han visto sometidos los hablantes de lenguas minoritarias. Conviene recordar que, en el siglo XX, a muchos niños y niñas que ocupaban puestos en internados de países desarrollados se les prohibía hablar su lengua materna. De esa manera, por unas u otras razones, numerosos niños han dejado de aprender el idioma de sus padres y hay lenguas que se están extinguiendo por todo el mundo.

—Eso, me parece un dolor.

—Del mismo modo, llama la atención las importantes cantidades de dinero que se emplean en la biodiversidad y en proteger especies, y está muy bien, y la escasa consideración que se otorga a las lenguas, que son las conductoras del patrimonio de la humanidad. Como sabes, Agustina, la escritura es relativamente reciente en nuestra historia y no todas las lenguas cuentan con sistemas escritos, por lo que la lengua en sí es la única forma de difundir historias, leyendas, tradiciones, canciones, en definitiva, la riqueza de una sociedad; de ahí la relevancia de las historias orales.

—Creo que tienes mucha razón en lo que dices, Iñaki y, recapacitando un poco, cada vez aparecen más palabras en idiomas extranjeros en los escaparates, en cualquier tipo de publicidad o en los medios de comunicación y, qué orgullosos nos sentimos cuando las identificamos. En esos casos, todo el mundo parece interpretarlo como normal y nadie se siente amenazado. Sin embargo, en determinados círculos, no ocurre lo mismo cuando salen a colación el catalán, el euskera o el gallego, que los perciben como una señal de riesgo o de peligro. No entiendo por qué esas dudas y esos recelos —puntualizó Agustina.

Luisa y Matilde estaban sin pestañear escuchando la narración de la amiga e imaginando el día tan bonito y tan completo que pasaron los dos compañeros de trabajo.

—El plan programado para la jornada resultó estupendo, disfrutamos intensamente y la buena disposición que mostré en el aprendizaje del euskera puso un eslabón más en nuestra relación y sirvió para proyectar posteriores contactos. Al llegar a casa, mi madre estaba expectante y, al ver mi cara de satisfacción y el brillo de mis ojos, suspiró feliz. Los niños se entretenían con sus juguetes.

—¡Cómo celebro el cambio que te brindó la vida, Agustina, con todo lo que habías pasado! —pronunció conmovida Luisa.

—Sí. Durante unos años, todo me sonreía y me sentía muy afortunada. Además, como el sueldo que me pagaban era bueno, mi madre pudo abandonar una parte de los trabajos que realizaba fuera de casa y disfrutar un poco más. El verla a ella más descansada era muy gratificante para mí. Al mismo tiempo, los niños iban creciendo sanos. ¿Qué más podía necesitar? Pero la vida es como una montaña rusa, con sus subidas y bajadas y, más tarde, las cosas empeoraron —dijo con un tono melancólico.

Agustina permaneció callada durante unos segundos; mientras, las dos amigas respetaron su silencio sin ningún tipo de intervención.

—Mi madre, todavía era una mujer joven, aunque para eso no hay edades, sufrió un infarto cerebral, una enfermedad cerebrovascular que se produce cuando existe una rotura o una obstrucción en un vaso sanguíneo y disminuye el flujo de sangre que llega al cerebro. Eso le dejó algunas secuelas como, pérdida de fuerza, merma en el control del movimiento, propensión a caerse y alteración en el lenguaje. Ella ponía todo lo que estuviera en su mano para amoldarse y colaborar de la mejor forma posible, pero le angustiaba el trabajo que podía suponer para mí. Pobrecilla, ¡con todo lo que me había ayudado siempre! Pasado un tiempo, se vio obligada a utilizar una silla de ruedas.

—Me pregunto por qué la felicidad completa pasa tan de refilón —dijo Matilde mirando a un punto concreto como si quisiera obtener en él la respuesta.

—No tengo palabras para mostrar mi agradecimiento a todos mis compañeros de trabajo y, también a Elena, por la colaboración que encontré en ellos. Ya os he dicho que éramos como una gran familia y las puertas de nuestras casas estaban abiertas ante cualquier circunstancia. Los días que mi madre requería de una forma especial mi presencia, ellos se arreglaban para cubrir mi horario de trabajo y, otras veces, mientras yo cumplía mi turno, se quedaban haciéndola compañía. Qué decir de la aportación añadida de Iñaki. ¡Cuánta confianza y serenidad me transmitió! Finalmente, ¡pobrecita mía!, falleció; me dejó un gran vacío y la sensación de que su vida había conllevado un intenso trabajo y muy pocas horas de disfrute.

—Agustina, pero, seguramente, el verse rodeada de su familia era suficiente para que se sintiera feliz, sin que le hiciera falta nada más —dijo Luisa.

Tras agradecer a su amiga sus gratificantes palabras, continuó algo más reconfortada.

—Respecto a mis hijos, a medida que iban creciendo se apreciaba claramente el carácter y el comportamiento distinto de cada uno de ellos. David era un niño alegre, estudioso y responsable. Por el contrario, Ernesto parecía que siempre estaba enfadado, optaba por la ley del mínimo esfuerzo y mostraba muy poca constancia en cualquiera de las tareas que tenía encomendadas.

—Es curioso que sean tan distintos estando educados los dos de la misma manera, ¿verdad?, aunque, según dicen, suele ser bastante habitual, porque cada persona tiene su propio modo de ser —dijo Matilde.

—Además de eso, había algo que me preocupaba; me hacía muchas preguntas sobre su padre y, a menudo, no me resultaba fácil encontrar las respuestas oportunas. Por una parte, es difícil adaptar las conversaciones a la madurez de los hijos y, por otra, el recuerdo de la situación era tan duro, que no hallaba palabras para dulcificar, ni siquiera un poco, el tema; es decir, se hacía muy engorroso tratar de mantener diálogos sinceros y no herir o no inyectar una carga negativa. Él sabía que el padre de su hermano estaba muerto y que por eso no permanecía con él, pero también conocía que el suyo vivía en otro lugar porque, eso sí, yo nunca se lo oculté. Pero, en ese caso, la primera cuestión que se le planteaba era por qué no vivían juntos si todos los niños compartían el hogar con su padre, con su madre y con sus hermanos.

—¡Qué complicado debe ser explicar a los niños algunas cosas y que las puedan entender! —argumentó Luisa tratando de verse, por un momento, reflejada en su amiga.

—A medida que iba cumpliendo años, la obsesión de Ernesto por localizar a su padre era una constante en su vida que se manifestaba con momentos de tristeza, acompañados con otros de ira; en definitiva, con una infelicidad que iba en aumento. Yo, por supuesto, desconocía dónde estaba, pero sí sabía la dirección de una hermana que vivía en Madrid, así que, ante su insistencia, no dudé en dársela. No tardó en ir a su encuentro, con la intención de recabar información sobre el paradero de su progenitor.

—Y, ¿la consiguió? —preguntó Matilde.

—Sí. Finalmente, logró reunirse con él y, últimamente, transcurre prácticamente todo el año en su compañía. Viene muy esporádicamente y pienso que no por vernos ni a su hermano ni a mí, sino cuando necesita dinero. Cada vez que me dice que está encantado con su padre, me da un vuelco el corazón, porque eso me suena a que puede estar llevando una vida fácil, irresponsable e, incluso, quizá hasta turbia y no dejo de cuestionarme en qué he fallado o qué ha echado de menos para que quiera quedarse con él; de alguna manera, me siento culpable. —Agustina suspiró y mostró un gesto de claro dolor.

—Por supuesto que no eres culpable de nada, Agustina. A ese hombre le prestaste tu ayuda y ¿qué otra opción te quedaba? Además, ¿se ha preocupado él por relacionarse con su hijo? El chaval, si quiere, tiene derecho a conocer a su padre, cómo no, pero se ha criado dentro de una familia maravillosa, que es la tuya. ¿De qué tendría que quejarse? —se apresuró a afirmar Luisa.

—Gracias, nuevamente, amiga, pero no puedo evitar el sentirme responsable de su desdicha, a pesar de que es cierto que los dos niños han crecido en un entorno en el que solo han visto cariño. ¡Qué amorosa era mi madre con ellos y cómo la querían! y ¡qué decir de mis hermanos y de Iñaki! Siempre he percibido la cercanía de todos ellos. Iñaki, sin tener ningún vínculo familiar, ha jugado con ellos y les ha ofrecido un gran apoyo emocional. Mis hijos lo adoran, pero para Ernesto parece no haber sido suficiente con el que, de alguna manera, ha hecho las veces de padre y ha necesitado ir en busca del que solo es biológico.

—Agustina, cómo me alegra que, en aquel trabajo que te ofrecieron de casualidad, hayas encontrado un ambiente tan envidiable y un hombre tan extraordinario —dijo Luisa mostrando un gran regocijo por la suerte de su amiga.

—Gracias, sé que lo sientes de verdad. Ahora, quiero revelaros algo más sobre Iñaki, que sé que os va a sorprender como me ocurrió a mí y también hablaros de nuestra relación amorosa.

—¡Qué bien! No me atrevía a preguntártelo, Agustina, pero me complace mucho saber lo que te ha mejorado la vida y estaba esperando con auténticas ganas que llegaras a informarnos de vuestro amor como pareja —dijo Matilde con una cándida mirada.

7 - BERMEO (Bizkaya). San Juan de Gaztelugache.

Ermita de San Juan de Gaztelugatxe de Bermeo. Década 1930.
ARCHIVO MUNICIPAL DE BILBAO.
Fondo: Ayuntamiento de Bilbao.
Autor: Imprenta y Librería de Fradua y Aurtenetxea.

PASOS HACIA DELANTE

La tertulia seguía su curso y las tres amigas comentaban y reflexionaban respecto a las vivencias que se ponían sobre el tapete. De sobra sabían que de todas había algo que poder rescatar; de las buenas y de aquellas otras que estaban formadas de decepciones y derrotas.

Agustina continuó narrando esa parte de su historia que tanto le hacía disfrutar, mientras que Luisa y Matilde escuchaban con atención y alegrándose de su felicidad.

—En una ocasión y, dentro de las salidas que solíamos realizar de vez en cuando, Iñaki me propuso ir a visitar Gernika. Como sabéis, con el paso de los siglos, el Árbol de Gernika se ha convertido en un símbolo no solo de Bizkaia, sino del conjunto entero de la sociedad vasca. Representa las libertades tradicionales del Territorio Histórico de Bizkaia y de sus ciudadanos y, por extensión, de todos los vascos. A él le encanta pasear por el municipio y le emociona ver los sitios emblemáticos que alberga. Tras la elaboración del plan, me preguntó:

—Agustina, ¿conoces el refugio antiaéreo de Astra? Es uno de los que cobijó a muchos vecinos durante el bombardeo.

—No, solo he estado en la Casa de Juntas, en el Árbol y recorriendo sus calles.

—Entonces, si quieres, durante el recorrido hasta llegar a Gernika te puedo contar algo de lo que sé de su historia, aunque es posible que conozcas una gran parte de lo que te vaya a relatar. Luego, damos una vuelta por cada sitio y después, para descansar un rato y disfrutar de una buena comida, vamos al Restaurante Boliña, un lugar donde abundan los platos tradicionales, muchos de los cuales están elaborados con productos de los caseríos cercanos.

—El programa me pareció perfecto y acepté encantada la invitación.

En Gernika y Lumo se encuentran dos de los símbolos políticos de más hegemonía del País Vasco: la Casa de Juntas y el Árbol de Gernika - *Gernikako Arbola*. Eso obedece a que es el lugar en el que se reunían las Juntas Generales de Vizcaya y donde antiguamente los Señores de Vizcaya y los políticos vascos, tras recibir su título, iban a jurar el respeto del fuero de Vizcaya y ahí se han congregado a lo largo de la historia para decidir su destino.

La tarde del 7 de octubre de 1936, se constituyó en la simbólica Casa de Juntas de Gernika, frente al árbol sagrado de los vascos, el primer Gobierno Vasco de la historia, presidido por el lehendakari José Antonio Aguirre y Lecube. Las palabras que utilizó para el juramento de su cargo fueron las siguientes:

Jaungoikuaren aurrean apalik	Ante Dios humildemente;
Euzko-lur ganian zutunik	de pie sobre la tierra vasca;
Asabearen gomutaz	con el recuerdo de los antepasados;
Gernika'ko zuaitz pian	bajo el árbol de Gernika
Nere aginduba ondo betetzia	juro
Zin dagit	cumplir fielmente mi mandato

Por otra parte, y, según se constata, a lo largo de la Edad Media era habitual que los dirigentes de diferentes comunidades de Europa se reuniesen bajo un árbol para elaborar leyes y pactar acuerdos.

La Casa de Juntas se encuentra junto al Árbol de Gernika. Es un edificio diseñado por el arquitecto Antonio de Etxebarria en estilo neoclásico y fue construido entre 1826 y 1833. Su estancia principal es la Sala de Juntas y es en ella donde se celebran las sesiones plenarias de la Asamblea General de Vizcaya.

La sala está decorada con retratos de los diversos Señores de Vizcaya y algunos elementos de la iglesia que se hallaba anteriormente en ese mismo lugar, la Ermita de Santa María la Antigua.

Hay también otro espacio que destaca dentro de la Casa de Juntas, se trata de la Sala de la Vidriera. Como su nombre indica, el centro de atención en esa estancia es la vidriera que cubre el techo. En ella aparecen fotografiados el Árbol de Gernika y la historia de las asambleas.

Bajo las ramas del árbol, los Señores de Vizcaya juraron respetar las libertades de Vizcaya y se establecieron un conjunto de leyes denominadas "fueros", las cuales concedían autonomía a los vascos. Los fueros se dispensaron por cada Señor de Vizcaya e, incluso, por el Rey de Castilla.

En la Casa de Juntas se conserva un cuadro, obra del pintor alavés del siglo XVII Francisco de Mendieta y Retes, que representa el momento en que Fernando el Católico juró bajo el árbol los Fueros de Vizcaya.

En la actualidad, el País Vasco posee una cierta autonomía reconocida por el Gobierno Español. Por ejemplo, dispone de su propio presidente, conocido como *lehendakari*, el cual aún jura su cargo bajo el Árbol de Gernika, de igual manera a como lo hicieron en el pasado los Señores de Vizcaya.

—Ilusiona saber que, hoy en día, existen varios árboles que descienden del simbólico roble y que han sido distribuidos por todo el mundo para disfrute de distintas comunidades de la diáspora vasca. Un signo representativo de nuestra cultura y un vínculo que nos une a todos. Recuerdo que sentí algo muy especial cuando fui a ver, hace años, el que está plantado en el cerro San Cristóbal, en Santiago de Chile —pronunció Iñaki rememorando la emoción del momento.

Sin embargo, hablar de Gernika, inevitablemente nos trae a la memoria el horror y el sufrimiento padecidos durante la contienda que se llevó a cabo en el Estado español y, en la que el municipio y sus vecinos fueron seriamente afectados.

Dentro del período de la Guerra Civil (1936-1939), concretamente, el 26 de abril de 1937, la Legión Cóndor alemana y la Aviación Legionaria italiana, siguiendo instrucciones del ejército franquista sublevado, bombardearon la localidad de Gernika, símbolo del autogobierno y de las libertades vascas, una población indefensa y sin instalaciones militares.

El ataque tuvo lugar un lunes, día de mercado, aunque, afortunadamente no estaba tan concurrido como era habitual, dado que el acto semanal había sido cancelado al mediodía por la aproximación del frente de guerra.

Sonaron las alarmas y el bombardeo, que comenzó alrededor de las 4 de la tarde, hizo que la gente huyera aterrorizada a los montes o se escondiera en los búnkeres que habían sido construidos en la localidad.

Este, sin embargo, no fue el primer bombardeo que se registró en suelo vasco. Tan solo habían pasado 4 días tras el alzamiento militar, cuando el 22 de julio de 1936, se produjo el de Otxandio. Teniendo en cuenta los ya llevados a cabo y, en previsión de futuros ataques, el Gobierno Vasco se vio en la necesidad de ordenar la construcción de refugios en todas las localidades, independientemente del valor estratégico o militar que tuvieran. En Gernika, el alcalde mandó al arquitecto municipal la preparación de, al menos, seis refugios públicos. Al mismo tiempo, se edificaron un gran número de refugios privados.

Uno de los espacios que sirvió de cobijo fue el refugio antiaéreo de Astra, aquel búnker donde niños y mayores permanecieron encerrados para mantenerse a salvo de los efectos de las bombas incendiarias lanzadas desde el aire. El refugio antiaéreo de Astra tiene unas dimensiones de 30 metros de largo por 1,80 de alto. Aquel lugar, que se convirtió en espacio de defensa y protección de vida en Gernika, hoy puede ser un punto de referencia donde las generaciones presentes puedan conocer lo que acaeció.

Aunque se desconoce el número exacto de personas que perdieron la vida, fueron muchos los civiles que perecieron y entre un 85% - 90% de los edificios quedaron destrozados. La Casa de Juntas y el Árbol de Gernika permanecieron en pie, así como el puente, que era el objetivo oficial del ataque. El municipio quedó arrasado. Más tarde, la localidad renació de sus cenizas y dejó de ser un símbolo de muerte, para convertirse en un referente de vida.

Inspirado en estos hechos, Pablo Picasso pintó su famoso cuadro "Guernica", en el que se puede visualizar sufrimiento y destrucción. La obra la encargó el Gobierno Republicano y fue presentada en la Exposición Internacional de París de 1937 y viajó por muchos lugares de Europa. El "Guernica" ha pasado a ser una de las obras de arte de mayor valor del siglo XX y sirve como recordatorio de las desgracias de la guerra.

Una vez finalizada la guerra civil, el "Guernica" se envió a los Estados Unidos, con el objetivo de recaudar fondos para los refugiados de guerra españoles. Desde 1958 hasta 1981, estuvo expuesto en el MoMa de Nueva York, hasta ser devuelto a España. Actualmente, el "Guernica" puede ser contemplado y admirado en el Museo Reina Sofía de Madrid y está considerado un símbolo universal de la paz.

—Justo nos encontrábamos en la Casa de Juntas, cuando confesé a Iñaki la suerte que me había proporcionado el destino, por un lado, dándome la oportunidad de entrar en aquel lugar de trabajo con un equipo de compañeros tan admirable y, por otro, brindándome la ocasión de haber podido conocer a una persona tan excelente como era él. Después, continuó así nuestro diálogo:

—¿Lo crees realmente así, Agustina? —recabó con un dulce tono de voz.

—Por supuesto, Iñaki. Hubo un tiempo en el que pensaba que la felicidad me había abandonado para siempre y que no volvería a sentirme valorada y querida, pero hoy sé que, afortunadamente, estaba equivocada.

—Entonces, ¿tú crees que mi *aita* estaría contento de mi participación en el trabajo que ahora compartimos tú y yo? Él y unos cuantos más pusieron con mucho agrado su granito de arena para que floreciera, sin olvidar su toque de altruismo.

—Ahora, sí que me he perdido, Iñaki.

—No te preocupes, te lo aclaro. Además, el que estemos hoy aquí no es algo casual. Ya sabes lo que representa este lugar para mí y lo había elegido como espacio exclusivo para tener una conversación más profunda —dijo con emoción.

Agustina se quedó un tanto sorprendida y dispuesta a escuchar algo que, a primera vista, sospechaba que iba a ser un tema nuevo para ella.

—Soy hijo de Ignacio. Seguro que habrás oído hablar de él en alguna ocasión. Era una persona muy querida en nuestro entorno laboral. De ahí que, cuando menciono y apoyo el poema de Gabriel Aresti y digo "defenderé la casa de mi padre", piense, aparte de en el poeta, en la labor que realizó el mío y en la que, como heredero suyo que soy, tengo que continuar.

—Por supuesto que he escuchado hablar de Ignacio y, por cierto, maravillosamente bien, pero desconocía que fueras su hijo.

—Soy pintor de profesión. Estudié Bellas Artes porque me encanta el arte, la cultura en sus distintas demostraciones y siento inquietud y curiosidad por conocer y aceptar la diversidad. Dentro de la creación artística, me incliné por la pintura. Trabajar de forma autónoma tiene sus ventajas. Hay días que me encierro en casa y, según la inspiración y las ganas que tenga, paso largas horas entre mis cuadros y, otros, que reparto el tiempo compaginándolo con diversas actividades; me gusta ayudar y prestar un servicio a quienes me necesiten, al igual que hizo *aita*.

—Realmente, siempre me había parecido raro que permanecieras en ese puesto de trabajo y, no precisamente porque no lo hicieras bien, dado que lo bordas. En cualquier caso y, si quieres que te diga la verdad, estoy impactada.

—Gracias, Agustina. Me alegro de que opines así, eso me estimula para seguir adelante.

—Sin duda alguna, eres una caja de sorpresas. Nunca dejas de asombrarme, Iñaki.

—Mi madre era una mujer extraordinaria; de una bondad increíble. Procedía de una familia con un nivel económico sencillo y tenía una cultura media, pero una inteligencia natural impresionante. *Ama* y *aita* formaban una pareja estupenda. Compartían los mismos proyectos. Mi madre murió siendo joven todavía.

—¿La echas en falta, Iñaki?

—Mucho. Mi padre se volvió a casar. Lejos de molestarnos, a los hijos nos encantó. Con su boda, yo diría que culminó tres objetivos: contrajo matrimonio con una mujer excepcional, complació un deseo y formalizó una historia de amor muy bonita que llegaba del pasado. Fueron muy felices. Yo sé que *aita* amó a las dos hasta el último suspiro. Mantengo una excelente relación con su segunda esposa y la quiero un montón.

Tras escuchar el relato de Agustina, Luisa y Matilde se quedaron admiradas. Por una parte, resultaba tan hermoso, que no parecía real. Por otra, quién sabe si el hecho de formalizar una historia de amor que llegaba del pasado fuera como un susurro de esperanza para ellas.

—Iñaki también quiere con locura a su tía Inés, una hermana de su *ama*. Debe de ser otra mujer de una generosidad impresionante. Es su madrina y tiene una pensión en Bilbao, en la calle de La Amistad. Dice que cuida a la gente con tanto cariño y dedicación, que parece que se tratara de su propia familia.

Las dos amigas se quedaron boquiabiertas. El nombre de la mujer, una pensión, la calle de La Amistad, todo hacía suponer que estaba refiriéndose a la señora que tan buena relación mantenía con Juan, el padre del hijo de Matilde.

—Bueno, me imagino que estaréis esperando que os cuente cuándo y cómo nos declaramos nuestro amor. ¿No es así? —preguntó Agustina a modo de cumplido y no porque tuviera la menor duda de que ambas estaban deseosas de seguir escuchando el final de su historia.

—Mira, sí, no vamos a disimular nuestro interés —respondió Luisa, mientras Matilde dirigía una mirada de complacencia.

—Ciertamente, no creo que la nuestra fuera una declaración de amor normal, si por normal entendemos habitual —comenzó contando, al mismo tiempo que las dos amigas, embelesadas, se adecuaban en sus asientos dispuestas a prestar la máxima atención.

—El escritor Mario Benedetti afirma: "El amor no es repetición. Cada acto de amor es un ciclo en sí mismo, una órbita cerrada en su propio ritual" —afirmó Matilde mostrando un toque de romanticismo.

—Nuestro amor se fue fraguando poco a poco y llegó a madurarse a través de las acciones que conllevaban el día a día. Eso no quiere decir que faltase entusiasmo en el idilio, todo lo contrario y, sin que ninguno de los dos lo dijéramos, los ojos nos delataban. Creo que la primera persona que se percató de nuestro enamoramiento fue mi madre y su aprobación la manifestaba a través de la sonrisa que exteriorizaba cuando nos miraba.

—¡Qué dulce tu madre, Agustina! Me emociona escucharte —dijo conmovida Luisa.

—No sé si habréis podido entrever que Iñaki es un hombre amante de la libertad, de la suya y de la de los demás y bajo ningún concepto deseaba que sus visitas a mi casa tuvieran un comportamiento o una interpretación distinta a la del resto de los compañeros de trabajo. Es decir, no quería que si un sábado o un domingo él permanecía en mi casa, mi madre pudiera intuir que no era por voluntad propia, sino por ser el novio al que no le quedaba más remedio que hacerlo, dado que la novia tenía unas obligaciones que cumplir.

—¡Qué sensibilidad tan exquisita! —argumentó Luisa.

—Ya lo creo que sí —añadió Matilde.

—Lo mismo ocurría con los niños. Pasaba largas horas jugando, hablando o practicando distintas actividades, pero por entretenerlos y para que disfrutasen y no porque los utilizara como un eslabón para llegar a mí. Precisamente, demostraba una delicadeza especial con Ernesto y, como conocedor del problema de paternidad que sufría, evitaba por todos los medios recabar ninguna atención que fuera encaminada hacia nosotros como pareja, para que el chiquillo no se sintiera relegado o pensara que debía compartir una parte del amor de su madre con otra persona.

—Efectivamente, parece que lo tiene todo en cuenta, ¿verdad, Agustina? —dijo Luisa valorando su deferencia.

—El día que estuvimos en Gernika, fue realmente la declaración de nuestro amor. —La emoción se hacía patente en su voz.

—Vamos delante del Árbol de Gernika - *Gernikako Arbola;* mi juramento lo quiero hacer en un sitio importante y ninguno tan especial como ese lugar —me dijo poniendo un gran sentimiento en sus palabras.

—Tengo que confesar que, a pesar de la confianza que manteníamos ya para esa fecha, estaba nerviosa.

—Agustina, estoy profundamente enamorado de ti desde hace mucho tiempo. Supongo que eres consciente de ello, aunque hasta hoy no te lo haya dicho con palabras, pero todo tiene su explicación. Creo que es fundamental mantener el equilibrio de la familia y más cuando los niños no son lo suficientemente mayores, como era en tu caso, para poder entenderlo. Por ese motivo, no deseaba perjudicarte y no me ha importado esperar hasta que llegara el momento oportuno para decírtelo. Personalmente, creo que David estaría encantado con nuestra relación; a Ernesto, aun cuando sé que me quiere, pienso que le daría igual. Solo me queda por saber y, eso es lo primordial para mí, si tú sientes lo mismo que yo —me dijo con una inmensa dulzura.

—Ante mi afirmación sin titubeos, me abrazó con suma ternura.

—Entonces, ya podemos hacer pública nuestra relación, que me muero de ganas y, ante el Árbol de Gernika, prometo cumplir fielmente con mi labor de marido y de padre —respondió, acompañando sus palabras con un beso.

—¡Qué amor de hombre! —pronunció Matilde fascinada.

—Mis hijos siguen adorando a Iñaki. David está muy contento de nuestro noviazgo y a Ernesto, últimamente, sospecho que le da todo lo mismo. Solo pretende vivir una vida cómoda y sin responsabilidades y eso, con su padre, presiento que lo tiene bastante fácil. Espero que algún día recapacite —dijo Agustina con cierta tristeza en su voz.

—Habéis hecho todo lo posible por lograr su estabilidad; el resto dependerá de él, del sentido que quiera dar a su existencia —pronunció Luisa.

—Bueno, hasta aquí mi relato. Como podéis suponer, estoy deseando escucharos a vosotras; así que soy todo oídos, chicas —dijo con entusiasmo Agustina.

Casa de Juntas y Árbol de Gernika. Década 1890.
ARCHIVO MUNICIPAL DE BILBAO.
Fondo: Ayuntamiento de Bilbao.
Autor: Casa Lux.

NOTICIAS QUE HABLAN DE AMOR Y ESPERANZA

De pronto, Agustina se percató de que se le había quedado algo importante en el tintero, así que, antes de dar por concluida su narración, puntualizó.

—¡Ah!, se me olvidaba mencionaros una cosa, amigas. Ayer por la tarde, me llamó Maribel. ¿Recordáis quién es?

—Sí, la recuerdo, una de las chicas que conociste cuando estuviste en Madrid —respondió Luisa.

—Concretamente, la que quedó embarazada estando soltera y sus padres, para no pasar por un trance que ellos consideraban tan vergonzoso, idearon el plan de que la futura abuela del niño asumiera la maternidad, ¿verdad? —añadió Matilde.

—Eso es. Me dijo que su madre había fallecido y que su hijo no ha llegado a enterarse de quién es su verdadera madre. Me comentaba que, con el paso del tiempo, cualquier momento parecía inadecuado para contarle la realidad.

—¡Qué situación tan delicada! —pronunció Luisa.

—Ya lo creo, no me gustaría estar en su lugar —añadió Matilde.

—Estoy entre dos aguas —me aseguró Maribel—. Por una parte, me gustaría decirle la verdad y que abandonara el pueblo y viniera conmigo, si él quiere, claro, porque creo que tiene derecho a decidir por su cuenta. Por otra, me da pena que mi padre se quede sin él. Pero, ¿no es eso lo que han hecho ellos conmigo? ¿Han pensado en cómo me he sentido yo durante todos estos años? Además, si no se lo digo ahora, ¿tampoco se lo confesaré si mi padre fallece antes que yo? —Tras su relato, Agustina hizo un gesto dubitativo.

—¿Hiciste algún tipo de sugerencia? —preguntó Luisa.

—Le afirmé que consideraba fundamental que hablase con su hijo y, después del impacto que le iba a suponer la noticia, que fuera él quien tuviera la última palabra a la hora de tomar la elección de marcharse o quedarse. Como ya lo había hecho con anterioridad, le propuse la opción de desplazarse a Bilbao. Vaya marrón que tiene, ¡pobre hija! Bueno, ya os contaré cómo resuelve la situación. Por lo que a mí respecta, estoy dispuesta a ayudarla en lo que necesite. Ahora, vamos a lo nuestro, chicas. Os escucho —dijo Agustina con una sonrisa.

Luisa tomó la iniciativa e invitó a Matilde a que comenzara con su relato.

—Matilde, como Agustina no conoce nada de tu vida y tienes mucho que contar, creo que es mejor que empieces tú.

—Bueno, como prefiráis; además, tengo algo que comentaros sobre una conversación que mantuve ayer por la tarde. Una novedad recién salida del horno, que ni siquiera tú la conoces, Luisa —añadió con un gesto un tanto misterioso.

Matilde puso al corriente a Agustina, con todo lujo de detalles, de su vida desde que llegó a Sestao y, de manera especial, de su etapa amorosa con Juan y del niño que nació fruto de su relación.

—¡Qué poso tan amargo tuvo que dejarte la experiencia de tu desengaño! Pusiste toda la confianza en él y la decepción duele mucho —dijo Agustina sabiendo muy bien de lo que hablaba.

—Sí, era tan feliz con él y lo tenía idealizado de tal forma, que me parecía imposible que me abandonara.

—Puedo entenderte muy bien, Matilde. Pero no queda más remedio que pasar el duelo y seguir caminando hacia delante y con la cabeza alta. Somos capaces de hacer algo bonito hasta con los rastrojos que encontramos en el camino. El mundo no se termina y las buenas experiencias tampoco —dijo Agustina con total convencimiento. Su situación personal de aquel momento lo confirmaba.

—Por cierto, fíjate cómo son las casualidades de la vida; yo creo que Juan se alojó en la pensión de la tía de Iñaki. La señora que la regentaba también se llamaba Inés y la casa se encontraba en la calle de La Amistad. Además, por la descripción que hacía Juan de ella, era un amor de mujer. Él estaba encantado. La quería muchísimo. Cuántas historias, tradiciones y leyendas conozco porque se las había contado ella y cuántos sitios hemos visitado gracias a sus sugerencias.

—¡Qué curioso! ¿Estuviste con Inés después de que él se marchara? —preguntó sorprendida Agustina.

—No, no fui a su casa, a pesar de que, en un principio, pensé hacerlo. Cuando él decidió partir, desconozco qué explicación daría a la señora, pero seguro que no confesó la verdad y, si quieres que te sea sincera, pese a que no la he visto nunca personalmente, me dio pena romper el recuerdo tan entrañable que tendría de Juan. Se portó muy bien con él y creía que no era merecedora de recibir ese disgusto —dijo Matilde mostrando ternura.

—Sí, estoy convencida de que para ella hubiera sido muy doloroso comprobar el comportamiento tan malo que había tenido contigo.

—Desde el momento que me acerqué con total franqueza a Luisa y ella se encargó de contar a mis padres mi nueva situación, me sentí liberada de una parte de la pena y de la culpa. Ahora, poco a poco, me encuentro mejor, aunque os mentiría si os digo que lo he superado —comentó Matilde con serenidad.

Luisa mostró una sonrisa de agradecimiento por el reconocimiento de su amiga.

—Estoy plenamente feliz con mi niño, pero creo que debo hacer una cosa que la considero pendiente. Luisa, como ya sé que Agustina conoce esa parte de tu vida, me imagino que no tendrás ningún inconveniente en que exponga el tema, tal y como yo lo percibo —dijo Matilde tras meditar sus palabras.

Luisa y Agustina permanecían atentas y muy interesadas por conocer cuál sería el planteamiento o la propuesta de Matilde.

—A partir de que me contaste tu historia, Luisa, me acuerdo muchas veces de tu bebé y de la promesa que te hice de tratar de dilucidar, si tú quieres, aquel engorroso asunto. No sabría muy bien el porqué, pero tengo la corazonada, además de que a ti siempre te asaltó la misma duda, de que tu hijo no está muerto. Sé que en su momento hiciste todo lo que estaba en tu mano por averiguarlo, pero tras la cantidad de casos extraños que han aparecido, los avances en ese sentido han sido importantes. No me gustaría ser machacona, pero si tú me autorizas, deseo investigar el incidente —dijo Matilde con un brillo especial en los ojos y ante la mirada agradecida de Luisa.

—Me parece una excelente idea, Matilde. Al mismo tiempo, Luisa, creo que puedes estar acertada al tener tus recelos. Sospecho que allí pasaban cosas extrañas, aunque nunca pudimos confirmarlas.

—De ser así, ¿por qué dejaron a tu hijo contigo? —preguntó Luisa.

—Hay una clara diferencia. Tu hijo era un niño precioso y sano, mientras que el mío tenía una salud muy delicada. Quizá ese fue el motivo por el que permaneció bajo mi cuidado. ¿A quién iban a donar o quién iba a querer un bebé en esas condiciones? —dijo Agustina como si se le hubiese encendido la bombilla.

Luisa sentía que la herida mal cerrada se había vuelto a abrir, pero, al mismo tiempo, tenía la esperanza de que pudiera curarse de forma definitiva.

—Percibo una sensación de miedo y, a la vez, de confianza. No sé si es que, últimamente, todo me está saliendo tan bien, que pienso que nada es imposible. Me encanta tu iniciativa, Matilde y la agradezco de todo corazón. —Las tres amigas se abrazaron con todo cariño.

—Estupendo, concluiremos todos los detalles y pondré mi mejor disposición para hacer el trabajo de investigación —dijo Matilde emocionada ante su nuevo reto.

Luisa procedió a contar la parte de la historia que Agustina no conocía: el inicio de su trabajo; su magnífica relación con doña Soledad; las acertadas sugerencias de la señora; los conciertos; el veloz encuentro con Francisco…, pero en ningún momento se detuvo a mencionar nada más acerca del que fue el gran amor de su vida y, por prudencia, tampoco trataron de escarbar en sus sentimientos.

—¡Ah!, Matilde, estamos ansiosas de que nos comentes la conversación de ayer a la tarde —dijo Luisa, mientras Agustina se acomodaba en su silla y mostraba una total complacencia.

—De acuerdo. Sé que os va a sorprender y, al mismo tiempo, os vais a alegrar por mí.

La exposición de las emociones y el reconocimiento de cada una de las mujeres propiciaban una perfecta comunicación, generaban un ambiente de total armonía y la magia se hacía patente.

—Tengo un vecino y, a la vez, buen amigo, se llama Pedro y es 7 años mayor que yo. Con él siempre me ha unido una estupenda amistad; es la clásica persona íntegra, continuamente sube la autoestima de la gente y, por sistema, hace que quien esté a su lado se sienta seguro y bien.

—¡Qué fenomenal!, personas leales y que te ofrezcan cordialidad y apego son las que necesitamos para vivir —dijo Luisa.

—Si habitualmente disfrutábamos con nuestras conversaciones, desde que nació el niño nuestra relación se ha incrementado de forma importante. Goza con mi compañía, pero se divierte mucho con mi hijo y le tiene un auténtico cariño. Lo cierto es que, a medida que va creciendo, el chiquillo derrocha simpatía y, realmente, se hace querer.

—Eso es maravilloso —dijo Agustina.

—Ayer, coincidiendo que los dos teníamos que desplazarnos a Bilbao, quedamos para tomar algo y charlar un rato en el emblemático café La Granja.

El café La Granja, todo un referente del sector hostelero bilbaíno, estaba ubicado en el centro de Bilbao, concretamente, en la plaza Circular con conexión a la calle Ledesma. Se inauguró el 31 de julio de 1926, festividad de San Ignacio, patrón de Bizkaia. Fue construido al estilo de los "grandes cafés franceses". Disponía de un espacio amplio y diáfano y contaba con una larga barra de madera tallada, columnas de hierro forjado, lámparas *art nouveau* provenientes de la remodelación del teatro sevillano Lope de Vega, mesas de mármol y bancos tapizados alrededor del local. El establecimiento fue célebre por sus partidas de naipes. Acogió a periodistas, hosteleros y empresarios que optaban por entrar por Ledesma cuando el gobierno impidió "los juegos prohibidos". El histórico lugar cerró definitivamente sus puertas el 8 de febrero de 2017, tras tantos años de vida.

—Matilde, esta última temporada, los ratos de regocijo han conllevado un mayor tiempo de convivencia entre nosotros y confieso que, también un profundo enamoramiento por mi parte. Con la confianza y el afecto que nos tenemos, no creo que es cuestión de que ande con rodeos, así que, directamente te declaro mi amor, te propongo iniciar una relación como pareja sentimental, posteriormente casarnos y reconocer al chaval como hijo mío, es decir, darle mis apellidos —expresó Pedro con toda naturalidad y sinceridad.

Las dos chicas la miraban impactadas.

—Y, ¿cómo recibiste la noticia, Matilde? —preguntó Luisa.

—Ciertamente, me quedé un tanto sorprendida, pero muy contenta y, en este momento, creo que soy capaz de reaccionar con mis aptitudes lógicas de percepción. Tengo una fe total en ese chico, advierto que es trabajador y una magnífica persona y no dudo de que pudiera ser un buen padre y esposo, aunque, al mismo tiempo, soy consciente de que no siento y, desconozco si sentiré alguna vez, el hechizo que experimenté con mi primer amor. Sin embargo, ¿cuánto dura eso? ¿Qué pasó con nuestro viaje en común hasta el final de los días? Es posible que las cosas duren lo que tienen que durar, porque la última palabra no siempre la tenemos cada uno de nosotros.

—Ya te entiendo, cuando vivimos una experiencia que nos suena a decepción o fracaso, no voy a decir que somos más desconfiados, pero sí más precavidos y analizamos las cosas con mayor prudencia —añadió Agustina.

—Sí, por una parte, todo en la vida es un continuo aprendizaje y, por otra, nuestros sentimientos también pueden cambiar. Si hasta ahora lo he querido como amigo, quizá, podría aprender a quererlo de otra forma. Tiempo al tiempo, prefiero no precipitarme y equivocarme de nuevo en la elección —respondió con una mirada que reflejaba alegría.

—Felicidades, Matilde. Es una noticia que la recibo con un gran entusiasmo. Como bien dices, ya irás madurando el tema con tranquilidad —dijo Luisa con emoción.

—En efecto, ese es el mejor consejo. Yo también me alegro mucho y, de entrada, ese tipo de cosas siempre elevan la autoestima —puntualizó Agustina, posiblemente, valiéndose de su propia experiencia.

Tras estos últimos comentarios, las tres amigas volvieron al asunto del bebé de Luisa, con el fin de recopilar todos los detalles que fueran necesarios para que Matilde pudiera realizar su gestión. ¡Estaban desbordantes de ilusión!

Después de despedirse de Agustina, Luisa y Matilde retomaron el tema de la identidad de la que, para ellas era cada vez menos dudosa segunda esposa de Ignacio, es decir, doña Soledad. No sabían hasta qué punto así lo presentían o lo deseaban.

Tan pronto como lo tuvieron todo dispuesto, a Matilde le faltó tiempo para desplazarse al lugar que Luisa había apuntado como su residencia durante el embarazo. La noche anterior la pasó inquieta. Estaba emocionada y, a la vez, un poco impaciente pensando si iba a ser mucho o nada lo que encontraría allí.

Al llegar al sitio indicado, Matilde vislumbró una antigua, sombría y, a decir verdad, escalofriante gran casa. Sintió un estremecimiento y la incertidumbre del éxito en su gestión tomó mayor protagonismo. Pero, no debía perder la confianza en sí misma, tampoco la esperanza de que su presentimiento pudiera tener una razón y que sería capaz de dar con la verdad. Superada la primera impresión, adoptó una actitud resolutiva y llamó a la puerta.

Tal y como había supuesto de antemano al ver el edificio de que se trataba, las personas de aquella época ya no permanecían en el lugar, excepto una mujer mayor, que para satisfacción de Matilde, le dijeron que estaba completamente lúcida.

Cuando estuvo delante de ella y le explicó el motivo de su visita, miró con entereza a Matilde, esbozó una sonrisa y dijo:

—Siéntate, muchacha. Mi nombre es Manuela. Me queda poco tiempo de vida, quiero morir en paz, liberada de esta pesadilla y es un milagro que tú vengas ahora a recabar esta información. Te contaré la dramática historia.

—Agradezco la confianza que deposita en mí, señora y me alegro de que lo que desea contarme sirva para desembarazarse de una carga que debe resultar muy pesada para usted —pronunció Matilde impresionada al escuchar sus palabras.

—Me acuerdo perfectamente de Luisa y de su alumbramiento. El niño no murió, como se comentó y fue entregado a un matrimonio. Eran unas buenas personas. Le pusieron de nombre Alejandro. Yo no intervine en su donación ni en ninguna otra tampoco, mi conciencia no me lo permitía, pero sí me siento responsable de no haber sido valiente y denunciar cada uno de los hechos, aunque con ello hubiera tenido que delatar a otras personas.

La mujer se quedó un momento en silencio, como si le costara reproducir la crudeza de aquella triste realidad.

—Cuando el chaval creció, le relataron que su madre, soltera, lo había abandonado tras dar a luz y que fueron ellos quienes se encargaron de su crianza. Ciertamente, no sé lo que les contarían a los padres adoptivos. El muchacho iba haciéndose mayor, rodeado de cariño y bienestar, pero el recuerdo de su desconocida madre estaba siempre presente. Algo no le cuadraba. No renunció a su embarazo, sin embargo, le manifestaban que lo dejó desamparado tras nacer.

El tono de voz de la anciana denotaba un gran pesar y es posible que un eco de impotencia, ante una acción que no tenía marcha atrás, martilleara con fuerza su cabeza.

—Trató de localizarla y realizó una serie de indagaciones, pero no obtuvo ningún resultado positivo. Más tarde, el destino, siempre caprichoso y arbitrario, quiso que los padres adoptivos tuvieran un accidente y perecieran los dos en el acto. El chico sigue vivo, mantenemos una excelente relación y no tengo ningún inconveniente en pedirle perdón por mi cobardía y en ponerle en contacto contigo o, si lo prefieres, directamente con su madre.

Tras sus palabras, dos lágrimas aparecieron en su surcado rostro.

—No se agobie, señora. Aunque es una noticia que se ha hecho esperar durante mucho tiempo, nunca es tarde si la dicha llega; será bien recibida y un motivo de felicidad tanto para el hijo como para los padres —pronunció conmovida Matilde.

—Me gustaría dejar claro, por una parte, que nunca he aprobado ni he disculpado estas acciones y, por otra, que dependiendo de las ideas políticas y religiosas que tuvieran las personas, tampoco era difícil convencer a las que las cometían, de la benevolencia de esos actos.

—¿Quizá, quiere decir, que hacían ver que sería beneficioso para los niños? —preguntó sobrecogida Matilde.

—Así es. En el inicio del franquismo, el fenómeno de los bebés robados se dio con una marcada virulencia y continuó durante largo tiempo. En muchos casos, había una creencia bien interiorizada, porque así se encargaron de que fuera, de que las mujeres solteras, pobres, presas políticas o de la clase social de los vencidos, no eran adecuadas para dar una buena calidad de vida, ni suficientemente dignas para proporcionar una educación idónea a sus hijos y, por ese motivo, debían ser entregados a familias católicas y ricas, que no podían tenerlos. Eso sí, un dato que no hay que pasar por alto es que, en general, eran niños vendidos; es decir, entregados a cambio de dinero. Con el paso de los años, más allá de ideas políticas y religiosas, esta praxis se convirtió en un negocio, aunque quiero suponer que no fueron las personas que la llevaron a cabo directamente o que la encubrieron, las que realmente se lucraron.

—Francamente, me siento compungida. ¡Cuánto dolor debió traer consigo ese tema! —matizó Matilde.

—Qué situaciones tan duras les ha tocado vivir a muchas mujeres y qué engañadas y desprotegidas se han visto. Un hecho muy lastimoso, también por aquella época, es el que le tocó en suerte a Agustina, una chica que inicialmente se marchó de aquí a Madrid, pero luego, dicen que se trasladó a Bizkaia. Bueno, como no sabes quién es, no tiene ningún sentido que te lo cuente —terminó diciendo la mujer.

—Sí, señora, la conozco, así son las casualidades. No hace mucho tiempo, estaba yo con Luisa en la calle y se encontró, por sorpresa, con Agustina. No se puede imaginar la ilusión tan grande que supuso para las dos. Ahora, mantenemos las tres una estrecha relación. Está de maravilla de salud y, afortunadamente, la vida le ha cambiado para bien.

—Me alegro muchísimo de que así sea. Gracias por venir y por haberme liberado de esa penosa carga —dijo la señora con serenidad.

—Si le parece, le pondré al corriente de nuestra conversación a Luisa y, prefiero que sea usted la que le facilite el contacto con su hijo. Estoy segura de que los dos se lo agradecerán y creo que para usted será muy gratificante —pronunció Matilde.

Tras el encuentro, la muchacha estaba perpleja. No cabía en sí de gozo y, al mismo tiempo, le penaba el terrible dolor que habría padecido la criatura durante el período que estuvo buscando a su madre. Pero, pensaba en Luisa, en el regocijo que le supondría el recuperar a su hijo, el tenerlo, el cuidarlo, el quererlo. Ella sabría cómo recobrar la etapa perdida y qué decisión tomar con respecto a Francisco, es decir, al padre de su hijo. ¡Qué emociones tan poderosas presenta la vida!

Durante el viaje de regreso, Matilde estaba cada vez más centrada. Había abandonado, por falta de tiempo, los objetivos previstos como posible estudiante de sanidad y no se dedicaría a curar las heridas del cuerpo, pero tampoco desistiría de ayudar a sanar las heridas del alma. En ese campo, presagiaba que se abría un camino donde se entrelazaban muchas experiencias dolorosas de mujeres y existía un gran terreno en el que poder trabajar.

CÓMO GESTIONAR TANTAS EMOCIONES

A la hora que presumía que Luisa ya estaría en casa, Matilde se apresuró a dar la noticia. Tras llamar a la puerta, su amiga la abrió mostrando unos ojos temerosos. Ella entró dando saltos de júbilo y, en aquel preciso momento, no fueron necesarias las palabras para darse cuenta de que todo había ido bien.

Al escuchar su relato, Luisa rompió a llorar; era un llanto difícil de retener; denotaba una alegría esperada y contenida durante muchos años, pero poco probable que se produjera. Se fundieron en un profundo abrazo. Mientras Matilde le acariciaba con suavidad la cabeza, como un día hizo Juan con ella, Luisa cerraba los ojos y descansaba apoyada en su hombro.

Le contó la conversación con Manuela; la confesión de su cobardía; el arrepentimiento por la falta de valor que había mostrado y el anhelo de enmendar aquel episodio tan trágico que significó un lastre durante toda su vida.

—Manuela creo que era una persona sensible, pero, a veces, ocultamos la realidad como un mecanismo de protección y actuamos en contra de nuestros deseos, hasta que llegamos a la conciencia de que los errores nos paralizan y dejan una huella imborrable —dijo Luisa tratando de entender, aunque no de justificar, su comportamiento.

—Sí, en mi opinión, ha tenido que ser una especie de calvario lo que ha vivido la mujer. Ella, ahora, se siente liberada y está ansiosa de pediros perdón a ti y a tu hijo.

Tras esas palabras, Matilde recordó con emoción y ternura el sentimiento que ponía de manifiesto Manuela y continuó.

—Se abre un nuevo y apasionante capítulo en tu vida, que hace un mes, ni siquiera lo hubieras soñado, Luisa. Aprovéchalo y vívelo con toda la intensidad posible. Ve, cuanto antes, en busca de tu hijo y, según mi forma de ver las cosas, no debes dejar de lado el tema de Francisco. Sabes que soy tu amiga y anhelo todo lo mejor para ti; por eso, no quiero que cometas la equivocación de ignorarlo. Por una parte, es el padre de tu hijo y, por otra, sospecho que sigues amándolo, como intuyo que le sucede a él. ¿Por qué ninguno de los dos os habéis casado?

—¿Te haces una idea de cómo me dolió aquello, Matilde? —Luisa clavó los ojos en un punto de la pared y permaneció un rato mostrando un rostro triste.

—Me imagino que tuvo que ser muy penoso. Después, él te pidió perdón por la falta que cometió, te expresó su arrepentimiento y su deseo de volver contigo, no por obligación y sí por apetencia. Romper una relación no significa que haya que romperla para siempre. Si no te hubieran dicho que tu hijo murió, ¿qué habrías hecho? Quizá, tu planteamiento fuera distinto. Pues piensa que la realidad es el punto de partida. Escucha a tu corazón. Con tu actitud, puedes cambiar plenamente la vida de los tres.

—Es posible que tengas razón, Matilde. Debo dejar a un lado aquel daño que pertenece al pasado y rodearme de pensamientos positivos.

—Esa es la postura, Luisa. Revive las experiencias maravillosas que viviste con Francisco y comienza de nuevo. Considera el visitar a Manuela cuanto antes, porque es muy mayor y, ya sabes que puedes contar con mi ayuda para lo que necesites.

—¡Qué alegría tan inmensa siento! ¡Cuándo podré estar con Alejandro y abrazarlo! Me gusta mucho el nombre que le pusieron; no es el que yo había elegido, pero eso no importa. Estoy muy feliz. Gracias, Matilde. Todo te lo debo a ti. Tengo ganas de contárselo a doña Soledad. Sé que se pondrá muy contenta.

—Ya lo creo que sí. Además, ella sabrá darte sabios y acertados consejos.

Al día siguiente, Luisa se incorporó al trabajo rebosante de entusiasmo. Doña Soledad la estaba esperando llena de ilusión y no tuvo nada más que ver sus ojos para darse cuenta de que todo había ido bien. Se dieron un fuerte abrazo y se sentaron dispuestas a mantener una larga y profunda conversación.

—¡Cuánto me alegro de que haya conseguido su sueño, Luisa! Deseo que disfrute mucho de esta nueva etapa que ya ha llegado. Ha encontrado a su hijo y en su mano está ir en busca del que puede ser su marido, es decir, el que es el padre de su hijo. Yo sé que sigue queriéndolo. Por lo que me contó, vivieron una relación profunda y bonita y eso no se olvida nunca. En la decisión que vaya a tomar, además de pensar en su hijo, sea honesta y fiel a sí misma, a lo que siente y olvide sombras pasadas. Amar y ser amada es una cosa muy grande.

—Gracias, doña Soledad. Siempre tiene las palabras oportunas y los razonamientos sinceros y sensatos.

—Ahora, con tranquilidad, piense cómo quiere que sea la cita con Manuela y con su hijo; si prefiere ir usted sola o acompañada de Francisco. Ya puede suponer, por el día del concierto, que yo dispongo de su dirección y de su número de teléfono. Dígame si, para romper el hielo, se inclina porque llame yo y se lo adelante o si desea hablar usted directamente con él. Cuente conmigo para lo que necesite.

—Gracias por todo, doña Soledad. Yo sé que está ahí, que nunca falla a nadie y, ya que se ofrece, me decanto porque sea usted la persona que le dé la noticia. —Luisa se manifestó un tanto nerviosa.

Doña Soledad se puso en acción inmediatamente y, pasado un rato, le comunicó la información que había recibido.

—Luisa, me han dicho que Francisco está en Alemania dando conciertos por diferentes lugares y que no volverá hasta dentro de una semana. He dejado recado de quién era la persona que llamaba, pero no he querido añadir nada sobre el motivo; tampoco es cuestión de que se ponga nervioso.

A Luisa le cambió un poco la cara. Estaba deseando que supiera la novedad y, también, dc cstar con él, algo que a doña Soledad no le pasó desapercibido.

—No se preocupe, ese tiempo pasa enseguida y, seguro que cuando vuelva y se entere del acontecimiento, se pondrá muy contento y vendrá rápidamente a estar con usted y con su hijo. En mi opinión, es mejor que no se demore más y que se desplace a por el muchacho. Hable primero con Manuela y que sea ella quien organice el encuentro. Al regreso de su gira, Francisco puede quedarse en mi casa; ya sabe usted que tengo sitio.

· —Doña Soledad, me siento nerviosa. ¿Cómo reaccionará Alejandro?

—Tranquilícese. Su hijo estará deseando abrazarla. Ya verá cómo va a ser todo mucho más sencillo de lo que parece.

Aquellas palabras, pronunciadas con tanta serenidad y convencimiento, proporcionaron a Luisa el sosiego y la seguridad que necesitaba. Al mismo tiempo, y, en su intento de animarla a reflexionar sobre la decisión que debía tomar, dijo doña Soledad radiante de gozo:

—¡Ah!, para que vea qué bonito es retomar un antiguo amor, ¿quiere que termine de contarle la parte de mi vida que la dejé pendiente? Hoy, me siento descansada y muy dichosa.

—Señora, estoy ansiosa de escucharla y deseosa de saber si ese "antiguo amor" que menciona, corresponde a un presentimiento que tenemos Matilde y yo y que, por prudencia, no se lo he preguntado.

Tras la visita de Filomena, doña Soledad se quedó impactada. Sabía que la señora se personó en su casa sin que nadie lo supiera, así que entendía que, por su parte, no tenía nada que hacer más que esperar. Pasaron unos cuantos meses y, de improviso, se presentó un chico en su domicilio.

—Buenos días, señora. Me llamo Iñaki y soy hijo de Filomena y de Ignacio. Por mi *ama* sabemos que usted estaría aguardando la visita, más tarde o más temprano, de alguna persona de la familia. Por ese motivo, estoy aquí, para cumplir los deseos que ella nos expresó.

—Me dio un vuelco el corazón, era como volver a ver a Ignacio. Tenían un increíble parecido y el mismo tono de voz, dulce y alegre.

—En nuestra casa, hace mucho tiempo que sabemos de su existencia por *aita* y, aun sin conocerla, la hemos tenido cariño —dijo con toda la naturalidad del mundo.

—¿Puede imaginarse el momento, Luisa? Francamente, estaba conmovida. Preferí dejar que continuara hablando y no interrumpir.

—*Aita* no sabe que estoy aquí, *ama* nunca le contó su propósito, pero mis hermanas sí. No conozco sus deseos de iniciar o no una relación con mi padre, aunque supongo que durante este tiempo se lo habrá planteado. A los hijos nos encantaría que así fuera. Hemos escuchado hablar de aquella etapa que vivieron y nos parece preciosa. Sea como sea, espero no haberla molestado con mi visita.

—Me daban ganas de reaccionar como una quinceañera y salir corriendo con él al encuentro de Ignacio. Tampoco creo que hacía falta que afirmara nada porque, por su respuesta, saltaba a la vista que se percibía cuál era mi intención.

—Sé que es una mujer valiente y que, en su momento, fue la primera en declarar su amor. Espero que esta segunda vez pueda ser igual —dijo mostrando una amplia sonrisa.

—Agradecí sinceramente su presencia y mostré, sin ocultar para nada, mi ilusión por reanudar aquella conexión que, estoy segura, siempre se mantuvo en el pensamiento, a pesar de que los dos fuimos muy felices en nuestros matrimonios.

Doña Soledad e Iñaki quedaron tres días más tarde para ir, sin previo aviso, a casa de Ignacio.

—Luisa, no puedo explicar con palabras lo que supuso para él la sorpresa de mi llegada, ni para mí el tenerlo delante. No lo olvidaré nunca.

El brillo de los ojos de doña Soledad y la frescura de su voz lo decían todo.

—Parecía que no había pasado ni un día desde la última vez que nos vimos. Nuestro encuentro fue tan emocionante, que no tuvimos necesidad de dejar correr el tiempo, ni nada que pensar, así que, en un par de meses celebramos nuestra boda. Nos quedamos a vivir en esta casa que, de alguna manera, era un poco la casa de los dos. ¡Qué felices fuimos, Luisa! Ignacio tiene unos hijos maravillosos y tanto ellos como los míos estaban encantados de vernos tan dichosos.

—Señora, si viera cuánto hemos deseado, Matilde y yo, que fuera usted la segunda esposa de Ignacio…

Luisa comentó la primera sospecha que surgió como consecuencia de la conversación entre Elena y Agustina y, en la que, de rebote, salieron a relucir, aunque sin mencionar los nombres, las dos esposas de Ignacio. Más tarde, en un encuentro de Agustina e Iñaki, él, además de hablar de su madre, también aludió, con mucho cariño, a la segunda mujer de su padre.

—Sí, lo entiendo. Ignacio continuó siendo de mayor una persona extraordinaria. Las ideas que tenía de niño las mantuvo hasta el final de sus días. Hizo todos los favores que pudo y prestó una ayuda fantástica, dentro de su profesión y fuera de ella. Nunca olvidó sus raíces sencillas y se rodeó de gente que detentaba las mismas inquietudes, con lo que formaron un grupo de compañeros maravillosos, entre los que se encontraban Elena y Alberto. Yo también me involucré mucho en los temas y, aunque no está bien que me cuelgue medallas porque el mérito fue suyo, no sabe la cantidad de personas que han podido pasar por esta casa, por uno u otro motivo. Todo eso me dejó muy buen sabor de boca. Viví unos años inolvidables con Ignacio. Nos amamos muchísimo y su fallecimiento fue un varapalo impresionante para mí. Me costó y me cuesta una barbaridad vivir sin su presencia física.

—Lo comprendo, señora. Me alegro de los excelentes años que disfrutaron juntos y, siento de verdad, la muerte de Ignacio y su dolor.

—Por otra parte, Iñaki es un amor. Generoso, conciliador y, en definitiva, buena persona. Por donde pasa, deja una huella imborrable. Sigue viniendo a casa con frecuencia y nos queremos mucho.

Luisa habló de su amistad con Agustina, de su casual encuentro en Bilbao y, también contó el lastimoso caso de Maribel, que se vio obligada durante muchos años a vivir como hermana de su hijo y no como madre.

—Según comentó Agustina, es muy posible que esa chica abandone su lugar de residencia y venga con su hijo a vivir a Bizkaia. Agustina está dispuesta a ofrecer toda la ayuda que requiera y, de entrada, lo primero que necesitará será un trabajo.

—Bueno, eso no es ningún problema. Continuamos manteniendo la cadena que en su día se formó y, además, Iñaki lo controla todo sin pegas. No tiene de qué preocuparse; nos arreglaremos para que no les falte nada y puedan vivir dignamente ella y su hijo.

Luisa la escuchaba con suma atención, pero, al mismo tiempo, le resultaba imposible dejar de dar vueltas a la cabeza con el mismo tema.

—Señora, estoy nerviosa. Mañana es el día programado para que vaya al encuentro de mi hijo. Todavía no he dicho nada a mi familia. Sé que se alegrarán muchísimo, pero necesito ver primero la reacción del muchacho, no vaya a ser que…

—No tenga ningún miedo, Luisa. Su hijo la recibirá con los brazos abiertos. No olvide el tiempo que la estuvo buscando. Será un acercamiento precioso.

Al día siguiente, Luisa se levantó antes de que sonara el despertador. A pesar de que no había dormido bien, seguía sin tener sueño. Solo quería estar, cuanto antes, en el punto de encuentro.

Al llegar a la casa, que le pareció tremendamente tétrica, llamó a la puerta. Una mujer, desconocida para ella, la trasladó a la estancia donde se hallaban Manuela y el que, no cabía la más mínima duda por la similitud con su padre, tenía que ser su hijo. Era guapo, alto y con apariencia de gozar de buena salud.

Se fundieron en un fuerte abrazo y unas lágrimas silenciosas de alegría, es decir, lágrimas curativas, corrieron por sus rostros. A Luisa le desaparecieron todos sus temores; estaba segura de que su hijo quería regresar con ella. Mientras, Manuela los miraba y recordaba un proverbio irlandés que leyó en algún sitio: "Las lágrimas derramadas son amargas, pero más amargas son las que no se derraman".

—Alejandro, hijo mío, ¡qué ganas tenía de volver a verte y poder abrazarte!

—Mamá, ¡cuánto te he buscado!, pero, ahora ya estás aquí para siempre, ¿verdad?

—Sí, hijo mío, nunca más me separaré de ti. Tu padre no ha venido porque coincide que está en una gira por Alemania, pero pronto llegará y acudirá corriendo a tu encuentro.

Conversaron un buen rato con Manuela y, tras agradecer su esfuerzo y prometer que volverían a visitarla, le dieron un beso y se marcharon.

Emprendieron el viaje de vuelta. Había sido un día intenso y estaban cansados. Después del sueño reparador de la noche, les esperaba un sol espléndido; las nubes grises habían desaparecido.

—Hijo mío, ¡qué alegría despertarme y tenerte a mi lado!

—Mamá, y a mí ¡qué felicidad me produce que me llames "hijo mío"!

—Hoy, quiero presentarte a una parte de mis amistades; tienen muchas ganas de conocerte. Por la mañana, iremos donde doña Soledad, que es la señora de la casa donde trabajo y, después, un rato a dar un paseo y a que veas la playa. A la tarde, estaremos con Matilde, que tiene un niño pequeño, y con sus padres. ¿Te parece bien, hijo?

—Sí, mamá. Estaré encantado.

Al oír sonar el timbre, doña Soledad se apresuró a abrir la puerta y dijo con gran cariño:

—Alejandro, ¡qué ganas tenía de que vinieras! Se me estaba haciendo larga la espera —argumentó la mujer mientras le daba un fuerte abrazo.

—Muchas gracias, señora. Yo también estaba deseando conocerla. Mi mamá me ha hablado de usted —respondió, a la vez que correspondía con otro afectuoso abrazo.

—Sentaos, tengo una buena noticia que daros. Ya ha llegado tu papá de su gira por Alemania y, en cuanto ha sabido que estáis aquí, se ha apresurado a preparar el viaje. ¡Anhela tanto veros a los dos…! Estará aquí mañana por la mañana —comentó doña Soledad llena de entusiasmo.

—Gracias, doña Soledad. Si el dolor de nuestra separación fue inmenso, la alegría que me produce el reencuentro con mi hijo y con Francisco lo borra todo. —Al mismo tiempo que pronunciaba esas palabras, el amor se reflejaba en los ojos de Luisa.

—¡Tengo tantas ganas de verlo y abrazarlo…! Mamá dice que me parezco mucho a él —mencionó el chico con una sonrisa.

—¡Ah!, también me ha comentado Iñaki, que Maribel, la amiga de Agustina, y su hijo, ya están en Bilbao. Hoy es un día de grandes comunicaciones. Estoy encantada de que así sea y, si queréis, mañana podemos hacer una comida y una fiesta aquí, para celebrar la llegada de todos. Matilde, Agustina e Iñaki, que acudirán, creo que desean hacernos partícipes de una novedad. Como en casa hay sitio suficiente, al que le apetezca, puede quedarse a dormir sin ningún problema.

Aunque no con palabras concretas, por no provocar inquietud en el muchacho, pero sí con una mirada cariñosa que doña Soledad sabría interpretar, Luisa dio las gracias por lo que, sin duda, sería un acierto y quitaría momentos de posible nerviosismo.

—¡Qué idea tan excelente, señora! —dijo Luisa.

—A mí, también me parece muy bien —añadió Alejandro.

Antes de acostarse, Luisa eligió cuidadosamente la ropa que se pondría para el acontecimiento; aquella con la que se veía más guapa. La noche la pasó algo inquieta y la cosa no era para menos. Se iba a reencontrar con su único amor; pensar que significaba otra cosa era tratar de engañarse a sí misma.

A la mañana siguiente, cuando Luisa y Alejandro llegaron a casa de doña Soledad y tocaron el timbre, la señora, Francisco y Matilde salieron a su encuentro. Es muy difícil explicar con palabras aquel momento. En el mismo instante en que Luisa y Francisco se miraron y se abrazaron, ella pensó:

—Me sigue queriendo. Sé que ha venido para quedarse.

Después, él se acercó a su hijo, sujetó su cara con las dos manos, la acarició, lo abrazó y dijo:

—¡Qué feliz me haces, hijo mío!

Pasados unos pocos minutos, volvió a sonar el timbre y entraron las demás personas invitadas. Inmediatamente, se oyeron dos voces que gritaban con tono de asombro:

—¡Alejandro!

—¡Gabriel!

Su sonoridad expresaba un inmenso regocijo.

—¡Qué alegría, Alejandro! ¡No podía imaginar que te iba a encontrar aquí!

—¡Qué te voy a decir yo, Gabriel! ¡Hoy no gano para sorpresas!

Los otros asistentes se quedaron desconcertados y esperando una aclaración por parte de los dos muchachos. Una vez más, las casualidades de la vida habían hecho su aparición.

Alejandro, el hijo de Luisa, y Gabriel, el hijo de Maribel, eran íntimos amigos y alumnos destacados del Real Conservatorio Superior de Música de Madrid. Los dos, unos excelentes pianistas.

La jovialidad y espontaneidad de los chicos crearon un ambiente cordial y relajado desde el primer momento y el disfrute de la comida constituyó todo un placer. Después, y casi como algo que se hacía obligado ante tanto artista, se dirigieron al salón donde estaba situado un magnífico piano de cola. Doña Soledad tomó la palabra.

—Bueno, muchachos, como podéis suponer, todos deseamos deleitarnos con vuestro talento, así que nos gustaría que tocaseis a cuatro manos.

Los chicos se acercaron al piano y, con toda normalidad, interpretaron una obra de forma magistral. Los presentes se quedaron impresionados y doña Soledad afirmó:

—Lo deben llevar en la sangre. ¡Qué maravilla!

Pero su petición no había acabado ahí, sino que requería otra nueva pareja.

—Luisa, ¿qué le parece si toca, también a cuatro manos, alguna otra pieza con Francisco?

Por un momento, Luisa se quedó desconcertada, pero reaccionó rápidamente. Se dirigió a su antiguo profesor con una sonrisa y preguntó:

—¿Qué quieres que interpretemos, Francisco?

El hombre eligió una de las composiciones que más les gustaba a los dos y que, tantas veces, la habían tocado juntos. Su actuación reflejó una perfección absoluta; era evidente que el paréntesis en el tiempo no fue capaz de borrar la estela de su sintonía. Alejandro se sentía impactado ante la destreza de sus padres, un conocimiento, por otra parte, que ni siquiera sabía que lo tenían.

—Doña Soledad, ahora, creemos que le corresponde a usted sorprendernos con su habilidad como pianista —dijo Luisa.

La señora se acercó al piano y los cautivó con su intervención. Sus dedos se deslizaban por el teclado, con tal suavidad, que parecía una caricia.

—Como expresó Arthur Schopenhauer: "En la música todos los sentimientos vuelven a su estado puro y el mundo no es sino música hecha realidad" —dijo Luisa fascinada.

El ambiente era inmejorable. Todos los temas de conversación se hacían participativos y agradables, así que el tiempo parecía que volaba. Nuevamente, doña Soledad tomó la palabra.

—Matilde, Agustina, Iñaki, creo que tenéis alguna buena noticia que darnos, ¿verdad?

Fue Iñaki el que se pronunció primero.

—Así es. Agustina y yo deseábamos anunciar nuestra boda y no podíamos encontrar un escenario mejor que esta casa. Además, hoy es un día cargado de emociones, de acontecimientos inolvidables y en el que estamos rodeados de personas muy queridas.

Tras las felicitaciones y los abrazos correspondientes, Matilde se dispuso a contar su novedad.

—Yo tengo que comunicaros que, después de pensarlo detenidamente, voy a formalizar mi relación con Pedro, porque entiendo que será un magnífico padre para mi hijo y un buen esposo.

Las enhorabuenas y las muestras de júbilo continuaron dentro de un cálido ambicntc.

A la mañana siguiente, se reunieron doña Soledad, Luisa, Francisco y Alejandro, para poner sobre la mesa algunos de los puntos que estaban pendientes de definir y, en función de su concreción, adoptar las vías más convenientes de actuación. Tras el reconocimiento de que los tres aprobaban formar una familia, la decisión parecía ser sencilla. Una vez más, la sensata opinión de doña Soledad tuvo un importante peso.

—Luisa, sabe de antemano lo que me va a suponer prescindir de su compañía, pero, precisamente por todo lo que representa para mí, tengo que pensar en usted y en su bienestar.

—Gracias, doña Soledad, siempre ha estado cerca y dispuesta a aliviar mis preocupaciones y solventar mis problemas.

—Los tres forman una familia y en su tierra tienen otra. Me imagino la alegría que supondrá para todos ellos disfrutar de Alejandro. Además, Luisa, usted vino aquí empujada por las circunstancias y, ahora, puede ser el momento de que se reencuentre con su entorno. Por otra parte, Francisco es un hombre muy reconocido en su profesión y debe continuar con su trabajo y, ¡qué decir del muchacho! Teniendo en cuenta su talento, su esfuerzo y que lleva los genes de dos buenos artistas, no le faltarán oportunidades de abrirse un camino en la música.

—Gracias, señora. Siempre se ha portado conmigo como una madre. Es un razonamiento muy acertado el que expone. —Luisa se levantó y dio un fuerte abrazo a doña Soledad.

—¡Ah!, pero espere, que esto tiene su contrapartida. Aquí, también deja una parte de su familia que necesita estar con usted, así que propongo un plan. En primavera, querría pasar un tiempo en la tierra tan bonita de la que proceden y disfrutar de su compañía. En verano y, cuando tengan vacaciones, me gustaría que vinieran a esta casa. Ahora, que conozco a todos, no me gustaría dejar de verlos. ¿Qué les parece la idea? —preguntó ilusionada doña Soledad.

—Me parece fantástica su propuesta —aseveró Luisa con una sonrisa, a la vez que miraba a Francisco y a su hijo, que apoyaban su afirmación.

A continuación, doña Soledad expuso el resto de su intención.

—Luisa, desearía saber cómo ve la solución que he pensado para resolver el tema de Maribel y de su hijo Gabriel. Creo que, en principio, puede ser acertada y, luego, si ellos deciden otra cosa, tienen la opción de cambiar.

—Señora, es increíble cómo piensa continuamente en los demás. Su preocupación es inagotable —dijo Luisa llena de agradecimiento.

—Gracias, pero entiendo que estamos llamados a ponernos a disposición de otros, al igual que lo hace usted, Luisa y a tratar de solventar los problemas que vemos a nuestro alrededor; así, construiremos una sociedad más justa.

Luisa agradeció sus palabras y se solidarizó con su opinión.

—Cuando usted se vaya, Maribel podría ocupar una parte de su puesto de trabajo y Gabriel cubriría el aspecto musical. Además, considero que el muchacho tiene un potencial importante y, al igual que hice con usted, si él quiere, hablaría con mi gran amigo, pianista y profesor de piano, para que valore sus conocimientos y pueda orientarlo en los pasos que debe dar para seguir avanzando por ese camino. Al mismo tiempo y como ya sabe que esta casa es muy grande, no tengo ningún inconveniente en que se queden a vivir aquí hasta que ellos determinen cualquier otro cambio.

—Me imagino que estarán encantados con su ofrecimiento, doña Soledad —dijo Luisa muy emocionada.

Tras despedirse de la señora, se dirigieron a visitar algunos de los rincones tan privilegiados que rodeaban el entorno de la casa.

Para completar la historia de Matilde, queda mencionar que se casó con Pedro, quien dio sus apellidos al niño. El chiquillo iba creciendo y era muy feliz.

De esa unión matrimonial nacieron dos chicos y una chica, pero para Pedro, Antonio siempre fue su hijo mayor y, curiosamente, el más querido de todos.

Él, a su vez, valoraba profundamente el amor de quien, sin ser biológico, ejercía como un auténtico padre, así como el cariño de sus hermanos de madre. Con ellos y con su *ama* tenía bastante; no le hacía falta más.

Matilde, sin embargo, seguía necesitando una explicación de Juan. Con el paso de los años, su recuerdo ya no le hacía daño, pero, quizá requería una justificación que le permitiera, por un lado, entender su comportamiento y, por otro, continuar confiando en la especie humana. Él estaba vivo y, quién sabe si su sueño algún día podría convertirse en realidad; aunque, tal vez, eso no llegaría nunca y, simplemente, tendría que conformarse con el razonamiento que hacía Antonio, el hijo de ambos.

—*Ama*, está claro; no te quería.

—Matilde, ya has recordado tu vida y la de algunas personas de tu entorno. Ahora, tienes que dejar tu mecedora y prepararte para ir a la asociación, que te están esperando. No olvides que, a tus 82 años, tienes mucho que dar y que recibir —se dijo a sí misma en voz alta.

Puente de Bizkaia, conocido como Puente Colgante. Vistas de Las Arenas de Getxo y de Portugalete y su embarcadero. Al fondo, la fábrica de Altos Hornos de Vizcaya. Década 1930.
ARCHIVO MUNICIPAL DE BILBAO.
Fondo: Ayuntamiento de Bilbao.
Autor: Lucien Roisin Besnard.